시집가고 장가가고

송기호 교수의 우리역사읽기 2

시집가고 장가가고

초판 1쇄 발행 2009년 12월 25일
개정증보판 2쇄 발행 2016년 12월 30일

지은이 송기호
펴낸곳 서울대학교출판문화원
펴낸이 성낙인

책임 편집 현우진
디자인 장혜원

출판등록 제15-3호

주소 (08826) 서울 관악구 관악로 1
대표전화 02-880-5252 | 팩스 02-888-4148
마케팅팀(주문상담) 02-889-4424, 02-880-7995
이메일 snubook@snu.ac.kr
홈페이지 www.snupress.com

ISBN 978-89-521-1724-3 04900
978-89-521-0997-2 (세트)

송기호 교수의 우리역사읽기 2

가족과
의식주

시집가고
장가가고

송기호 지음

서울대학교출판문화원

개정증보판을 내면서

생활사 세 책을 낸 지 거의 5년 만에 후속으로 세 책을 더 내게 되면서 앞의 세 책을 다시 손대게 되었다. 처음에는 체재의 통일을 기하기 위해서 표지를 바꾸거나 삽화를 빼고 간단히 문장을 고치는 수준에 그치려 하였다. 그러나 그동안 글을 계속 연재하고 때때로 생활사 강의를 하면서 모아두거나 정리해둔 자료를 하나씩 추가하다 보니, 예상치 못하게 큰 작업이 되고 말았다. 이렇게 해서 작년 여름방학은 4, 5, 6책을 교정하는 한편으로 1, 2, 3책을 증보하는 데에 모두 소진하고 말았다. 오류를 수정한 것은 소수에 불과하고 내용을 대폭 보충하고 사진을 많이 추가하였기에 이 책들을 개정증보판이라 부르게 되었다. 이로써 독자들에게 좀 더 많은 정보를 제공할 수 있게 되면 좋겠다.

이번에 교정을 보아준 대학원생 김지희, 편집을 맡아준 서울대학교 출판문화원 관계자 여러분에게 감사를 표한다. 나 개인적으로는 빨리 건강이 회복되어 마지막 권을 출간함으로써, 10여 년에 걸친 대장정의 길을 마무리하고 일곱 빛깔 무지개 표지 띠가 완성되길 바라 본다.

2015년 8월

관악산 아래에서

머리말

과거에서
지금 '우리'를 찾다

동아시아 삼국은 문화가 비슷하지만 다른 면도 의외로 많다. 의료체계만 해도 그렇다. 중국에서는 중의와 양의가 통합되어 있으나 일본에서는 전통의학이 거의 사라졌다. 우리에게도 양의와 한의가 있기는 하나 중국과 달리 대립과 경쟁의 관계가 되어버렸다. 세 나라 모두 전통의학이 있었건만 근대에 서양의학을 받아들이는 과정에서 각각 제 갈 길로 가버리고 말았다. 이는 삼국 문화의 차이를 상징적으로 보여주는 것이다.

과거에는 우수한 문화와 열등한 문화가 있다고 생각했다. 고대에 우리의 우수한 문화를 일본에 전해주었다고 지금까지 가르쳐오고 있다. 그렇지만 중국의 우수한 문화가 우리에게 들어왔다는 사실에 대해서는 입을 다문다. 그 배경은 아마 짐작이 될 것이다. 이렇게 우열을 따지는 사고방식은 지금과 같은 세계화 시대에는 맞지 않는다. 모든 문화는 제각기 고유한 가치를 지니고 있기 때문이다.

필자가 생활사에 관심을 가지게 된 것은 1980년대부터였다. 이제 칠

판에 판서만 하는 역사 강의는 지양해야 할 때가 되었다는 생각에서였다. 사실 한국사를 전공하기로 고등학교 때에 이미 마음먹었지만, 성적이 제일 나오지 않은 과목이 바로 국사였다. 예비고사에서나 입학시험에서도 많이 틀린 과목에 속했다. 흥미를 전혀 유발하지 못하고, 무조건 외워야 하는 암기 과목으로 전락해버린 현실을 잘 말해준다. 대학에 들어와 접한 역사 개설서도 정말 무미건조했다. 초등학교까지는 역사에 지대한 관심을 가지고 부모도 역사책을 많이 사주지만, 중학교와 고등학교를 거치면서는 점차 역사에서 정을 떼는 과정을 거치게 되는 게 우리 교육의 현주소다.

역사에는 두 가지가 있다. 하나는 역사의 발전이니 구조니 제도니 하는 골치 아픈 문제들을 논하는 지극히 학술적이고 이론적인 것이다. 그러나 근대 학문이라 하면서 이런 주제만 파다 보니 주체인 인간 그 자체는 역사 서술에서 사라지고 말았다. 우리 역사서에서 생동적인 삶이 빠져버린 것은 이 때문이다. 이를 보완해줄 수 있는 것이 두 번째 역사인 '이야기로서의 역사'다. 어렸을 적 할머니가 해주던 옛날 이야기는 지금도 잊히지 않는다. 거기에서는 사람 냄새가 나기 때문이요, 이야기 속 인물이 뭘 생각하고 있을지 머릿속에 떠오르기 때문이다. 생활사도 바로 그러한 분야에 속한다.

워낙 빨리 바뀌는 세상이 되다 보니 지금 자라는 세대는 전통시대를 그야말로 상상으로만 이해할 것이란 생각이 든다. 요즘 퓨전 사극을 보면 전통시대상을 제대로 가지고 있는 사람이라면 도저히 이해할 수 없는 장면들이 나온다. 가상 현실 속의 역사인 것이고, 그게 또 자연스럽게 받아들여지고 있다.

필자의 경험으로는 1970년대에 우리 사회가 급변하기 시작하면서 생활상이 크게 바뀌어갔다. 그러기에 그 뒤에 태어나 역사를 전공하는 젊은이들이 과거를 상상하는 모습은 우리와 꽤 다를 것이다. 농사짓는 것을 보지 못한 학생이 농업사를 전공할 경우를 상상해보라. 한자도 제대로 읽지 못하면서 역사를 전공하러 들어오는 지금의 상황만 봐도 충분히 짐작될 것이다. 학문의 가장 기초인 한문 강독이 인기가 없어서 각 대학 사학과에서 폐지되기 시작한 지 꽤 오래되었다. 그런 점에서 필자는 전통시대 끝자락에 서 있고, 이제는 이질적인 세대의 젊은이에게 그들이 전혀 겪어보지 못한 생소한 과거를 강의를 통하여 이해시켜야 하는 형편이 되었다.

또 하나의 이유는 해외 생활의 경험이었다. 두 차례 연구년을 미국과 캐나다에서 보내고 수시로 주변 국가를 답사하면서 어떻게 우리를 타국인에게 설명할 수 있는가 하는 고민을 하게 되었다. 한국사를 전공하는데 왜 서양에 와 있느냐 하고 궁금해하는 질문을 받곤 했다. 그럴 때마다 우리와 전혀 다른 세계를 겪어봐야 우리 역사, 우리 문화가 눈에 들어온다고 설명해주었다. 우리 문화와 유사한 중국과 일본에서는 겪어보지 못한 체험을 하면서 그를 통해 우리적인 것이 무엇인가를 깨닫게 된다. 또 동아시아를 전혀 모르는 서양인에게 우리가 중국이나 일본과 무엇이 다른지를 설명해야 할 때가 많다. 이때에 민족주의적인 시각은 아무런 쓸모가 없다. 그것은 우리 삶의 전통에서 해답을 찾아야만 하는 것이다.

마지막으로는 개인적인 이유다. 20대 후반부터 발해사 연구에 전념하면서 대학원 때에 '송발해'란 별명까지 얻었다. 1990년을 시작으로 중국 만주를 14회, 러시아 연해주를 17회 답사했고, 일본의 발해 관련 유적도 몇 차례 답사했다. 그러나 연구 자료가 워낙 제한되어 있어 정년 때까지 발해만 연구하기가 어렵겠다는 생각도 들었다. 그래서 미시적으로 아주 좁게 발해를 연구했으니, 이제 연구 후반기에는 한국사 전체를 조망하는 거시적인 연구를 해봐야겠다는 욕심이 들었다. 이렇게 준비하게 된 것이 생활사다.

1980년대부터 마음만 먹고 있다가 이제는 시작해야 할 단계라고 생각해서 1995년 1학기부터 대학원 수업을 생활사 슬라이드 자료집 제작으로 진행했다. 이때에 고대생활사 자료집을 슬라이드북과 함께 완성했다. 내친김에 1996년 2학기에는 중세생활사, 1997년 1학기에는 근현대생활사를 완성했다. 이렇게 대학원생들과 함께 공들여 만든 슬라이드 자료는 대학 교양 교재로 활용되었고, 심지어 중·고등학교 교사들에게까지 퍼져나갔다. 이 무렵부터 국내 서점에는 생활사 책들이 하나씩 꽂히기 시작했다.

또 하나 계기가 된 것은 당시에 '새끼 BK'라고 부르던 서울대학교 연구비로 대학원생들과 생활사 자료집을 작성하게 된 것이다. 2000년 5월부터 2002년 4월까지 2년간 작업을 해서 자료집을 낼 수 있었다. 그런 다음에 2002년부터 국사학과에 '한국사와 생활문화'라는 전공탐색 과목을 개설하여 제법 호응을 얻었고, 학생들이 새롭게 역사에 관심을 갖는 계기를 마련했다고 자부할 수 있게 되었다.

이상과 같은 공동 작업과는 달리 필자는 개인적으로 삼국사기, 삼국유사에서 고려사를 거쳐 조선왕조실록까지 탐독하면서 자료를 뽑아내는 작업을 틈틈이 해왔다. 첫 시작이 아마 1998년이 아닌가 기억된다.

조선왕조실록은 2001년 1월 초에 시작해서 2008년 3월 말에 와서야 완독할 수 있었다. 이렇게 10년의 세월을 보냈다. 2006년 초에 출간한 『한국 고대의 온돌』도 생활사에 대한 문제의식에서 비롯된 연구 결과물이었다.

문제는 뽑아낸 자료를 어떻게 분류하고 정리할 것인가 하는 것이었다. 그때에 서양사학과 주경철 교수가 번역한 페르낭 브로델 책이 떠올랐다. 경제세계를 일상생활, 시장경제, 자본주의 3개 층위로 나누어 하층에서 상층으로 서술한 방식을 모방해보겠다는 소박한 마음에서 내 자료를 5부로 분류했다. 그것이 제1부 인간과 자연, 제2부 가족과 혼인, 제3부 사회와 신분, 제4부 국가와 제도, 제5부 외교와 이민족이었다. 이렇게 분류해서 모은 자료량은 현재 원고지 2만 매 가까이 된다. 국가에서 편찬한 사료가 중심을 이루므로 제4부가 제일 많을 수밖에 없고, 제3부가 그 뒤를 따른다. 이에 비해서 제1부는 제4부의 7분의 1에 불과할 정도로 적다. 이런 사료의 불균형은 서술 분량에도 영향을 미치게 되었다.

이런 거대한 작업은 국역본이 없었으면 불가능한 일이었다. 조선왕조실록을 열람할 수 있는 국사편찬위원회, 수많은 번역물을 인터넷으로 서비스하고 있는 한국고전번역원민족문화추진위원회, 그리고 기타 누리미디어나 동방미디어, 한국학술정보 등 각종 웹사이트의 존재는 절대적인 도움이 되었다. 한국민족문화대백과사전, 표준국어대사전과 같은 온라인 사전의 도움도 컸다. 특히 외국에 체류 중일 때에는 이들 사이트의 위력을 더욱 실감할 수 있었다.

그러나 자료만 축적하고 있었으면 무의미했을 것이다. 마침 서울대학교 공과대학 이병기, 김재관 교수와 인문대학 정상준 교수의 권유로

『공학교육』에 '한국 민족의 기원'을 네 차례 연재한 것을 계기로 해서, 다른 주제를 대한토목학회지에 연재해달라는 부탁을 다시 받게 되었다. 아직은 때가 되지 않았다고 사양하다가 2005년 2월호부터 지금까지 50여 차례 연재해오게 되었고, 앞으로도 몇 년 정도를 더 가야 마침표를 찍을 수 있을 것 같다. 연재가 모두 끝난 뒤에 책을 내는 것이 마땅하지만, 그러기에는 아직 시간이 멀었고 또 지금까지 연재한 것을 대폭 보완해야 할 필요성도 느끼게 되었다. 이에 52회 연재한 글을 보완 정리한 다음에 서울대학교출판문화원에 세 권 분량으로 원고를 넘길 수 있었다.

세 권의 책은 한국을 이해하기 위한 서론적인 글들인 프롤로그로 시작해서 앞서 언급한 5부 가운데 제3부까지를 다룬 것이다. 그것이 이번에 차례로 낼 『이 땅에 태어나서』, 『시집가고 장가가고』, 『말 타고 종 부리고』이다. 첫째 책은 우리 역사를 바라보는 기본 시각을 다룬 서론 부분과 제1부 '인간과 자연'에 해당하는 부분으로 구성했다. 둘째 책은 제2부 '가족과 혼인' 전체와 제3부 '사회와 신분' 일부를 대상으로 삼았고, 셋째 책은 앞의 책에 이어서 제3부 나머지 부분을 다루었다. 앞으로 나올 책은 제4부와 제5부의 내용이 될 것이다. 그런 다음에 최종적으로 총괄적인 에필로그를 쓸 생각이다. 여기서는 우리 삶의 역사에 보이는 보편성과 고유성, 가변성과 불변성을 중심으로 정리해보고 싶다.

내용 구성은 주로 현실 문제와 연결되는 주제를 정해서 과거 사료 자체가 어떠했는지를 시간적 흐름에 따라 드러내는 방식을 주로 택했다. 특히 연대가 확실한 연대기를 중심으로 했고, 나머지 자료들은 보조적으로 활용했다. 그러한 보조자료로는 조선시대 일기도 아주 유용하게 이용했다. 2006년 밴쿠버 UBC에 연구년으로 있으면서 허남린 교수를 중심으로 『쇄미록』, 『재조번방지』 독회를 했던 것도 큰 도움이 되었다.

취사선택한 자료들을 주로 제시하면서 필자의 주관적 언급은 이들 자료를 연결하는 교량 역할만 하였다. 그러니 독자는 내 말을 빼고 제시된 사료만 읽어도 좋을 것이다. 오히려 필자의 설명에는 잘못된 부분이 들어 있을 것 같아 두려움마저 앞선다. 또 제시된 사료는 원문과 대조하면서 내 문장으로 다시 만들었지만, 역시 여기에도 오역이 있을까 두렵다. 그 부분에 대해서 독자의 지적이 있으면 고쳐나갈 각오가 되어 있다.

쉽게 읽을 수 있는 이야기로서의 역사를 지향하면서, 이 책에는 관련 사진과 그림 자료를 많이 수록하려고 노력했다. 비주얼 세대에 맞는 역사책이 필요하고, 그림과 사진을 통해서 사실적인 역사 이미지를 구축하게 할 수 있기 때문이다. 저작권 문제가 복잡해서 취미 삼아 찍어왔던 필자의 사진을 되도록이면 활용하려 했으나, 유물 사진이나 회화 사진은 어쩔 수 없이 다른 도판의 도움을 받았다. 사진 사용을 허락해준 국립중앙박물관, 서울대학교박물관, 규장각한국학연구원, 경주박물관 김승희 님, 그리고 여기서는 밝히기 어려운 여러분께 감사의 말을 전하고, 또 일부는 허락 없이 전재했기에 용서를 구한다. 또 서울대학교출판문화원의 배려로 삽화도 넣었다. 고증 문제가 불거질 수 있을 것이란 우려도 있었지만, 좀 더 독자에게 가까이 다가가고자 노력한 것이니 그냥 참고 자료로 이해해주면 고맙겠다.

이 글을 연재해온 4년여 동안 처가 어르신들이 모두 세상을 뜨셨다. 마음으로 의지했던 분들이 가까이 계시지 않으니 공허한 마음을 주체할 수 없다. 부모님처럼 모셨던 정주석, 정식 두 분 영전에 늦게나마

이 책을 바친다. 또 국문학과를 다니는 큰딸 인지가 처음부터 원고를 읽어주어 무엇보다 뿌듯하다. 내 잘못된 글버릇을 고치는 계기가 될 수 있었다.

그 밖에도 대한토목학회지에 연재할 수 있는 다리를 마련해주신 김재관, 정상준 교수와 교정을 도와준 김수진 대학원생에게도 감사를 표한다. 또 경제적 어려움에도 내 고집에 못 이겨 컬러 인쇄를 해주고 1년이나 걸려서 좋은 책으로 탄생시켜준 정미경 씨를 비롯한 서울대학교 출판문화원 편집진에게도 고마움을 전한다.

2009년 11월

울긋불긋 춤추는

관악산 자락에서

차례

가족과 혼인

상속과 양자 | 효도와 절개 | 패륜과 불륜
성씨와 근친혼 | 장가가고 시집가고 | 조혼 풍습 | 사랑과 인연
처와 첩 | 동성애와 남녀추니

상속과 양자

2005년 7월에 '딸들의 반란'이 성공했다는 기사가 신문마다 대서특필되었다. 대법관 7 대 6의 의견으로 여성도 종중회원이 될 수 있다고 판결한 것이다. 그동안 20세 이상 성인 남자만을 대상으로 하던 관습을 부정하였을 뿐 아니라, 이에 대한 과거 대법원 판례마저 깨버렸다. 양성평등의 이념 아래 우리 사회가 급격히 변하고 있음을 실감할 수 있다. 그런데 실제 이 소송은 여성의 지위 때문에 벌어졌던 것이 아니다. 지난 1999년 용인 이씨 종중에서 임야를 판 돈을 성년 남자에게만 분배하자, 출가 여성들이 종중을 상대로 소송을 냈던 것이다.

재산 분배는 이처럼 분쟁의 불씨가 된다. 특히 상속과 관련될 때에는 누가 얼마나 받느냐를 두고 집안 싸움이 흔히 벌어지게 된다. 고려시대에 남매간에 송사가 벌어졌던 다음 사례에는 어린 자식을 두고 세상을 떠난 부모의 고심이 배어난다.

어떤 동생이 누나와 서로 송사를 제기했다. 동생은 "다 같이 한 태생인데 어째서 누나 혼자 부모의 재산을 독차지하고 동생인 나에게는 나누어주지 않느냐?"고 했고, 누나는 "아버지가 세상을 떠날 때에 가산 전부를 내게 주었으며, 네게는 검은 옷 한 벌, 검은 갓 하나, 미투리 하나, 종이 한 권만 남겼을 뿐이다. 증거 서류가 있으니 어찌 어길 수 있는가?" 했다. 이렇게 서로 송사한 지 몇 해가 지났으나 해결되지 않았다.

이때 손변이 두 사람을 불러다가 앞에 세우고 "너희 아버지가 죽을 때에 어머니는 어디 있었는가?"라고 물으니, "먼저 돌아가셨다"고 했다. "그때 너희들은 몇 살이었느냐?"고 물으니, 누나는 이미 시집갔고 동생은 아직 어린아이였다고 했다. 손변이 이들에게 타이르기를 "부모 마음은 어느 자식에게나 다 같은 법이다. 어찌 장성해서 이미 출가한 딸에게만 후하고, 어미 없는 어린 아들에게는 박하게 할 리가 있는가? 생각건대 아들이 의지할 곳은 누나밖에 없는데, 만약 재산을 나누어준다면 혹시 그 아이에 대한 누나의 사랑과 양육이 부족하지 않을까를 우려했을 것이다. 아이가 장성하면 이 종이를 써서 소장을 만들어 검은 옷을 입고 검은 갓을 쓰고 미투리를 신고 관가에 가서 고소하면 이것을 잘 분별해줄 수 있을 것이라 생각하여, 오직 이 네 가지 물건만 남겨준 것이니 그 의도가 대개 이러했을 것이다"고 하였다. 동생과 누나가 이 말을 듣고 비로소 깨닫고 감동해 마주하고 울었다. 손변이 드디어 재산을 반분해서 주었다. _『고려사』 손변 전기

이 당시에는 관가에 갈 때 검정 옷과 검정 갓을 썼던 모양이다. 그런데 이 사례에서 누나와 남동생에게 재산을 반으로 나누어주고 있는 것이 주목된다. 이것이 고려시대에 통용되던 자녀균분상속이다. 남녀를 불문하고 자녀들에게 재산을 균등하게 배분해준 것이다. 고려시대의 또 다른 자료에서도 이를 확인할 수 있다.

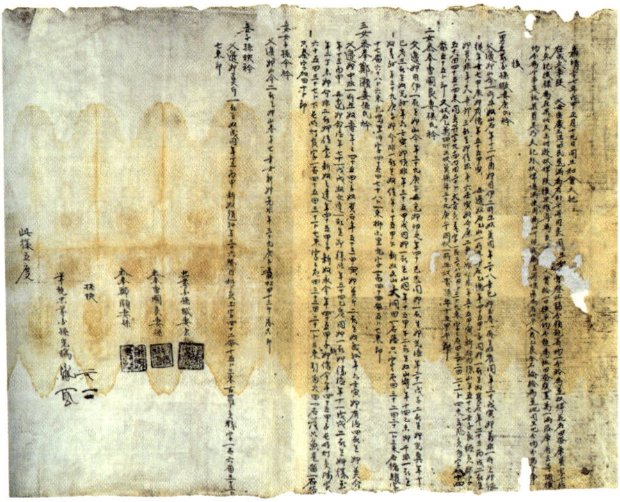

그림 1 1548년 재산 분배 문서

어머니가 일찍이 재산을 나누어주면서 그에게는 따로 노비 40명을 남겨주었다. 이에 사양하며 "내가 외아들로서 5녀 사이에 있는데, 차마 어찌 이를 받아서 여러 자녀가 골고루 화목하게 살도록 하는 어머니의 거룩한 뜻을 더럽히겠습니까?" 했다. 어머니는 의롭게 여겨 그의 말을 따랐다. _『고려사』 나익희 전기

어머니는 외아들을 사랑하여 재산을 더 주려고 했으나 아들은 형제간 화목을 깰 수 없다며 이를 거부하였다. 외아들이라 하더라도 재산을 더 받지 않고 6남매에게 골고루 분배했던 것이다.

그런데 이를 뒤집어 생각할 수도 있겠다. 미담으로 역사 기록에 올라 있을 정도면 오히려 이것이 예외적일 수도 있겠다는 생각이 든다. 그렇다면 고려시대에 자녀들이 균등하게 상속하는 것이 일반적이었다고 하

더라도, 그 반대의 상황도 벌어졌을 것으로 상상할 수 있다. 조선시대에 들어서도 균분상속은 당분간 지속되었다.

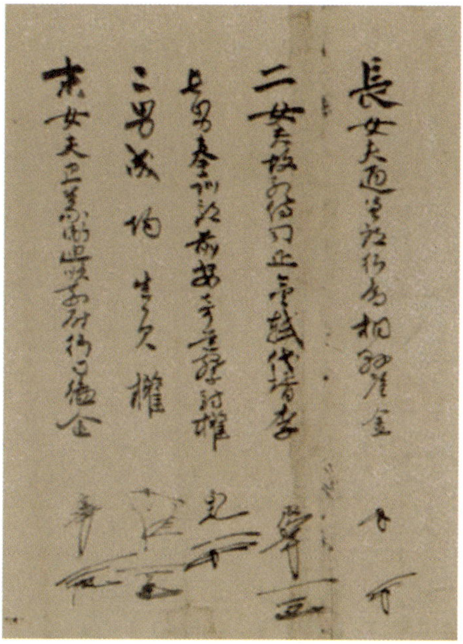
그림 2 권주 화회문기

여기에 소개한 문서그림 1는 1548년에 손중돈의 5남매가 재산을 분배할 때에 작성한 것이다. 문서 위에 1남, 2녀, 3녀, 첩 딸, 첩 아들 순서로 나열되어 있고, 뒤에 5인의 서명이 보인다. 여성은 자기 이름 대신 남편의 이름을 적었다. 적자와 서자는 차이를 두었지만, 남녀 구별 없이 나이대로 순서를 정한 것이 눈에 띈다. 지금 아들과 딸을 나누어 첫째, 둘째를 정하는 것과 다르다.

안동 권씨 병곡종택에서 소장하고 있는 16세기 권주1457~1505의 화회문기和會文記, 재산상속문서, 그림 2 말미에는 장녀, 2녀, 장남, 2남, 말녀 순서로 이름이 적혀 있어서, 남녀 구별하여 첫째, 둘째를 정하기는 했지만 나이 순서로 적으면서 장남이 맨앞에 나와 있지 않다.

그러나 가끔은 예외적인 사건도 발생했다. 기생첩을 너무 사랑한 나머지 오히려 첩 자식에게 재산을 많이 물려주어 문제가 발생함으로써 왕에게 보고된 사례다.

형조참판 이영은이 아뢰기를 "죽은 찬성 권제가 본처를 소박하고 기생첩을 가까이 사랑하여, 첩 자식에게는 노비를 많이 주고, 본처 소생 자녀에게는 적게 주거나 아예 주지 않았습니다. 지금 권제의 아내가 죽게 되자 그 첩과 자식들이 노비를 나누어 가지고자 우리 형조에 서류를 올려 고했습니다. 만약 아비의 지시를 따른다면 모조리 첩 자식에게 주어야 하니, 적첩嫡妾의 구분이 문란해지게 됩니다. 법률에 따라서 적첩의 자식들에게 나누어주어서 명분을 바르게 하소서" 하였다. …

왕이 지시하기를 "권제의 첩이 소송한 노비는, 아내의 3년상 동안에는 첩 자식에게 주지 말도록 하라. 권제는 사람됨이 지혜롭고 사리에 밝았다. 그런데 어찌 적첩의 구분을 알지 못하고 천한 첩을 치우치게 가까이하여 아내를 내치고 자식을 물리쳐서, 대대로 전하는 노비를 모두 첩 자식에게 주어 이처럼 사리가 뒤집히게 되었는가? …"라고 하였다. _예종실록 1년(1469) 6월 2일

출가한 자녀에게까지 재산을 나누어주다 보니 남편과 부인의 재산은 각각 따로 관리했다. 부인이 죽고 나면 자식에게 독립적으로 상속되거나 친정집으로 돌려보냈다. 이런 풍습이 조선시대에 와서 점차 변하여 남편 중심으로 바뀌게 된다. 세종 때의 기록은 고려시대에서 조선시대로 변화하는 모습을 추측할 수 있게 해준다. 다음은 의정부에서 세종에게 아뢴 내용이다.

지금 세상의 풍속에는 자식 없이 죽은 아내의 노비는 그 남편이 그대로 부립니다. 그러다가 다른 아내를 맞이하게 되면 그 노비를 즉시 죽은

아내의 친정집에 돌려줍니다. 가만히 생각하니, 아내가 죽어서 남편이 새장가를 간다고 해도 부인이 재혼한 것과는 달라서 의리를 저버리는 것이 아닙니다. 그러니 노비를 친정집에 돌려주는 것은 마땅하지 않습니다. … 청하옵건대, 지금부터는 자식 없이 죽은 아내의 노비는 그 남편이 부리게 하고, 그가 죽은 뒤에는 후처에게서 난 승중承重할 맏아들에게 3분의 1을 주되, 만약 적자가 없으면 승중할 양인 첩의 아들에게 5분의 1을 주며, 천인 첩의 아들이면 7분의 1을 주고, 그 나머지의 노비는 모두 친정집에 돌려주게 하소서. _세종실록 24년(1442) 7월 16일

'승중'이란 제사를 받들어 집안을 이어가는 것을 말한다. 자식 없이 죽은 아내의 재산은 남편이 가지고 있다가 재혼을 하게 되면 친정집으로 돌려주는 것이 이 당시까지의 일반적 관례였다. 그런데 남자의 재혼은 여자의 재혼과 달리 의리를 저버리는 것이 아니라고 한 것이나, 이를 근거로 재산을 친정집에 돌려주는 것은 옳지 않다고 지적하는 대목에 와서는 조선시대에 성리학이 점차 자리 잡기 시작하는 모습을 확인할 수 있다. 이런 점에서 이 논의는 시대적 변화의 과도기 모습을 잘 반영하고 있다.

이런 사정은 다음 사례에서도 확인된다.

이숙번의 처 정씨가 상소하여 아뢰기를 "저희 부부는 노비·땅·집·재산에 대해서 함께 문서를 작성하여 맏사위인 전 현감 강순덕에게 주었었습니다. 남편과 딸이 모두 죽고 난 뒤에 내가 이 문서를 고치고자 하여 사위에게 가져오라 했으나, 그가 따르지 않으니 모자母子의 의리를

어겼습니다. 또 그 조카 강희맹을 거두어 길러서 후사로 삼았다고 하면서 노비를 마음대로 조카들에게 나누어주었으나, 내 자손에게는 한 명도 주지 않았습니다. 이것은 모두 남편이 원하던 바가 아닙니다"고 하였다. 이에 따라 신하들로 하여금 의논하게 하였다.

공조판서 이사철은 "아내와 남편의 관계는 자식과 부모의 관계와 동일하니, 남편이 죽은 뒤에 그가 작성해놓은 문서를 아내가 고칠 수 없는 것은 아들이 부모의 문서를 고칠 수 없는 것과 같습니다. 정씨가 남편이 살았을 때 함께 문서를 작성하여 땅과 노비와 재산을 여러 자식에게 나누어주었다가 그가 죽고 난 뒤에 이를 고치려고 합니다. 만약 이를 들어주면 그것은 아내가 그 남편이 한 일을 고칠 수 있게 해주는 일일 뿐만 아니라, 윤리에도 어긋나는 일입니다. … 한편으로 정씨의 진정을 들어주지 않으면 바르지 못한 아들이 법을 믿고 어미를 업신여겨 불순한 데 이를 것이니, 이 문제는 실로 세상의 교화와 관계되는 일로서 가볍게 처리할 것이 아닙니다. 바라건대 이숙번의 땅과 노비는 이숙번의 문서에 따르고 정씨의 토지와 노비는 정씨의 소원에 따르면, 양쪽이 모두 합당하게 생각할 것입니다"고 했다.

또 호조판서 윤형, 참판 이사순 등은 "대개 부모가 자손에게 노비·땅·집·재물을 마음대로 주고 또 빼앗을 수 있는 것은 고금의 공통된 법입니다. 그렇다고 자손이 부모에게 어찌 불순하게 하겠습니까? 강순덕은 정씨의 사위이고 강희맹이 강순덕의 후계자이면, 이들은 모두 정씨의 자손입니다. 이미 정씨 자손이 되었으면, 무릇 주고 빼앗는 일은 오로지 정씨에게 있습니다. 만약 정씨가 자기 집의 노비·땅·재물을 마음대로 처리하지 못하게 한다면 윤리가 무너지고 이치에 합당하지 않

게 될 것입니다. …"고 대답했다. _단종실록 즉위년(1452) 11월 5일

이 뒤에도 여러 신하의 의견이 계속되고 있다. 남편의 유언을 부인이 고칠 수 있느냐는 문제와 사위가 부모와 동일한 장모 말을 듣지 않는 문제가 상충하여 결론을 내리기 어려운 상황이 되어버렸기 때문에 신하들의 견해를 들은 것이다. 그런 다음에 의정부에서 최종적으로 "정씨의 노비와 가재는 모두 그의 처리에 따르고, 이숙번의 노비와 집은 정씨가 생전에 가지고 있다가 죽고 난 뒤에는 이숙번의 문건에 따라 물려주고, … 또 강순덕의 불순한 죄는 윤리에 관계되므로 징계하지 않을 수 없습니다. 청컨대 사헌부로 하여금 심문하게 하소서"라고 건의하자, 임금이 그대로 따랐다고 한다.

결과적으로 남편과 부인의 재산은 따로 취급해 처리했다. 또 사위와 그의 양아들까지도 자손으로 생각하고 있었다. 그러면서도 남편과 아내의 관계를 부모와 자식의 관계로 비유하는 것은 역시 남성 중심의 새로운 질서가 조선 사회에 자리 잡기 시작한 것을 반영한다. 이런 점에서 이 자료도 역시 과도기 상황을 잘 보여준다.

조선 후기 실학자 정약용1762~1836은 형에게 편지를 보내면서 가부장적 질서에 의문을 제기하는 내용을 적은 적이 있다. 정약용이 밥을 파는 어느 노파가 질문한 것을 전하는 편지글이다.

선생은 글을 읽으신 분이니 이런 뜻을 아시겠지요. 아버지와 어머니의 은혜는 똑같고, 오히려 어머니가 더 애쓰시는데도 성인들은 왜 아버지는 중하게 여기고 어머니는 가벼이 대하도록 가르치셨을까요? _임유경 책, 232쪽

이 뒤에 이어서 정약용은 『시경』에 "아버님 날 낳으시고 어머님 날 기르시니"란 구절을 상기하여, 나를 태어나게 한 은혜가 더 중하기 때문이라 해석했다. 노파는 초목에 비유하여 아버지는 씨앗이고 어머니는 흙이기에 아버지가 더 중요하다고도 했다. 이 해석들은 지금으로선 구차한 것이고, 남녀 차별 의식의 발로인 것이 분명 정답일 것이다.

조선시대에 들어 가부장적 질서를 중요시하는 성리학이 확고히 자리잡으면서 남녀 간의 차별이 형성되고 딸보다는 아들을 중시하기 시작하였다. 이에 따라 아들이 없으면 딸이나 사위가 대신하던 시대는 과거의 일이 되어버렸다. 딸자식은 출가외인으로 취급되고, 아들이 없으면 다른 집에서 양자를 들이게 되었다. 제사는 맏아들이 받들어야 하고 그 명분으로 맏아들의 상속권이 강화되었다.

아들 없이 죽은 공신 김덕생의 양자 문제를 거론했던 세종 때의 기록을 보면 그러한 시대적 변화를 읽을 수 있다.

임금이 의정부에 "동지중추원사로 추증한 김덕생은 몸의 위험을 생각하지 않고 용기를 떨쳐서 창졸간에 일어난 정변에서 임금을 구해냈다. 그런데 불행하게도 일찍 죽고 후사도 없으니, 내가 그 후사를 세워서 제사를 받들게 하려는데 어떠한가? 의논하여 아뢰도록 하라"고 일렀다.

우의정 신개가 논의하기를 "신하로서 큰 공을 세우고 사망한 자를 위해 나중에 그 공을 기록해두는 것은 예전이나 지금이나 제왕의 아름다운 일입니다. … 예전부터 그 공을 기록해두는 일 가운데 후사를 세워주는 것보다 더 큰 것은 없습니다. 마땅히 조카를 세워서 후사로 삼고 제사에 쓸 땅을 내려주어 충성스런 영혼을 위로하고 세상 사람들에게 권장하고 격려하는 뜻을 보이게 하소서"라고 했다.

좌찬성 하연, 우찬성 최사강, 좌참찬 황보인, 우참찬 이숙치가 논의하기를 "김덕생이 비록 사망했으나 사후에 그 공에 상을 내리겠다는 말씀은 지당합니다. 그러나 신 등이 가만히 생각해보니, 만약 자녀가 없다면 다른 사람의 아들로 후사를 세워 제사를 받들게 해도 넉넉히 지하의 영혼을 위로할 수 있을 것입니다. 그러나 지금 세상의 풍속에는 비록 제사를 받들 아들이 없어도 만약 딸의 자손이 있으면, 다른 사람의 아들을 빌어서 후사를 삼는 사람이 하나도 없습니다. 세상의 이치가 진실로 그러합니다. 김덕생이 사망한 지가 이미 여러 해 되었는데, 사후에 보답할 방도를 논의하라고 명령하신 것은 특별한 은전입니다. 제사에 쓸 땅을 그 외손에게 주어서 제사를 받들게 한다면, 그 자손들은 반드시 성심껏 제사를 받들 것이며 영혼도 감격할 것입니다.

만약 김덕생의 아우 김우생의 둘째 아들로 후사를 삼는다면, 그는 반드시 덕생의 외손과 노비나 토지를 가지고 서로 다투게 될 것입니다. 이렇게 되면 일이 순탄치 않을 것 같으니 어찌 김덕생의 본심이라 하겠습니까? 혹시 토지와 노비는 친자손本孫이 소유하여야 하고 이를 빼앗을 수 없다고 할 수도 있습니다. 그렇지만 제사는 무릇 정성을 위주로 하는 것인데, 김우생 아들의 정성이 육친을 사랑하는 친자손의 정성과 같을 수가 있겠으며, 어찌 성심으로 제사를 받들겠습니까? 제사에 쓸 땅을 김덕생 외손에게 주어서 길이 제사를 받들도록 특별한 은전을 베풀어주는 것이 어떠하겠습니까?" 하였다. _세종실록 24년(1442) 8월 14일

아들이 없이 죽은 공신 김덕생의 후사를 결정하는 문제를 놓고 논의

를 하였다. 여기서는 조카를 양자로 삼아야 할지, 아니면 외손이 제사를 받들도록 할 것인지가 논란이 되었다. 지금 세상에서는 외손이 받드는 것이 일반적이라 하였으니, 아직도 고려시대 이래의 전통이 살아 있음을 볼 수 있다. 여기서 신개는 양자를 들이도록 제안했고, 다른 신하들은 외손의 손을 들어주었다. 세종은 결국 신개의 제안에 따라 양자를 들이는 쪽으로 결론을 내렸다. 비록 이렇게 결말이 났지만, 당시는 아직도 양자보다는 딸에게 상속권과 봉사권을 주던 시절이었다.

이런 관습은 16세기 중종 때까지도 지속되었다. 다음은 참찬관 신상이 아뢴 말이다.

우리나라는 대부大夫에 후손이 없으면 사당을 세우지 않고 딸에게 제사를 지내게 하니 큰 잘못입니다. 선대에 왕실에서는 왕자가 죽으면 나이가 아무리 어리더라도 모두 후손을 세우도록 했었고, 이방번과 이방석은 죄를 얻어 죽었지만 모두 사당을 세워 지금까지 제사 지내니 이는 후덕한 일입니다. 대저 선대의 임금들은 모두 인후仁厚함으로 나라를 다스렸는데, 지금 세속은 비록 대부의 반열에 있는 사람이라 할지라도 딸이 있으면 후손을 세우려 하지 않습니다. 이것은 땅과 집, 노비가 다른 사람에게 돌아갈까 두려워해서이니, 대부로서 후손이 없는 경우에 신주를 만들고 제사를 받들 사람을 세우는 법을 위로부터 엄히 세워 거행하도록 하소서. _중종실록 11년(1516) 10월 21일

조선 초기부터 왕실에서는 후손이 없으면 양자를 세워 제사를 받들도록 하였지만, '대부'의 높은 벼슬에 있는 양반들은 16세기까지도 양자를

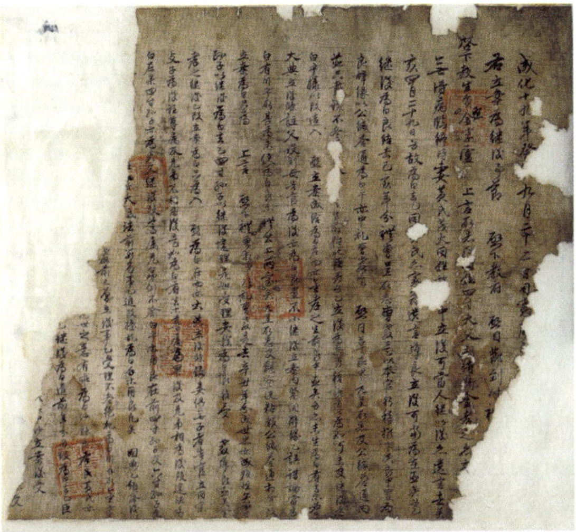

그림 3 1480년 양자 문서

들이기보다는 딸을 선호했다고 한다. 그러면서도 양자를 들여 후사를 세우는 것을 강력히 추진하려는 의지가 엿보인다. 이에 따라 16세기 후반에 유력한 양반 가문부터 양자를 세우기 시작하면서 조선 후기에 보편화되었다고 한다. 양자를 세우되 부계가 중심이 되면서 성이 같은 집안에서 데려오는 전통이 확립되었다.

여기에 보이는 사진그림 3은 1480년 예조에서 김효지의 처에게 사촌 손자를 양자로 들이는 것을 허락한 문서다. 손자뻘을 양자로 들인 것은 아주 예외적인 일로, 이를 계기로 손자를 양자로 들이지 못하게 하는 조항이 생겼다고 한다.

숙종 때에는 계보를 모른 채 양자로 삼았다가 파기한 사례가 보인다. 잘못해서 같은 항렬의 친척을 양자로 삼았다가 이를 파기하고 그 아들을 다시 양자로 삼았다.

이전에 청주 사람 지약해가 같은 집안의 지봉익을 후사로 삼았는데, 그 뒤에 족보를 얻어보니 지약해와 지봉익은 형제뻘이었다. 그때는 지약해가 이미 죽었고, 지봉익은 양어머니인 유씨가 못하게 해서 이를 파하겠다는 소장을 올리지 못했다. 그러다가 사망할 때에 이 일을 그의 아들에게 유언으로 부탁하였다. 아들 지응구가 윤선거, 송시열, 송준길에게 물었더니, 그들이 모두 "예법으로 보아 마땅히 후사를 파하고 본집으로 돌아가야 한다"고 말했다. 드디어 유씨에게 요청하여 예조에 소장을 올려 파하게 되었다. 유씨는 다시 지봉익의 아들 지응삼을 후사로 삼게 하였다. _숙종실록 1년(1675) 4월 27일

2010년에도 딸이 낳은 외손자를 친양자로 입양하는 것을 허락하는 판결이 난 적이 있다. 이렇게 되면 가족관계등록부상으로 친엄마가 누나가 되고, 조부모가 부모가 되어 혼란스럽게 되지만, 창원지법에서는 가족 사정을 고려하여 이례적으로 허가한 것이다. 그러나 같은 시기에 울산지법에서는 가족 질서에 혼란을 초래한다는 이유로 비슷한 신청을 기각했다.중앙일보 2010. 8. 10.

성이 다른 양자는 가정이나 마을에서 용납되기 어려웠다. 그런 전통 때문에 현대에 와서도 타성바지 양자를 꺼리게 되었고, 결국 이런 아이들을 외국으로 입양 보내지 않을 수 없게 되었다. 외국 입양이 많았던 것은 이 때문이다. 얼마 전에 조선의 마지막 황손이 사망하였을 적에도 양자를 들일지 여부로 다소 논란이 있었던 것을 기억할 것이다.

아들을 낳아서 집안을 계승하는 것은 아주 중요한 일이 되었다. 임진왜란 때 쓴 오희문의 일기에도 그런 심정이 잘 드러나 있다.

그윤겸 아내는 지난 15일에 해산하고 별다른 탈은 없다고 한다. 다만 또 딸을 낳았다니 탄식한들 무엇하랴. 날마다 아들 낳기를 바랐는데 마침내 이런 처지가 되었으니 몹시 불행한 일이다. _『쇄미록』 1595. 6. 25.

맏아들 윤겸이 또 딸을 낳아서 크게 실망했다. 그러다가 3년 뒤에 드디어 장손을 얻고는 기뻐서 잠도 이루지 못했다.

저녁에 윤함이 평강현에서 돌아왔다. 평강현감윤겸의 처가 어제 닭이 우는 축시에 아들 낳은 것을 비로소 알았으니, 기쁨을 이길 수가 없다. 이 애가 곧 장손이 되니 조상의 제사를 받들 수 있게 되었다. 비록 지손支孫이 있지만, 어찌 이 아이보다 더할 수 있으랴. 밤새 기뻐서 자지 못했다. 산부도 별다른 탈이 없고, 아이의 몸도 충실하고 아주 좋다고 하니 더욱 기쁘다. _『쇄미록』 1598. 5. 2.

이처럼 아들은 집안에서 소중한 존재였다. 그런데 다음 자료는 자기 자식보다 조카를 먼저 생각한 병자호란 때의 미담이다.

윤삼은 호서 사람인데, 병자호란 때에 그의 가족들이 잡혀갔다. 뒤에 돈을 마련해 속바치고 귀환시킬 때에 윤삼이 종에게 말했다. "내 자식은 지금 속바치지 못해도 내가 죽지 않는다면 뒤에 가서 속바치고 귀환시킬 수 있다. 그러나 내 조카는 이미 부모가 없으니 지금 속바치지 않으면 돌아올 기약이 없다. 모두 속바치게 될 수만 있다면 다행이지만, 만약 돈이 부족하거든 조카를 우선하도록 하라."

그 종이 그의 말을 따라 조카를 속바치고 귀환시켰는데, 다음 해에 다시 가보니 그 아들은 이미 죽었다. 윤삼은 결국 아들이 없게 되자 조카를 후사로 삼았다. _현종실록 2년(1661) 윤7월 1일

그림 4 무속화 바리공주(1700년대)

아들 선호 의식은 얼마 전까지도 볼 수 있었던 말순, 말자 또는 섭섭이란 여성 이름에서도 엿볼 수 있다. 마지막 딸이기를 바라는 심정, 딸을 낳아서 섭섭하단 마음을 그대로 읽을 수 있으니, 이는 그 여성의 가슴에 평생 못을 박는 일이었을 것이다.

'바리공주' 또는 '바리데기'라고 하는 유명한 서사무가에도 아들을 얻지 못한 한이 서려 있다. "길대중전마마 일곱째 공주 탄생 받으시고 우시는 소리이다. … 버리는 자손을 이름이나 지셔이다. 대왕마마 하신 말씀 버려도 버릴 것이요 던져도 던질 것이니, 바리공주라 지으시고." 오구대왕과 길대부인의 일곱째로 태어난 딸을 버리는 내용이다. 이렇게 민중 속에도 아들 선호 사상이 뿌리내린 것을 확인할 수 있다.그림 4

조선 후기의 이러한 사회 변화에 따라 여성은 종속적인 지위로 전락되었다. 구한말 오소파 여사가 지은 '아홉 살에 입학하여 그해 11월에 글을 짓다'라는 시에 그런 남녀 차별 상황이 잘 반영되어 있다.

> 우리나라 풍속 어느 때부터
> 사내자식 생각하고 딸 생각 않았던가
> 한 편의 천자문을
> 아홉 살에야 서당에서 배웠네.
> 國俗自何時 重男不重女
> 一篇千字文 九歲學於序 _이능화 책, 404쪽

또 하나 흥미로운 것은 의학 서적에 임신 중 여아를 남아로 바꾸는 '전녀위남법轉女爲男法'이 있다는 사실이다. 임신 3개월까지는 형체만 생겨나고 남자와 여자가 구별되지 않을 때이므로, 약을 먹이고 비방을 쓰면 아들을 만들 수 있다는 생각이었다. 아들을 낳기 위해서 얼마나 노력했는지 짐작할 수 있다. 태아를 여자에서 남자로 바꾸는 법을 서술한 다음이 그런 사례이다.

> 임신을 느끼게 되면 남편이 친히 장일張日에 동남쪽의 복숭아 가지를 가져다 도끼자루를 만들어 임신한 부인의 침상 아래에 몰래 놓아둔다. 도끼날은 위로 향하게 하고, 사람들이 볼 수 없게 한다. 석웅황石雄黃 한 덩어리를 명주 주머니에 담아 임산부의 왼쪽 허리춤에 차게 한다. 활과 쇠뇌와 활시위를 임신한 부인 허리 가운데에 묶는다. 만 3개월이 되면 푼다. 원추리萱草를 왼쪽 머리에 비녀로 꽂고 원추리 꽃을 매단다. 수탉의 긴 꼬리 두 개를 뽑아 임신한 부인이 눕는 침상 아래에 놓되 알지 못하게 한다. 남편의 머리카락과 손톱, 발톱을 가져다 임산부의 침상 아래에 깔되 알지 못하게 한다. _『증보산림경제』 구사求嗣, 전녀위남법

'장일'은 28수와 관련된 택일 용어로서 이날에는 집을 짓거나 장사 지내고 혼인하고 출행하는 데 마땅하다고 한다. 또 아들을 많이 낳은 부인을 의남宜男이라 하는데, 의남은 원추리의 별명이기도 해서 비법에 등장하는 것 같다. 비슷한 내용은 『동의보감』에도 나온다. 이와 반대의 '전남위녀법'도 있는데, 이론상 전녀위남이 가능하다면 전남위녀도 가능하기 때문이다. 그런데 17세기를 전후해서는 남아를 여아로 바꾸는 '전남위녀법'에 관한 얘기가 완전히 자취를 감췄다고 한다. 앞 시대에 있던 것이 의서醫書에서 사라진 것은 의도적으로 삭제했기 때문이다. 조선 후기에 와서 아들을 선호하는 경향이 더욱 심화되었고 마침내는 딸을 얻는다는 생각 자체를 불순한 것으로 여겨 이런 결과가 나타나게 되었다고 한다.

그러한 이념이 지배하던 사회가 이제 세계적인 추세에 맞추어 변화하기 시작하였으니, 처음에 얘기했듯이 가장 보수적인 대법원에서의 판결이 이를 잘 반영한다. 2012년 발표에 따르면 남아 선호로 극심한 성비 불균형을 이루던 것이 여아 100명당 남아 105~107명의 정상 성비로 회복되었다고 한다. 2003년에는 110명으로 세계 2위였다가 2011년에 106명으로 19위를 기록했었다. 우리 사회에서 여성 차별이 약해지고, 가정 안에서 여성의 발언권이 커진 것 등이 요인으로 꼽힌다. 한 전문가는 "예전에는 아들을 키워 노후를 보장받거나 제사 지내줄 것을 기대했지만 이제는 대를 잇는다는 심리적 만족감밖에 없다"는 사실을 지적했다.그림 5 하지만 중국에서는 아직도 남아 선호가 심해서 2011년에는 여아 대비 남아 수가 113.3명으로 세계 1위를 기록했고, 딸을 낳으면 살해하거나 성 전환 수술까지 하는 경우도 있다고 한다.

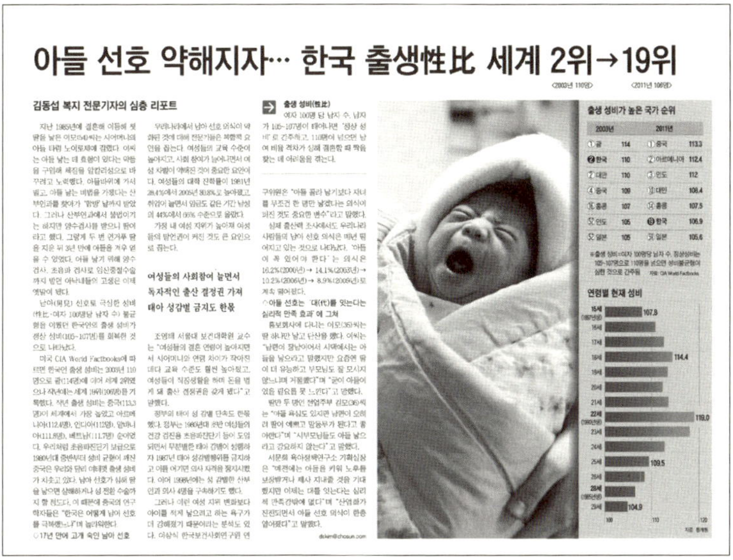

그림 5 아들 선호 약화 기사(조선일보 2012. 3. 6.)

2011년에 발표한 조사 자료에 따르면, 평균 수명이 늘어나 여성이 남편을 돌보는 부담이 길어지면서 노부부 사이에 갈등이 발생할 것이냐는 질문에 여성은 71.8퍼센트, 남성은 66.4퍼센트가 그렇다고 대답했다.한겨레 2011. 11. 17. 나이가 들수록 남성은 애물단지가 되어 여성 주도의 황혼이혼이 늘어나고, "아내가 곰국을 끓이면 어디 멀리 떠난다는 신호라서 남편이 긴장한다"는 농담도 나올 정도로 더 이상 가부장의 권위도 찾기 어렵게 되었다.

효도와 절개

통계청 사회조사 자료를 보니, 부모 부양을 누가 하느냐는 물음에 대한 답변이 크게 변하고 있다. 2006년에는 스스로 해결해야 한다가 7.8퍼센트, 가족이 해야 한다가 63.4퍼센트였는데, 2012년에는 각각 13.9퍼센트, 33.2퍼센트가 나왔다. 또 대법원 통계에 따르면, 부양료 소송건은 2002년 68건이었던 것이 2013년에 250건으로 늘어났다고 한다. 자식에게 퍼주고 노후에 버림받는 상속 빈곤층이 늘어나고 있다고도 한다.중앙일보 2014. 6. 17. 자식에게 기대기 어려워지는 세상이 곧 닥칠 듯하니, 앞으로는 효도란 단어도 사전에만 남아 있을지 모르겠다.

효도 하면 교과서에 실려 있던 청개구리 우화가 생각난다. "아기 청개구리가 엄마 말은 무조건 반대로만 하는 바람에 엄마 개구리가 죽을 때에 산에 묻기를 바라면서 냇가에 묻어달라고 하였답니다. 그러나 마지막에 효도하려고 그 말대로 냇가에 묻고서 비가 오면 떠내려갈까 봐 '개골개골' 하면서 걱정한다고 합니다." 이와 비슷한 우화로 중국의 환야산 높은 봉우리에 있는 무덤에 관한 고사가 있다.

"옛날에 어떤 사람이 공순하지 못한 자식을 두어서, 동쪽으로 가라 하면 서쪽으로 가고 북쪽을 물으면 남쪽을 가리켰으며, 땔나무를 하게 하면 반드시 돌을 져오고, 물을 길어 오게 하면 반드시 불씨를 묶어 왔다. 그 아비가 병들어 죽게 되자 자식에게 '나를 반드시 높은 봉우리 위에다 장사하라'고 하였다. 대개 그 아비의 뜻은 평지에 장사하라 하면 반드시 높은 봉우리에다 장사할 것이므로, 높은 봉우리에다 장사하라 해서 아래쪽 바람을 피할 수 있는 곳을 얻고자 한 것이다. 자식은 '임종 때의 말이니 따르지 않을 수 없다' 말하고 이곳에다 장사하여, 길 가는 사람이 지금까지 그 얘기를 한다고 한다. 살았을 때나 죽은 뒤에 그 아비의 뜻을 어기지變幻 않은 것이 없다 하여, 이 산을 환야산幻爺山이라 이름하게 된 것이다"고 하였다.

이것도 옛날 이리 새끼가 그 아비의 죽을 무렵의 말을 따라 물속에다 장사하고 모래를 쌓아서 무덤을 만들었다는 것과 꼭 같다. 불순한 자식을 경계하는 말이다. _『송와잡설』

전통시대 가정 윤리의 기본은 효열孝烈이었다. 효열이란 자식의 부모에 대한 효도와 부인의 남편에 대한 절개를 말한다. 따라서 미담을 전하는 역사 기록들은 이 효열이 핵심을 이룬다.

먼저, 신라 때에 어머니를 위해서 아이를 매장하다 종을 얻어서 홍효사를 짓게 된 전설이다.

손순은 모량리 사람으로 아버지는 학산이었다. 아버지가 죽자 아내와 함께 남의 집에서 품을 팔아 곡식을 얻어서 늙은 어머니를 봉양했다. 어머니 이름은 운오였다.

손순에게는 어린아이가 있어 언제나 어머니 음식을 빼앗아 먹었다. 손순은 이를 근심하여 아내에게 말했다. "아이는 다시 얻을 수 있지만, 어머니는 다시 구할 수 없소. 아이가 그 음식을 빼앗아 먹으니, 어머니가 얼마나 배고프겠소? 그러니 아이를 묻어버려서 어머니를 배부르게 합시다."

이에 아이를 업고 취산 북쪽 교외로 가서 땅을 파다가 문득 돌종을 얻었는데, 매우 신기했다. _『삼국유사』 효선, 손순매아孫順埋兒

다음은 고려 초기에 보고된 효도 사례 몇 가지이다.

전주 구례현 백성인 손순흥은 어머니가 병사한 뒤 초상화를 그려놓고 제사를 지내며, 3일에 한 번씩 무덤에 가서 살아 있을 때처럼 음식을 올린다고 한다.

운제현전주 지불역 백성인 차달 형제 3명은 늙은 어머니를 함께 봉양하였다. 차달은 그 처가 시어머니를 잘 봉양하지 못한다고 하여 이혼했더니 두 동생들도 혼인하지 않고 한마음으로 어머니를 봉양하고 있다고 한다.

서도평양 모란리에 사는 박광렴은, 어머니가 죽은 지 7일 만에 마른나무가 어머니 형상과 흡사한 것을 홀연히 발견하고, 자기 집으로 가져다가 정성껏 기르고 있다. _『고려사』 성종 9년(990) 9월

지금 경주에는 고려 때인 1182년에 손시양의 효행을 기리기 위해 세운 비석이 전해지고 있다.그림 1 대릉원 담장 밖 주택가에 있는데, 경주

에서는 신라 유적만 찾게 되니 이곳은 사람들의 관심에서 멀어져 있는 듯하다. 이보다 800년 뒤인 1790년의 효도 사례를 보면 세월의 흐름만큼이나 많이 변해 있다. 어렸을 때에 옛이야기로 익히 들었던 유형이 되어버린 것이다.

그림 1 손시양 효자비

충청도 관찰사 권엄이 보고하기를 "부여의 전 현령 김광악은 정성을 다해 어미를 섬겼습니다. 그 어미의 병이 위급하자 손가락을 깨물어 연명하게 했고, 상을 당해서는 이미 일흔이었지만 죽을 먹으며 여막살이를 했습니다. 회인에 사는 박팽령·우호득·이육섭 세 아이는 부모가 병이 들었을 때 모두 다리살을 베어 드렸더니 즉시 완쾌되었습니다. 풍속을 세우는 도리로 보아서 선행을 포상하는 은전이 있어야겠습니다"고 하니, 왕이 하교하기를, "효자와 열녀에 대해 보고한 것을 보면 대부분 내용이 비슷비슷해서 담당자가 평가를 하려 해도 취사선택하기가 어렵다. …"고 하였다. _정조실록 14년(1790) 1월 27일

부모를 위해서 손가락을 깨물고 다리살을 베는 상투성이 드러난다. 정조의 말에서 알 수 있듯이, 조선 후기가 되면 어떤 것이 효성스러운 행동인가 하는 패턴이 형성되어 있었던 것 같다. 이제는 효도를 하려면 어떻게 해야 한다고 정해져버린 것 같고, 그만큼 효도도 진심에서 우러

나는 행동이라기보다 사회에서 요구하는 대로 따르는 형태로 변질되어 버렸다.

강릉 사람 전 중랑장 이성무 등이 얼음 위에서 잉어를 얻어 병든 어머니를 공양했다. … 아버지가 먼저 사망하여 어머니를 모시고 효성을 다하여 봉양했는데, 어머니가 74세에 병에 걸려 여러 달 동안 음식을 들지 못했다. 날씨가 아직도 추워서 얼음이 풀리지 않았는데, 그 어머니가 자식들에게 "내가 잉어회가 먹고 싶구나" 하므로, 이성무 등 네 형제가 고기잡이를 잘하는 사람을 청해서 강변에 그물을 치고 얼음을 뚫어서 잡으려 했다. 그랬더니 얼음이 터진 곳에서 큰 잉어 한 마리가 위로 튀어나왔으므로, 아들들이 이를 가지고 돌아와 어머니를 공양했다.

_태종실록 17년(1417) 2월 13일

이것도 우리가 익히 들어왔던 우화를 보는 듯하다. 효도를 하면 하늘도 감동하여 그에 응답을 한다고 생각해왔다. 이를 효감孝感이라 한다. 여기서도 잉어가 스스로 얼음을 뚫고 올라왔다고 하였는데, 사실 여부는 차치하고 그 당시에는 가능한 것으로 여겨졌다. 온성 사람 박기만이 산소에서 6년간 상을 치르면서 몹시 슬피 지내자 하늘이 감동하여 산불이 저절로 꺼졌고 곁에 있던 호랑이가 멀리 피해갔다고 암행어사가 보고한 내용도 있다.

조선시대에는 벼슬보다 효도를 중히 여겼다. 영조 시대 나홍점이란 사람은 과거에 합격한 지 25년이나 지났지만 어머니 봉양을 위해서 벼슬을 하지 않아 칭송을 받았다. 사람들이 벼슬을 권유하면 "어버이가 늙었는데 어찌 멀리 떠나겠는가?" 하고 대답하였다. 이런 사실이 조정에 알려져 청산현감으로 특별히 임명했으나, 이마저 사양했다.

그런가 하면 정조 때 우의정에 있던 김종수는 상소를 올려 다음과 같이 임금을 설득했다.

국가 법전에 부모가 90세가 되면 아들들이 귀향하여 봉양하도록 허락했습니다. 지금 신의 어미가 그 규정의 나이를 지난 지 오래되었으나 신에게는 봉양할 형제도 아들·조카도 없습니다. 그래서 귀향하여 봉양하길 청했지만 아직도 허락을 받지 못했으니, 이미 효도의 이치를 범한 죄인을 면하기 어렵게 되었습니다. 하물며 모든 관료의 으뜸이 되는 자리에 있으면서 밤낮으로 공무만 보고 어미께 효도할 수 있는 기회를 얻지 못한다면, 전하께서는 어떻게 나라 사람들에게 그렇게 하라고 말할 수 있겠습니까? _정조실록 13년(1789) 9월 28일

반면에 효도를 이용해 신분 상승을 이루었다가 결국에는 비참하게 죽은 노비도 있었다.

가정1522~1566 초년에 개인종 이양동이라는 자가 있었는데, 효도로 마을에 소문이 났다. 그가 관령사 길남부에게 뇌물을 주고, 또 소속된 부部의 벼슬아치에게 뇌물을 주어 예조禮曹에 문서를 올려달라고 했으나, 그 벼슬아치가 미워하여 듣지 않았다.

몇 년이 지난 뒤에 마침내 예조에 문서를 올려 정문을 세우고 복호復戶, 노비 신역 면제를 해주게 되었는데, 장차 문서를 갖추려 하자 이양동이

기뻐하며 집에서 문서를 꺼내어주며 그 일이 빨리 이루어지기를 바랐다. 그런데 그 뜻이 반드시 효자의 명예를 사모한 것이 아니라, 실제 잇속은 복호에 있었다.

뒤에 그 부의 서원書員, 아전으로 고용되어 권력으로 백성의 재물을 빼앗곤 하여 민간에 폐를 끼치다가 마침내 곤장을 맞고 죽었다. 아, 효자의 표창도 뇌물로 얻으니, 돈의 힘이 신神과 같다는 이야기가 참으로 헛된 말이 아니로구나! _『패관잡기』

효도를 강조하다 보면 극단적인 사례도 발생한다.

양성 사람 봉시습이 냇물을 건너다가 빠져 죽었다. 그때 그의 아들 봉한정이 열 세 살이었는데, 아버지를 부르며 "아들만 어찌 홀로 살 수 있겠습니까?" 하고 몸을 던져 함께 죽었다. 임금이 이를 듣고 특별히 정려를 명하고 구휼의 은전을 베풀었다. _숙종실록 5년(1679) 7월 17일

지금 보면 아들이 이렇게 죽는 것은 효도가 아니라고 생각할 것이다. 효도의 이데올로기가 어린아이를 이런 죽음으로 몰고간 것이 아닌가 생각된다. 그런 모습은 뒤에 열녀의 사례에서 다시 살펴볼 수 있다.

조선시대에 와서 눈에 띄게 많이 등장하는 것이 효도보다도 여인의 절개다. 예를 들어서 고려 성종은 "무릇 국가를 다스리려면 먼저 근본에 힘써야 한다. 그러한 근본으로 효도가 제일이니, 효도는 3황 5제의 근본 지침이요, 만사의 강령이요, 모든 선의 중심이다"고 하여 효자의 사례를 발굴하도록 조치를 내렸다. 그 조치로 기록된 것이 앞에서 보았

던 것이다. 그런데 조선시대에 오면 효자와 함께 절부節婦가 중요한 관심사로 떠오르니, 태종 13년1413에 처음으로 효자와 절부를 표창하기 위해 정문旌門, 홍살문을 세우는 조치를 취하였다. 세종 때에는 우리나라와 중국에서 모범이 되는 충신, 효자, 열녀의 행실을 모은 책인 『삼강행실도』를 편찬하였다. 이때부터 사회적으로 열녀를 만들어내는 작업이 본격화되었다고 할 수 있다.

이에 따라 실록에는 효자와 열녀를 표창한 사실이 자주 등장한다. 조선 후기 영조 때부터는 매년 초에 서울과 지방에서 명단을 적어 올리면 정월 말에 예조판서가 여기서 선발한 내용을 왕에게 아뢰어 결정했다고 한다. 정조 7년1783 정월 23일에 표창한 것을 보면, 충신 2명, 효자 3명, 열녀 60명, 효부 3명, 효녀 1명으로 열녀가 단연 압도적이다.

그런데 효자·효녀와 달리 절개는 남성을 제쳐놓고 여성에게 집중적으로 요구되는 덕목이다. 성리학에 바탕을 둔 사회윤리가 크게 작용했기 때문이다. 어진 어머니요 좋은 아내란 의미의 현모양처賢母良妻란 말은 근대에 일본에서 들어왔다. 일본에서는 양처현모라 하였는데, 19세기 후반에 서양의 영향을 받아 만들어진 새로운 단어이다. 따라서 우리의 전통적 가치관념을 반영한 말은 아니다. 신사임당을 현모양처로 보게 된 것도 근대 이후의 일이 된다. 전근대에는 요조숙녀窈窕淑女란 말과 함께 열녀가 여성에 대한 최고의 찬사였다.

이익은 여성이 절개를 지키는 것은 중국도 따라오지 못할 우리나라의 아름다운 풍속이라고 적었다.

우리나라의 아름다운 풍속에 중국도 따르지 못하는 것이 있으니, 미천한 여자도 절개를 지켜 개가하지 않는 것이 그것이다. 이는 국법에 개가한 자의 자손은 청요직으로 나아갈 수 없게 했기 때문이다. _『성호사설』 인사문, 동국미속東國美俗

이렇게 법률 규정을 통해서 수절을 강요했는데, 이 규정은 뒤에 보듯이 성종의 지시에서 비롯되었다고 한다. 이렇게 해서 급기야 임진왜란 때에는 효자, 충신보다 열녀가 더 많이 나오게 되었다. 이수광은 이를 다음과 같이 질타했다.

임진왜란 때에 절개를 지켜 죽은 열녀가 아주 많아서 모두 기록할 수가 없다. 효자는 그 다음이고, 충신은 또 그다음이지만, 확연히 드러나 칭찬할 만한 자가 얼마 되지 않는다. 아! 선비들이 평소에 독서하며 의리를 논할 때에 누군들 내가 대장부라고 하지 않겠는가마는, 위급함에 이르러서 목숨을 바치는 데에는 오히려 부인의 아래에 있으니, 얼굴이 어찌 두텁지 않은가? _『지봉유설』 인물부, 열녀

남편이 죽으면 여인 혼자 아이들을 돌보며 살아가기가 무척 어려웠을 것이다. 그러나 굶주려 죽더라도 재가하지 않고 수절해야 하는 것이 더 중요한 일이었다.

이경동이 "'재가한 자의 자손을 사판仕版, 벼슬아치 명단에 함께하지 말라'고 분부하셨는데, 문제가 되지 않을까 두렵습니다"고 아뢰니, 임금이 "굶주려 죽는 일은 작은 것이고, 절개를 잃는 일은 큰 것이다. 국가가 법을

세운 것은 마땅히 이와 같아야만 한다"고 했다. _성종실록 8년(1477) 7월 20일

이수광의 지적에 따르면, 이로부터 사대부의 집에서는 개가를 부끄럽게 여겨 청년과부일지라도 절대로 개가할 수 없게 되었다고 한다. 조선 선비들은 중국이나 일본에서 대화할 때에 이러한 개가 금지를 자랑스럽게 생각했다. 1729년 대만에 표류했던 윤도성의 대화록이다.

하루는 진사進士라는 자가 와서 보더니 글을 써서 물었다. "너희 나라의 법은 같은 성씨끼리 혼인하는 것을 금지하는가?" "그렇다."

그가 또 글을 써서 물었다. "부인은 개가를 하는가?" "아니다. 그런 풍속은 없다." "청상과부가 자식이 없으면 어디에 기대어 생활하는가?" "비록 쓸쓸하여 귀의할 데가 없어도 친척이나 이웃에 기대서 산다. 개가하는 일은 없다."

진사가 말했다. "아! 조선은 예의의 나라로구나. 아름다운 풍속이 이럴 줄은 몰랐다." _『탐라문견록』 67쪽

홍대용이 1766년 북경에서 나눈 대화에서도 개가 문제가 자세히 나온다.

내가 묻기를, "중국은 부인의 개가를 그르게 여기지 아니합니까?" 반생이 말하기를, "사대부의 집은 개가하는 일이 없거니와 가난하고 자식이 없으면 개가를 허물치 못할 것입니다. 송나라 때 정자程子의 집에도 개가한 여인이 있습니다." 내가 말하기를, "이것은 예로부터 흔히 있는

일입니다. 다만 극진한 도리로 의논할진대, 한 사람을 섬기며 고치지 않는 것이 어찌 부인의 옳은 도리가 아니겠습니까?" 반생이 말하기를, "가난하여 돌아갈 곳이 없고 그 사람이 또한 지조가 없으면 필경 절개를 보전치 못하여 큰 부끄러움이 있을 것입니다. 차라리 개가를 허함이 해롭지 아니할 것입니다." …

반생이 묻기를, "조선에도 개가를 아니하면 또한 정문하는 법이 있습니까?" 내가 답하기를, "우리나라는 개가를 않는 것이 부녀의 흔한 일이라 정표旌表를 더하지 않습니다." 반생이 묻기를, "개가하는 일이 없으면 능히 실행失行하는 폐단이 없습니까?" 내가 말하기를 "우리나라 예법이 극히 엄하여 이런 일이 흔치 아니하고, 만일 드러남이 있으면 몸을 보전치 못할 뿐 아니라 그 부형 족속이 다 세상의 버림을 받습니다." 반생이 말하기를, "이는 너무 과합니다. 부형이 무슨 죄가 있습니까?" _『을병연행록』 1766. 2. 12.

1855년 일본에 사신으로 갔던 박대양은 이렇게 적었다.

혼인에 중매하거나 폐물을 보내는 예절이 없다. … 함께 살다가 조금이라도 마땅하지 않으면 곧 쫓아 보낸다. 개가改嫁, 여자의 재혼나 개취改娶, 남자의 재혼를 이상하게 여기지 않아서, 새로 시집가면서 자녀를 거느리고 가는 자가 있다. 비록 태정관太政官, 최고 국가기관의 대신 집안이라도 모두 이와 같이 혼인한다. 할아버지가 같은 사촌 간에도 서로 장가들고 시집가곤 한다. 말하기에도 더럽다. _『동사만록』 동사기속東槎記俗

조선의 이런 풍습에 대해 비판적인 생각을 가진 사람도 일부 있었다.

> 우리나라 법에 알 수 없는 것이 두 가지 있다. 여자의 정절은 매우 권장할 만한 일이다. 그러나 젊은 과부를 일체 꼼짝 못하게 묶어두고, 개가하여 자식을 낳으면 간음하여 낳은 것으로 논하니, 이것이 과연 인정에 가까운 것인가?
>
> 또 환관은 남자도 여자도 아닌 물건으로서, 썩고 흉하고 더러워서 실상 사람 부류가 아니다. 그런데도 아내를 두고 가정을 이루어 일반 사람과 똑같이 살고, 혹시 아내가 근신하지 못하고 행실을 잃어버리면 죄를 주니, 이것이 천리에 합당한가? _『송와잡설』

이처럼 조선에서는 개가를 죄악시했으나, 실제로는 쉬쉬하면서 개가를 했던 것 같다. 퇴계 이황도 둘째 며느리가 홀로 사는 것을 보고 개가하도록 허락했다고 전해진다. 사실이라고 해도 이런 일은 기록으로 남기기는 어려웠을 것이다.

한편으로 남편이 부인을 따라 죽은 경우도 있다. 노귀택이란 백성이 아내 장귀가 죽자 정성껏 장례를 치르고 독풀을 먹고 뒤따라 죽으려 하였으나 죽지 않자 다시 목을 매어 죽어서 정문을 내렸던 일이 있다. 그러나 이런 일화는 아주 희귀할 뿐이다.

위급한 일을 당했을 때에는 부인이 아니라 오히려 남편이 보호 대상이었다. 부인이 남편을 살리기 위해 목숨까지 바친 사례가 보인다. 지금 시대에 이런 일이 벌어지면 비난의 대상이 될 것이다. 그런 점에서 지금의 가치관과 정반대다.

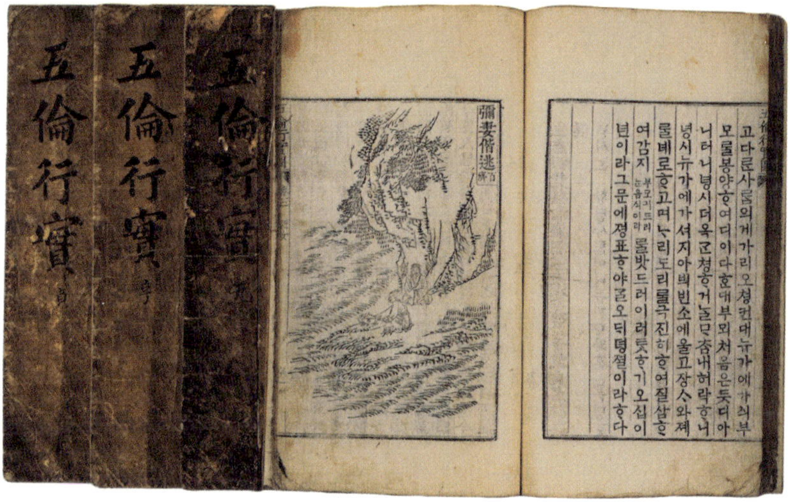

그림 2 정조 때에 편찬된 『오륜행실도』에 실린 도미 부인 고사

금산에 사는 유학 최계완의 아내 허씨는 갑자기 명화적을 만나자 자신의 몸으로 남편을 가려 적의 칼날을 맞으면서 남편이 달아나 화를 면하게 했다.

예안에 사는 이막동의 아내 건리금은 남편이 호랑이에게 물렸을 때에, 한 손으로는 남편의 발을 잡아당기고 한 손으로는 호랑이의 등을 치면서 울며 꾸짖자 호랑이가 마침내 그냥 버리고 가서 시체가 온전했다.

이 일을 아뢰니, 모두 정문을 세워주라고 명했다. _현종실록 15년(1674) 7월 4일

물론 조선 이전에 열녀가 없었던 것은 아니다. 유명한 것으로 백제시대 도미의 부인이 있다.그림 2 그의 부인은 아름답고 지조가 있는 것으로 알려졌는데, 개루왕이 이를 듣고 시험을 하였다. 도미를 잡아두고 신하를 왕으로 꾸며 그 집에 가서 거짓말로 말했다.

"나는 오래전부터 네가 예쁘다는 소리를 들었는데 도미와 내기를 걸어서 이겼다. 내일 너를 들여 궁녀로 삼기로 하였다. 지금부터 네 몸은 내 것이다" 하고 겁탈하려 했다. 이에 부인이 말하였다. "국왕께서는 헛말을 하지 않으실 것이니 제가 어찌 따르지 않겠습니까? 대왕께서는 먼저 방에 들어가소서. 제가 옷을 갈아입고 들어오겠습니다." 그런 다음에 계집종을 치장해 들여보냈다. 나중에 왕이 속은 것을 알고는 크게 노하여 도미의 두 눈알을 빼고 끌어내 작은 배에 태워 강에 띄웠다. 그리고 그 아내를 끌어다가 강제로 음행을 하려 하니, 부인이 말했다. "지금 낭군을 이미 잃었으니 홀로 남은 이 한 몸을 스스로 지킬 수가 없습니다. 하물며 왕을 모시는 일이라면 어찌 감히 어길 수 있겠습니까? 그러나 지금 월경 중이라서 온몸이 더러우니 청컨대 다음 날 목욕을 하고 오겠습니다." 왕이 이를 믿고 허락하였다. 부인이 곧바로 도망쳐 강 어귀에 이르렀으나 건널 수가 없었다. 하늘을 부르며 통곡하자 문득 외로운 배가 물결을 따라 이르니 이를 타고 천성도에 다다라 남편을 만났다. 풀뿌리를 캐 씹어 먹으며 함께 배를 타고 고구려의 산산 아래에 이르니 고구려 사람들이 불쌍히 여겼다. 옷과 음식을 구걸하며 구차히 살아 나그네로 일생을 마쳤다. _『삼국사기』 도미 전기

슬프면서도 아름다운 이 이야기는 많은 사람의 심금을 울려왔다. '도미 부인'이란 무용극으로 만들어졌는가 하면, 몇 년 전에는 서울 강동구에서 도미 부인 동상의 건립 여부를 두고 논란이 된 적이 있었다.

조선시대에 절개를 지킨 여인을 표창한 사례는 흔히 볼 수 있는데, 여기서는 짤막한 몇 가지 얘기만 적어보도록 하겠다.

창녕에 사는 여자 문옥이의 정려문을 세우게 했다. 문옥이는 팔촌 친척인 문중갑과 함께 나이가 17세였는데, 둘이 나무를 하다가 문중갑이 겁탈하려 하였다. 문옥이가 같은 성씨인 것을 들어 꾸짖고, 옷소매를 떨치고 돌아와 울면서 그 상황을 언니에게 말했다. 그리고는 비상을 몰래 구해 마시고 죽었다. 관찰사가 왕에게 아뢰어 이런 명령이 있게 되었다. _영조실록 13년(1737) 9월 23일

이렇게 작은 사건에도 목숨을 버리는 사태가 벌어졌다. 그런가 하면 제주도에서는 다음과 같은 일이 일어났다.

예조판서 김노진이 "정의현에 사는 유학 김정욱의 아내 김씨는 나이가 17세이고, 대정현에 사는 유학 강응주의 아내 김씨는 겨우 비녀를 꽂기 시작하는 15세인데, 모두 남편을 위해 순절했습니다 …"고 아뢰자, 임금이 "두 김씨의 얘기가 지금까지 섬에 묻혀 있었으니 어찌 잘못된 일이 아니겠는가?" 하면서 정려를 내리도록 하였다. _정조실록 6년(1782) 1월 14일

10대의 나이에 남편을 여읜 제주도의 두 여인이 스스로 목숨을 끊고, 조정에서는 이를 훌륭한 일이라 하여 표창하던 사회가 조선시대였다. 지금으로서는 이러한 극단적인 행동을 이해하기 힘들고 이질감마저 느낄 것이다. 그러나 효도와 절개는 조선 사회를 떠받치던 엄연한 덕목이었다. 가족이나 마을 사람들이 간음한 여자를 처형하는 아랍 쪽 소식이 종종 들려오는데, 그렇게 먼 사회의 얘기만은 아닌 것이다. 조선시대의 명예살인 사건 하나를 보겠다.

이육이 또 아뢰었다. "경상도 함창에 사는 옛 성주목사 김유선의 딸이 그의 오빠 김진생의 종과 사통했는데, 진생 아우가 그 종을 죽이기를 진생에게 청했습니다. 진생이 서울에 있으면서 답장을 보내 '네가 내 종을 죽이려면 다른 종으로 충당해주어야 할 것이요, 그러지 못하면 죽일 수 없다'고 했습니다. 진생은 드디어 집에 돌아가서 누이동생을 죽이고 그 종은 불문에 부쳤습니다. 청컨대 지금 내려가는 반고어사反庫御史, 창고 실사를 위한 어사로 하여금 국문하게 하소서." 의금부에 명령하여 잡아와서 국문하게 했다. _성종실록 1년(1470) 12월 28일

누이의 이름은 종이였고, 종의 이름은 막동이었다. 결국 주인과 간통하여 윤리를 크게 해쳤다고 해서 종 막동은 참형에 처해졌다. 그러나 명예살인은 집 안에서 은밀히 이루어지는 경우가 많아서 역사 기록에는 그리 많이 나타나지 않는다.

강요된 윤리는 사회 밑바닥에까지 파급되어 천민 열녀까지 생산되었다.

경기도 파주의 열부 문씨를 정려했다. 문씨는 천민인데 어떤 자에게 강제로 겁박을 당했다. 온몸이 난자당해서 배가 찢어져 창자가 나온 지경에 이르렀으나 끝내 굴하지 않고 죽었다. _영조실록 39년(1763) 2월 29일

호남에 파견된 암행어사 정동간이 … 별도 문서로 보고했다. "나주의 개인 집 종인 판돌이 배를 타고 바다에 나갔다가 초란도에서 빠져 죽자, 그의 처 최씨가 부음을 듣고 섬으로 가서 시체를 찾았으나 끝내 찾

지 못했습니다. 밤낮으로 곡하면서 늘 하는 말이 '상을 마치면 빠져 죽어서 죽은 남편을 따라가겠다'고 하더니, 마침내 상을 끝낼 때에 최씨가 음식을 차려 제사를 지낸 다음 밥을 뿌린다며 갯가에 나가서 오래도록 돌아오지 않았습니다. 그 며느리가 급히 가서 보니 신을 갯가에 남겨두고 물에 빠져 죽은 지 오래되었습니다. 그의 곧은 마음과 굳센 행실이 참으로 매우 뛰어납니다." _정조실록 17년(1793) 6월 25일

그런가 하면 계집종이 자기 주인을 위해서 죽은 사건도 있었다.

또 "안동의 선비 남시윤이 계묘년1783 봄에 과거시험장에서 죽었습니다. 그의 처 신씨가 장례를 치른 뒤에 못가를 지나다가 치마로 낯을 가리고 물에 뛰어들어 죽자, 그의 계집종도 동시에 물에 뛰어들어 죽었으므로 하루 사이에 절개가 쌍으로 이루어졌습니다. 신이 안동에 이르자온 고을의 선비들이 말을 에워싸고 진정했으니, 정려문으로 포상해서 교화를 세우는 것이 좋겠습니다"고 아뢰었다. 왕이 절개가 아주 뛰어나다고 하여 특별히 정려문을 내리는 은전을 베풀도록 지시했다. _정조실록 8년(1784) 3월 3일

이상은 남편을 뒤따라 자결하거나 순결을 지키기 위해서 죽은 극단적인 경우다. 그런 극단성은 병자호란 때 한 처녀의 행동에서 잘 드러난다.

역관 정신남의 딸을 위해 정문을 세웠다. 정신남의 딸은 아직 혼인하지

않았는데, 정축년1637 피란 시에 나룻배가 언덕을 막 떠나서 미처 배에 오르지 못했다. 어떤 사람이 손으로 당기려 하자 딸이 "내가 손을 당신에게 준다면 피란할 게 뭐가 있겠는가?"라고 말하고 스스로 물에 빠져 죽었다. 정치화·민정중이 그가 조용히 죽은 절의가 가상하다 하여 정문을 세워 표창하자고 청하니, 왕이 윤허했다. _현종실록 12년(1671) 6월 24일

강화도로 피신했다가 성이 함락되자 급히 배를 탈 때의 일이었다. 마침 정치화가 이를 목격하고 나중에 표창을 요청한 것이다. 이 얘기는 다른 문헌들에도 나올 정도로 유명하다. 처녀가 남의 손을 잡느니 차라리 죽는 게 낫다는 생각은 아무리 생각해도 지나치다. 앞에서 본 효자의 극단적 사례나 이 사례나 모두 17세기에 일어난 일이다. 당시의 사회적 분위기를 엿볼 수 있다.

이보다 앞서 임진왜란 때에 쓴 정운경1556~?의 일기에는 비참하게 죽은 딸을 어떻게 교육했는지가 잘 나타나 있다.

조카가 산에서 정아의 시신을 찾았다. 목이 반 이상 잘린 채로 바위 사이에 넘어져 있었는데, 갖고 있던 패도와 손이 모두 평소와 같았다. 오호라! 내 딸이 어찌 이 같은 지경에 이르렀는가? 내가 처음 왜적들이 곳곳에서 출몰한다는 말을 듣고 패도를 주면서, "만약 불행하게도 네가 왜적을 만나면 적을 따르지 말라"고 하였다. 이후로 한 번도 머리를 빗지 않고 얼굴도 씻지 않으면서 말하기를, "큰 도적이 지금 왔으니, 제가 반드시 산다고 하기 어렵습니다"고 하였다. 이 말을 그 엄마에게 매번 하였는데, 졸지에 흉적을 만나서는 우뚝 서서 겁 없이 적노를 욕하

고 꾸짖으며 목숨을 버려 절개를 온전히 하였다. 곧도다! 내 딸이여, 그 이름이 부끄럽지 않구나. 오호라! 네가 삶을 버리고 의를 택했으니, 참으로 잘한 일이구나. 하지만 나는 딸 하나도 능히 구하지 못해, 흉한 칼끝에서 너를 죽게 했다. 손을 붙들고 피난하여 시작과 끝을 함께하고자 했으나 그러지를 못했구나. 죽은 후에 황천에서 손잡고 다시 만날 때, 나는 진실로 너만 못하니, 무슨 면목으로 너를 위로할까! 네가 높게 세운 절개는 내 그 뜻을 글로써 분명히 전할 것이다. 의복을 모두 잃어버려 시신을 염하는 도구가 초라하기 짝이 없으니, 통곡하고 또 통곡한다. _『고대일록』 1597. 8. 21.

열녀는 마침내 왕실에서도 나왔다. 충남 예산에 있는 추사고택에 가면 화순옹주 열녀문을 볼 수 있다.그림 3 화순옹주는 추사 김정희의 증조모다.

정월에 월성위화순옹주의 남편 김한신의 상이 났다. 화순옹주는 아이가 없었다. 화순옹주는 우직한 마음으로 큰 뜻을 품고, 17일 동안 음식을 먹지 않아 또 상이 났다. 일찍이 왕가에서는 이런 거룩한 일이 없었다. 그러나 영묘께서는 늙은 아비를 두고 당신 말씀을 듣지 않고 돌아가신 것이 불효라며 화를 내셨다. 그래서 정문 세우기를 허락하지 않았다. _『한중록』 권3

아무리 효자와 열녀를 장려한다고 해도, 자기 자식이 죽는 데에는 아비로서의 정을 이길 수 없었을 것이다. 화순옹주가 열녀였을지는 모르나 영조에게는 그녀의 불효가 더 크게 보였을 것이다. 인간적 감정과

그림 3 추사고택의 화순옹주 열녀문(2003. 4.)

사회적 요구가 상치되는 것을 느낄 수 있다. 경우가 다르기는 해도 다음 사례에서도 그런 모순이 느껴진다.

가정 신사년1521에 무인 하정의 첩 강씨가 수절하고 개가하지 않기로 손가락을 잘라 스스로 맹세했다. 뒤에 그 어머니가 몰래 사람을 시켜 강제로 혼인하게 하였더니, 신혼의 사랑이 전보다도 더 두터워졌다. 늘 규방에 함께 거처하면서 마치 목을 서로 기대고 있는 원앙새보다도 사이가 더 좋았으므로 사람들이 모두 비웃었다. _『패관잡기』

수절하는 여인의 고뇌는 박지원의 글에서 절절히 느껴진다. 과부의 자식이라고 벼슬길을 막는 형제들을 역시 과부인 어머니가 깨우친 말이다.

어머니가 "… 더구나 너희는 과부의 자식이다. 과부의 자식이 오히려 과부를 논할 수 있단 말이냐? 앉거라. 내가 너희에게 보여줄 게 있다" 하고는 품고 있던 동전 한 닢을 꺼내며 물었다. "이것에 테두리가 있느냐?" "없습니다." "글자가 있느냐?" "없습니다."

어머니는 눈물을 흘리며 말했다. "이것은 네 어미가 죽음을 참아낸 부적이다. 10년간 손으로 만졌더니 다 닳아 없어진 것이다. 무릇 사람의 혈기는 음양에 뿌리를 두고, 정욕은 혈기에 모이며, 그리운 생각은 고독한 데서 생겨나고, 슬픔은 그리운 생각에서 일어나는 것이다. 과부란 고독한 처지에 놓여 슬픔이 지극한 사람이다. 혈기가 때로 왕성해지면 어찌 과부라고 해서 감정이 없을 수 있겠느냐?

가물거리는 등잔불에 비친 내 그림자를 의지 삼아 홀로 지내는 밤은 지새기도 어렵더라. 만약에 처마 끝에서 빗물이 방울방울 떨어지거나 창에 비친 달빛이 하얗게 흘러들고, 낙엽 하나가 뜰에 구르거나 외기러기 하늘에서 울고 가며, 멀리서 닭 울음도 들리지 않고 어린 종년은 세상 모르고 코를 골면, 이런저런 근심으로 잠 못 이루니 이 고통을 누구에게 호소하랴.

그럴 때면 나는 이 동전을 꺼내 굴려서 온 방을 더듬고 다니는데, 둥근 것이라 잘 구르다가도 가장자리를 만나면 서버린다. 그러면 찾아서 다시 굴리곤 했다. 밤마다 늘상 대여섯 번을 굴리면 먼동이 트더구나. 10년 사이에 해마다 그 횟수가 점점 줄어서 10년이 지난 뒤에는 때로는 닷새 밤에 한 번 굴리고 때로는 열흘 밤에 한 번 굴렸는데, 혈기가 쇠해진 뒤로는 더 이상 굴리지 않게 되었다. 그런데도 내가 이것을 열 겹이나 싸서 20여 년간 간직해온 것은 동전의 공로를 잊지 않고 때로는 스스로를 경계하기 위해서였다." 말을 마치자 모자는 서로 붙들고 울었

다. _『연암집』 열녀함양박씨전烈女咸陽朴氏傳

우리 어머니도 서른에 홀로되어 50여 성상 수절하신 분이어서, 이 말이 남의 일 같지 않게 다가온다. 여인은 남편이 죽었을 때만 아니라 살아 있을 때에도 그에게 헌신해야 했다.

의주부의 죄수 김중망덕은 사형을 감하여 먼 섬에 보내 신역을 지우고, 그의 아내에게는 쌀과 베를 후하게 지급하라고 명했다. 본디 중망덕은 무늬 있는 비단을 입지 말라는 법을 어긴 자였는데, 그의 아내 함씨는 남편이 옥에 갇힌 뒤로 울면서 구걸해다가 남편을 먹여 살렸다. 낮에는 눈비를 무릅쓰고 돌아다니고 밤에는 옥문 밖에 엎드려 있었는데, 우악스런 사람들이 감히 접근하지 못했다. 또 천 리 길을 거꾸러지듯 달려와 징을 쳐서 자기 목숨을 남편 목숨과 바꾸게 해달라고 비는 등 20년을 하루같이 헌신했다. 전 의주부윤 이기양이 이 사실을 아뢰자 이런 명이 있게 되었다. _정조실록 23년(1799) 8월 26일

남편이 죽으면 그 아내는 뒤따라 자결하는 것이 미덕이었다. 그러기에 남편을 여읜 부인을 미망인未亡人이라 불렀다. 남편을 따라 죽어야 하는데 '아직 죽지 않은 사람'이란 뜻이다. 고대 인도에서도 미망인들의 자살이 만연했다고 한다. 특히 남편을 화장하는 동안 스스로 불길에 몸을 던지곤 했는데, 이것은 아내의 정절을 표현하는 최고의 행위였다. 이렇게 산 채로 불타 죽은 여성들을 '정절을 지킨 충실한 아내', 즉 '사티'라고 불렀다고 전한다.

그러나 인명을 끊기는 쉬운 일이 아니다. 그래서 살아서 절개를 지켜야 했다. 온전히 절개를 지키기 위해서 비구니가 된 이들도 있었다.

임금이 승정원에 "양갓집 부녀로서 남편이 죽어 여승이 되는 것은 수절하지 못할까 두려워 그 절개를 온전히 지키려는 것이다. 그런데 지금 여승이 된 자는 죽립竹笠을 쓰고 얼굴을 드러내고 길거리를 다닌다. 만약에 부처를 좋아해서 여승이 되었다면 얼굴을 드러내고 길을 다녀도 되겠지만, 절개를 온전히 지키기 위해 여승이 되었다면 얼굴을 드러내고 길을 다니는 것이 어찌 옳겠느냐 …" 하고 일렀다. _세종실록 26년(1444) 6월 5일

수절의 방편으로 여승이 된 사람이 얼굴을 드러내고 다니는 것을 임금이 지적한 것이다. 이 글을 보면 수절하기 위해서 여승이 된 사례가 많았음을 짐작할 수 있다. 이 가운데 의지할 데 없는 여승은 서울에 설치한 정업원淨業院에 거처하기도 하였다. 그런데 불교를 배척하는 정책과 수절하려는 여인을 보호하려는 정책이 상충하면서 조선시대에 정업원을 없앨지 그대로 둘지가 논란이 되었다.

의정부에서 … 아뢰기를 "정업원은 토지와 노비를 많이 가지고 있습니다. 따라서 머리를 깎고 신의를 지키는 과부로서 의지할 데 없는 자들을 공양하는 것은 진실로 국가의 훌륭한 정책이라 할 수 있습니다. 그러나 머리를 깎고 여승이 된 자가 백 명이나 천 명뿐이 아닌데, 정업원에서 보호하는 것은 수십 명에 불과하니 공평하지 못하다는 원망이 있

습니다. 또 주지가 옳은 사람이 아니면 토지와 노비 및 세금을 사사로이 사용하여 그 폐단이 끝이 없으니, 혁파하게 하소서" 하니, 임금이 말하기를 "만일 갑자기 혁파하면 과부들 가운데 갈 곳이 없는 자가 반드시 있을 터이니, 이제 현재의 인원수를 기준으로 삼고 줄어도 보충하지 말아서 점차로 혁파되게 하라" 하였다. _세종실록 29년(1447) 6월 23일

정업원은 유생들의 강한 반발에 부닥쳐 폐지와 복구를 반복하다가 선조 40년1607 무렵에 영원히 폐지되고 비구니들은 성 밖으로 모두 쫓겨났다.

효도와 절개는 양반의 전유물은 아니었다. 먼저 노비 열녀에 관한 기록이다.

들으니, 죽산에 사는 이름을 모르는 한 개인 집 여종이 서울의 재상집에서 일하다가 어느 달 어느 날에 죽산으로 돌아오는 길에서 충주에 사는 한 무인武夫을 만났다. 이 무인이 마음속으로 그녀와 가까이하고자 오랫동안 눈짓을 하더니, 노비를 시켜서 그녀가 머무는 곳을 알아 오게 하였다. 그녀가 과연 판교에 사는 할미의 집으로 들어가자 무인이 뒤따라갔다. 술을 사고 안주를 갖추어 늙은 할미를 후하게 먹이면서 은근히 그 뜻을 통하니 허락하였다. 황혼에 무인이 방에 들어가 범하려고 하니, 곧 그 여자가 "나는 당신께서 이런 뜻을 가지고 있음을 미리 알고 있었습니다. 그러나 사람이 짐승이 아닌 한 이렇게 해서는 안 됩니다. 아름다운 시기를 굳게 정하고 두 집이 좋은 인연을 맺어도 늦지 않을 것이니, 부디 의심치 마십시오" 말했다.

두 사람이 날짜를 정하고 각자 자기 집으로 돌아와서 부모를 뵈었다. 부모가 다른 사람에게 시집을 보내려고 하자 여자가 사실대로 고하고, 기약한 날짜에 이르자 그녀는 머리를 감고 옷을 갈아입은 다음에 무인이 올 것을 손꼽아 기다렸다. 그런데 한밤중이 지난 후에도 결국 발자국 소리가 없자 그녀는 목을 매어 죽었다. 무인이 이틀이 지나서 그의 집에 도착했지만 이미 어찌할 수 없었다. 소리 질러 통곡하고는 시체를 싣고 돌아갔다고 한다. 아! 우뚝한 절개는 옛사람에게 견주어도 부끄럽지 않으니, 신하된 자로서 두 마음을 품은 자는 이 일을 높이 거울삼아야 할 것이다. _『고대일록』 1600. 5. 8.

또 노비 효자에 관한 기록이다.

부안성 안에 효자 문랑의 정려각이 있다. 문랑은 곧 이 현의 관노였다. 아비를 위하여 약을 구하는 데 20여 년 동안 일찍이 조금도 게을리 하지 않았다. 그 아비가 또한 나쁜 병에 걸리자 문랑이 자신의 손가락을 잘라서 웅달에 말렸다가 술에 타서 그것을 마시게 하니 병이 나았다. 아! 문랑은 천한 노예인데도 효성이 하늘을 감복시켰다. 인간이 타고난 변치 않는 양심의 덕은 신분의 귀천에 따라 많아지거나 적어지지 않는다는 것을 믿을 수 있겠구나! _『고대일록』 1604. 12. 15.

정운경의 일기에 보이는 이상의 두 사례는 절개와 효도라는 유교의 핵심 이념이 노비에게까지 침투되어 있었던 면을 보여준다. 그러나 흔한 일은 아니었을 것이다.

패륜과 불륜

신윤복의 작품에 「월하정인月下情人」그림 1이란 그림이 있다. 왼쪽 아래에는 "달이 침침한 밤 삼경11~1시 사이인데, 두 사람의 마음은 두 사람이 알겠지月沈沈夜三更, 兩人心事兩人知"란 흥미로운 화제가 붙어 있다. 초승달이 뜬 날 밤에 어두컴컴한 도회지 담장에서 두 사람이 밀회를 즐기는 장

그림 1 달빛 아래의 밀회(신윤복)

면이다. 마르크 샤갈이 그린 「달빛Clair de Lune」1926, 그림 2'이란 그림을 보면서 이 장면이 함께 떠올랐다. 둘 다 초승달 아래에서 밀회를 즐기는 모습이 담겨 있다. 그러면서 두 사람의 자세는 우리와 서양의 사랑 방식에 차이가 있음을 보여준다. 그러나 이들이 불륜 관계인지는 알 수 없는 노릇이다.

그림 2 달빛(마르크 샤갈)

술 마신다고 나무라는 아버지를 살해하거나 잔소리하는 노모를 살해한 자식에 관한 기사를 종종 볼 수 있다. 이런 자식을 흔히 패륜아悖倫兒라고 한다. 패륜이란 윤리에 어긋난다는 뜻이다. 같은 뜻으로 과거에 파륜破倫이나 불륜不倫이란 말도 썼지만, 파륜이란 말은 사라지고 불륜이란 말은 뜻이 다소 달라졌다. 패륜은 부모에게 큰 죄를 지었을 때에 붙이고, 불륜은 보통 부적절한 남녀 관계그림 3를 가리킨다.

이처럼 시대의 변천에 따라 단어의 뜻이 달라지는 경우가 있다. 파경破鏡이란 말이 지금은 거울이 깨지듯이 부부 관계가 갈라지는 것을 의미하지만, 원래는 어쩔 수 없이 헤어질 때에 거울을 쪼개서 증표로 나눠 가져 만남을 기약하던 것을 의미하였다. 뜻이 정반대로 바뀐 것이다.

도덕적인 기준도 시대적 상황에 따라 달라질 수 있다. 예를 들면, 뒤에 '사랑과 인연'에서 자세히 다루듯이 백제 개로왕이 임신한 부인을 동생에게 하사했는데, 지금으로서는 비난받아 마땅하지만 당시에는 가능한 일이었다. 이 부인이 낳은 아이가 나중에 무령왕이 되었다. 또 『대대례大戴禮』란 책에는 역적의 딸, 패륜 집안의 딸, 대대로 죄인이 있는 집안의 딸, 대대로 나쁜 병이 있는 집안의 딸, 과부의 큰딸에게는 장가가지 않는다고 적혀 있다. 이 가운데에서 지금도 적용될 수 있는 것이 있는가 하면 그렇지 않은 것도 있다.

그림 3 방 안에서 무슨 일이(전 신윤복)

그러나 시대가 변해도 언제나 금기시하는 일들이 있다. 존속살해나 근친상간 등이 그렇다. 그러기에 이러한 사건들은 예나 지금이나 사회문제로 부각되곤 한다. 고려 인종 때의 패륜 자식 처리에 관한 기록을 보겠다.

중서문하성에서 아뢰기를 "충주 사람 유정이 아버지를 죽였습니다. 그 고을 수령과 관리들이 백성을 잘 가르치지 못한 것이니, 모두 아전으로 강등하고 '주'를 '군'으로 낮추기 바랍니다"고 하였다.

왕이 이 문제를 좌우 신하들에게 물으니 "『예기』에 따르면 주루邾婁, 周나라의 정공 때에 아비를 죽인 자식이 있어서, 그를 죽이고 그 가옥을 파괴하고 집터를 웅덩이로 만들었을 뿐이었습니다. 그가 살던 고을을 어떻게 했다는 말은 없으니, 주를 군으로 낮추는 것은 옛 법이 아닙니다"고 대답하여 이를 따랐다. _『고려사』 인종 7년(1129) 6월

주나라 정공의 고사처럼 대역죄인이나 패륜죄인이 발생하면 본인을 사형하는 것은 물론이고 그 집을 헐어버리고 집터를 파서 물을 대어 연못을 만드는 처벌을 내렸다. 이를 파가저택破家瀦澤이라 한다. 물론 이것은 해당 죄인에 대한 형벌이다.

그런데 여기서는 수령과 관리를 강등하고 고을의 등급을 낮추는 문제까지 거론하고 있다. 주 정공은 달을 넘겨서까지 술을 마시지 않고 스스로 근신했다고 한다. 이것은 공동체에 대한 형벌이요 관리자에 대한 형벌로서, 지금의 법 관념과는 차이가 있다.

비록 이 사건으로 고을은 강등되지 않았지만, 조선시대에는 강등 형벌이 종종 내려졌다. 다음은 중종 때에 박군효가 아버지를 죽인 사건이다.

의정부에서 의논하여 아뢰었다. "밀양 사람이 아비를 죽인 일은 크나큰 변고입니다. 낙안현의 경우에는 처음에 '군'이었다가 이런 변이 있어서 '현'으로 강등됐으니 이것은 한 등급만 떨어뜨린 것입니다. 지금 밀양은 '부'를 '현'으로 만들었고, 그 나머지 땅은 모두 다른 읍에 소속시켰으니, 혁파할 필요까지는 없습니다. 또 인리隣里의 족당族黨 및 이정里正·권농勸農·유향소는 서로 숨기고 고발하지 않았으니 모두 아비에 대한 의리를 알지 못한 자들입니다. 신문하여 죄를 다스려야 합니다."

또 집을 헐고 못을 파는 일에 대하여 정광필·신용개가 의논하여 "성종 때 음성 땅에 아비 죽인 사람이 있었으나 집을 헐고 못을 판 일이 없었습니다. 이 일은 근거가 없고 또 법조문 밖의 일이므로 안 됩니다"고 하였고, 김전·남곤·최숙생이 의논하여 "이 사람은 죄악이 극심하니 집을 헐고 그 터에 못을 파야 합니다"고 하니, "알았다"고 했다. _중종실록 12년(1517) 윤12월 16일

아이러니하게도 '효孝' 자가 들어간 이름을 가진 박군효가 대낮에 동네 한가운데서 아버지 머리를 난타해 살해했는데, 동생과 이웃사람들이 잡았다가 도로 놓아주고 관가에 고발도 하지 않았다. 이 사건이 드러나자 밀양부를 밀양현으로 크게 강등했다. 조선시대 지방행정은 부, 목, 군, 현의 순서였으니 얼마나 떨어뜨렸는지 알 수 있다. 낙안현의 사건처럼 대개 1등급을 내리는 것이 일반적이었던 데 비해서 이 조치는 무척 이례적이다. 그러면서 앞에서와 달리 파가저택이 법률에 규정된 것이 아니라서 실행할 것인지 아닌지 의견이 갈리고 있다.

심지어 고을을 없애자는 혁파 논의까지 있었으나 받아들여지지 않았다. 이때 혁파되었더라면 밀양이란 이름은 사라졌을 것이다. 주민들이 사건을 숨기려 했기 때문에 그 이웃들과 풍속 교화를 담당했던 사람들까지 모두 처벌을 받았다. 인리는 이웃사람, 족당은 일가친척, 이정은 지금의 이장처럼 마을 대표자, 권농은 농업 담당 책임자, 유향소는 미풍양속을 장려하던 자치기구였다.

한편으로 공동체 스스로 간음한 자를 징벌하는 경우도 있었다.

황산강黃山江, 낙동강 하류 구역 상류에 도요 나루都要渚, 김해가 있다. 강가에 사는 백성이 거의 2백 호나 되어 집들이 빽빽이 들어섰고 울타리가 서로 이어졌다. 농사를 짓지 않고 오직 배를 부려 고기를 잡아 판 것으로 재물을 삼는다. 그 풍속이 순박하여 한 집에 손님이 오면 여러 집에서 술

과 찬을 준비하는 것을 예의로 여긴다. 혼인이나 상례, 제사도 모두 그러하다. 만일 음란한 일이 벌어지면, 회의를 하여 그 집을 웅덩이로 만들고 사람은 배에 실어 물에 띄워 내쫓았다. _『해동잡록』 김종직

아비를 죽인 본인에 대해서는 능지처참凌遲處斬을 적용했다.

형조에서 "진주 사람 김화가 아비를 죽였으니, 형률이 능지처사凌遲處死에 해당합니다"고 아뢰니, 그대로 따랐다. 이윽고 "부인이 남편을 죽이고 종이 주인을 죽이는 것은 혹시 있는 일이겠다. 그렇지만 이제 아비 죽인 자가 있으니, 이는 분명히 내가 부덕한 소치다"고 탄식했다. _세종실록 10년(1428) 9월 27일

능지처참 또는 능지처사란 대역죄인을 처벌하는 최대의 형벌이다. 능지란 사지와 몸을 자르는 극형이고 처참은 목을 베는 형벌로서, 이렇게 나누어진 여섯 부분을 각 지역에 보내서 경계를 삼게 했다. 이 형벌은 고려 말기에 도입되어 조선 말기까지 실행되었다. 지금도 사용하는 심한 욕설에 이 형벌과 관련된 것이 있을 정도다.

장인을 생매장한 사건도 일어났다.

이에 앞서 강릉부 안에 사는 어떤 상놈이 아들이 없고 딸만 있었는데, 몹쓸병에 걸리고 말았다. 딸의 남편은 강릉부의 관노였다. 그는 병이 전염될까 염려하여 아내 및 장모와 공모하여 바닷가에 병막을 지어 방치해두고 음식도 일절 주지 않았으며, 마침내 항아리에 산 채로 넣어

매장해버렸다. _현종실록 6년(1665) 8월 10일

아버지의 첩을 간음하고 아버지까지 죽인 죄인도 당연히 처형하고 그 집을 헐어버렸다.

오여정은 황간현 사람이다. 재상 이항의 매부라서 그 덕택에 봉사 벼슬에 있었다. 그러나 잔인하여 사람들을 몹시 괴롭혔고, 관직에 있으면서는 더러운 짓을 저질렀다. 또 아비의 첩을 간통하고 이 일을 덮을 수 없게 되자 아비가 자기를 어찌할까 두려워 먼저 아비를 죽이고 첩을 데리고 도망갔다. 변장을 하고 경상도에서 생선을 팔다가 포도관에게 잡혀서 처형되었다. _중종실록 31년(1536) 4월 21일

그런데 어미의 음행을 관가에 고발하면 고발한 자식이 오히려 벌을 받았다. 음행보다 더 중요한 효도의 도리를 어겼기 때문이다. 이것은 지금 우리의 관념과 다른 것이다.

유두성이 감옥에서 나오자 유두성의 누이가 한글 소장을 올려 그 어미의 음행을 고발했다. 그런데 딸이 어미의 음행을 고발한 일은 강상綱常에 관계되므로, 사헌부에서 해당 도道로 하여금 엄하게 조사하여 형률에 따르도록 청했다. 또 그의 소장을 물리치고 조사해서 다스리지 않았다고 하여 관찰사 윤이도를 국문할 것을 청했다. 임금이 이를 윤허했다. _숙종실록 14년(1688) 11월 25일

천안에 살던 이상이란 사람이 유산을 독차지하기 위해 친족인 유두성을 제거하려고 계모와 간음했다는 헛소문을 퍼뜨렸고, 이에 계모 현씨가 분함을 참지 못해 자살한 사건이 발생했다. 이때 이상이 유두성의 누이를 윽박질러 언문 소장을 올리게 하여, 위의 사건이 발생한 것이다.

존속살해보다 더 많이 보이는 것은 배우자 살해다. 특히 남편 살해가 많이 보인다.

형조에서 함길도 관찰사의 보고에 의거하여 "북청의 죄수인 여종 난가이가 그의 정부인 심청과 모의하여 남편을 죽였으니, 난가이는 능지처사하고, 심청은 참수형에 처하도록 하십시오. 함께 모의한 수산은 교수형에 처하게 하십시오"라고 아뢰니, 그대로 따랐다. _세조실록 6년(1460) 11월 4일

여종이 정부와 더불어 남편을 모살한 사건이다. 여종은 여섯 부분으로 찢어 죽이는 형벌을 당했고, 정부는 목만 자르는 참형, 함께 모의한 사람은 목을 매어 죽이는 교수형에 처했다.

조선시대 살인 사건의 조사 보고서인 검안檢案을 분석한 연구에 따르면, 총 572건의 살인에서 남편 살해가 154건26.9퍼센트, 술 마신 후 폭행치사 66건11.5퍼센트, 빚이나 가난 때문에 벌어진 사건이 64건11.3퍼센트으로 남편 살해가 단연 많다고 한다. 또 일제강점기인 1912~16년 사이에 남편을 살해한 128건을 보면, 독살 71건, 목을 잘라서 죽이는 참살 28건, 끈으로 목을 졸라 죽이는 교살 18건, 손도끼나 방망이 등 둔기로 쳐서 죽이는 박살 14건, 집을 태워서 죽이는 소살 2건, 혀를 깨물어 잘라내어 죽이거나 펄펄 끓는 기름을 귓구멍에 넣어서 죽이는 것 등이 4건이

었다고 한다. 이처럼 부인은 남편을 잔인하게 죽였다.

이것만 보면 마치 조선의 여성이 잔악했던 것처럼 느껴진다. 그렇지만 조선의 시대적 상황을 이해해야 한다. 이에 못지않게 남편이 부인을 살해한 사건이 많았을 것이지만 그것은 쉬쉬하고 덮었을 가능성이 많다. 그러나 그 반대는 인륜에 크게 저촉되는 것으로 생각하여 사회적 이슈가 되었다. 얼마나 여성들이 억눌렸으면 이처럼 잔인한 방법으로 남편을 죽였을까 하는 생각이 든다.

남편의 범죄는 많이 보이지 않지만, 조강지처를 버려서 문제가 되는 경우가 있다. 술지게미와 겨로 끼니를 때우며 가난과 고생을 함께한 부인은 버리지 못하게 했다. 부인이 쫓겨나면 갈 곳이 없거나 부모 3년상을 함께 치른 경우에도 아내를 버리지 못했으니 이를 흔히 삼불거三不去라고 한다.

이보다 앞서, 조말생을 사헌부 집의로 삼았다. 사헌부에서는 조말생이 조강지처를 버리고 부잣집 딸에게 다시 장가들어 풍속을 어지럽혔으므로, 그와 동료가 되려 하지 않았다. 이때에 이르러 면직했다. _태종실록 11년(1411) 1월 7일

조말생처럼 권세나 부를 위해서 부인을 버리는 사례가 종종 보인다. 드물기는 하지만 반대로 부인이 남편과 강제 이혼한 뒤에 다른 남자에게 시집간 경우도 있었다.

사헌부에서 아뢰기를, "양민 여자인 분경이 수의부위 벼슬에 있는 이용

수에게 시집가려고 자기 남편 최희를 핍박하여 기별명문棄別明文을 받아내서 드디어 이용수에게 시집갔습니다. 분경은 장杖 100대에 해당하니 옷을 벗겨 형벌을 받게 하고, 이용수는 장 100대에 도徒 1년에 해당하나 나이 70이 넘었으므로 예에 따라 속을 바치게 하소서" 하니, 그대로 따랐다. _세조실록 2년(1456) 1월 11일

기별명문이란 이혼할 때에 작성하던 증서다. 장은 매를 때리는 형벌이다. 여자는 속옷을 입히고 물볼기를 때리는 것이 일반적이지만, 이처럼 죄가 중할 때에는 속옷까지 벗겨서 때렸다. 도는 노역형이고, 속은 돈이나 물건으로 대신 죗값을 치르게 하는 것이다.

아내를 팔아먹으려 한 사건도 고려시대의 기록에 보인다.

이안인이란 자가 아내 머리를 깎아서 자기 집 여종이라고 속여 팔아먹으려 했다. 그러나 일이 마음대로 되지 않자 죽이려 하여 아내가 도망쳤다. 이안인은 장인과 장모에게 따지면서 칼을 빼서 찌르려 했다. 전법사에서 그의 죄를 논하여 사형에 처했다. _『고려사』 신우 4년(1378) 11월

전법사는 고려 때에 법률, 형벌 등을 담당하던 관청이다. 아내를 내기 바둑에 걸었다가 중국 상인에게 빼앗긴 애절한 사연도 있다.

옛날에 중국 상인 하두강이 있었는데 바둑을 잘 두었다. 일찍이 예성강에 이르러 한 아름다운 부인을 보고서 바둑으로 도박을 제안했고, 마침내 그 부인의 남편과 바둑을 시작했다. 거짓으로 바둑을 지고 물건을

곱으로 주니, 그 남편이 자기 처를 걸었다. 이때 하두강이 단번에 이기고 그의 처를 배에 싣고 갔다. 그 남편이 후회하고 한탄하면서 이 노래를 지었다고 한다.

세상에 전하기를, 그 부인이 갈 때 옷 단속을 아주 단단히 하여서 하두강이 그 부인을 범하려다 이루지 못했고, 바다로 들어서자 배가 돌고 나아가지 않았다고 한다. 점을 치니 "정절 있는 여인이 하늘을 감동시킨 탓이다. 부인을 돌려주지 않으면 반드시 파선된다"는 점괘가 나왔으므로, 뱃사람들이 두려워서 하두강에게 권고하여 돌려보냈다. _『고려사』 악지樂志, 예성강

지금까지의 사건보다 더욱 흔하게 볼 수 있는 것은 남녀 간에 벌어진 간통 사건이나 겁탈 사건이다.그림 4 문종 때 설씨 부인의 간통 사건

그림 4 지옥에 떨어진 불륜 남녀(선암사 감로탱)

을 보겠다.

이번의 어미 설씨는 판사 설존의 딸인데, 항상 얼굴을 단장하면서 남편과는 반목했다. 일찍이 그의 종 불로와 사통했고, 또 이웃집 선비 김한 및 자기 누이 남편인 순평군 이군생과 사통했다. 그러다가 임신하면 자기 남편에게 동침하기를 요구했다.

집이 어배동 길옆 냇가에 있었는데, 날이 더울 때마다 어둠을 틈타 어리석은 계집종 하나를 데리고 남몰래 가서 냇물에 목욕하다가 이내 음욕을 채웠다. 그때 사람들이 '어배동 선비 집안의 창녀於背洞士族恣女'라고 불렀다. _문종실록 즉위년(1450) 8월 2일

이보다 더 유명한 것은 성종 때 일어난 어을우동 사건이다. 이 사건은 1985년에 영화 '어우동'으로도 만들어졌다.그림 5 조선왕조실록에는 그의 행적에 대해서 아주 길게 나와서 여기에 인용하기 어려울 정도다. 이제 다른 책에 간략히 언급된 것을 보겠다.

어우동은 지승문 박선생의 딸이다. 그 집안은 부유했고, 그녀는 아름다운 자색이 있었다. 그러나 성품이 방탕하고 바르지 못했는데, 종실 태강군수의 아내가 된 뒤에도 남편이 이를 막지 못했다.

일찍이 젊고 훤칠한 장인을 불러 은그릇을 만들었다. 그녀는 그를 좋아하여 매양 남편이 출타하면 계집종 옷을 입고 장인 옆에 앉아서 그릇 만드는 정묘한 솜씨를 칭찬했다. 드디어 내실로 끌어들여 날마다 방자히 음탕한 짓을 하다가, 남편이 돌아오면 몰래 달아나게 했다. 그의 남

편은 사정을 자세히 알고 마침내 그녀를 내쫓아버렸다. 이로부터 그녀는 방자한 행동을 거리낌 없이 했다.

그의 계집종 역시 예뻐서 저녁마다 옷을 단장하고 거리에 나가 미소년들을 끌어들여 여주인 방에 들여주고, 저는 다른 소년을 끌어들여 함께 잠자기를 일상적으로 했다. 꽃 피고 달 밝은 저녁엔 정욕을 참지 못해 둘이서 도성 안을 돌아다니다가 다른 사람에게 유인되었으니, 제 집에서는 어디 갔는지도 몰랐고 새벽이 되어야 돌아왔다.

그림 5 영화 '어우동' 포스터

길가에 집을 얻어서 오가는 사람을 점찍었다. 계집종이 "누구는 나이가 젊고 누구는 코가 커서 주인께 바칠 만합니다"고 하면, 그녀 역시 "누구는 내가 맡고, 누구는 네게 주겠다"고 답하며 실없이 희롱하지 않는 날이 없었다. 그녀는 종실宗室 방산군수와도 사통했는데 … 그 밖에 조관朝官·유생儒生으로서 젊은 무뢰한들을 불러들여 음행하지 않음이 없었다. 조정에서 이를 알고 국문하자, 고문을 받거나 관직에서 쫓겨나거나 멀리 귀양 간 사람이 수십 명이었고, 죄상이 드러나지 않아서 면한 자들도 많았다. _『용재총화』 권5

조선 초기에 양갓집 여자가 종실 인물을 비롯하여 여러 사람과 음란한 행동을 벌였기에 당시 사회에 커다란 충격을 던져주었다. 결국 이 일로 어을우동은 교수형을 받았다. 그런데 고려시대에는 강간한 자를 돌로 압살한 사례도 보여 흥미롭다.

왕이 강간한 죄수 세 명을 돌로 눌러 죽였다. _『고려사』 충혜왕 후4년(1343) 10월

강제로 부녀자를 겁탈한 사례도 역시 많다. 그중에서 가장 마음 아픈 기록을 보겠다.

장생서에 갇힌 죄수 중에 고운 여자가 있었는데, 그 관청의 아전이 당직하던 날 밤에 간통하려 했다. 그 여자가 한사코 말리면서 "나도 대정의 아내인데 어찌 남을 따르겠는가?" 하니, 그 아전이 위협하여 돼지우리에 가두었다. 돼지들이 다투어 물어뜯어 그 여자가 급히 부르짖었으나, 아전은 거짓말이라 하여 내버려두고 구출하지 않았다. 밝을 무렵에 가보니 뼈만 남아 있었다. _『고려사』 고종 15년(1228) 6월

대정隊正은 군대의 장교에 해당한다. 그런가 하면 아비와 자식이 돌아가며 첩을 간통한 엽기적인 패륜 사건도 있다.

박저생이 처음에 파독을 첩으로 삼았으나, 그 아비 박침이 중간에 간음했습니다. 또 박침이 죽자 박저생이 다시 첩으로 삼았습니다. 그러니 부자가 함께 간음한 정상이 명백합니다. 곽씨로 말하면 집안의 추한 사실을 떠들어대어 그 남편의 죄악을 드러내게 했고, 파독으로 말하면 아

비와 아들의 첩이 되기를 달게 여겨 거부하지 않았으니, 엎드려 바라건대 일일이 형률에 따라 죄를 주시기 바랍니다. _태종실록 12년(1412) 12월 11일

원래 할아버지나 아버지의 첩을 간음하면 참형에 처하게 되어 있다. 그런데 이 사건은 아비가 중간에 빼앗은 것으로, 왕은 형률보다 한 등급을 감하여 박저생은 장 100대에 유배 삼천 리를, 곽씨는 장 90대에 노역형 2년 반을, 파독은 장 400대에 여죄에 대해서는 속을 바치게 하였다.

세종은 처제를 간음한 사건을 처리하면서, 조선 초기에 일어난 관련 사건들을 일일이 언급한 적이 있다.

우리 태조와 태종께서 풍문으로 처벌하는 고려 말기 법의 해독을 아시고 풍문의 법을 혁파했다.

중간에 변중량의 누이동생이 종과 간통해서 일이 탄로나자 그 죄를 덮으려고 남편이 모반한다고 신고했는데, 결국 사실이 아니었지만 남편은 장형杖刑으로 죽었다. 이는 무고일 뿐만 아니라 아내로서 남편을 해친 것에 해당하여 참형을 시켰다.

또 유은지의 누이동생이 중과 몰래 간통하고서 집안 종 세 명이 이 사실을 알고 있는 것을 꺼려서 다 죽였다. 이들이 비록 종이라 하더라도 인명이 지극히 소중하므로 밝게 법으로 다스려서 참형에 처했다.

승지 윤수의 아내 조씨는 고종형 홍중강 및 장님 하경천과 간통했으므로 역시 극형에 처했다.

이것은 우리 선대 임금들께서 형벌을 적절히 내린 것으로 그릇됨이 없었다. 내가 즉위한 뒤에 관찰사 이귀산의 아내가 지신사 조서로와 간

통했었다. 내가 그때에 나이 젊고 한창이던 때라서 "우리나라 풍속에 집집마다 토지와 딸린 백성이 있고 상하에 분별이 있어서 중국에서 칭찬했는데, 뜻하지 않게 지체 높은 집안에서 이러한 추잡한 일이 벌어져 교화에 오점을 남기게 되어 이를 아주 미워한다"고 이르고, 법조문 이외의 형벌을 내렸었다.

그런데 근래에 검한성 유귀수의 딸 유감동이 기생이라 사칭하고 안팎에서 음행했고, 또 금음동과 동자는 모두 양가의 딸로서 혹은 사촌 오빠와 간통하고 혹은 외부 사람과 간통하여 풍속을 문란케 했으므로, 형률에 따라 죄를 주고 천민으로 만들었다.

또 유장의 딸인 안영의 아내는 고종형 홍양생과 간통하고, 이춘생의 딸인 별시위 이진문의 아내는 부사정 이의산 및 양민 허파회와 간통했으므로, 모두 다 형률에 의거하여 죄를 내리고 밖으로 쫓아냈다. _세종실록 18년(1436) 4월 20일

남녀 친척 간에 간통 사건이 많이 벌어진 것은 조선 초기까지만 해도 혈연관계가 있다면 남녀가 만나는 것에 아무런 제약이 없었기 때문이었다. 장자후가 이성異姓의 사촌 여동생과 간통한 사건을 계기로 세종이 말한 내용을 보겠다.

말하기를 "우리나라 풍속에 비록 무복지친無服之親이라도 남녀가 서로 만날 수 있기 때문에 간통했다는 말이 자주 들린다. 앞으로 법을 마련하되 무복지친은 서로 볼 수 없게 하는 것이 어떻겠는가?" 하니, 우의정 맹사성이 대답하기를 "사촌이면 벌써 무복지친이 되니 서로 보지

그림 6 성교하는 남녀(2011. 7.)

못하게 한다면 혹시 풍속을 박하게 하지 않겠습니까?" 하였다. 임금이 말하기를 "차라리 풍속이 야박하게 되더라도 남녀의 분별을 뚜렷이 하여 서로 관계가 없도록 하는 것이 더 좋지 않겠는가?" 하였다. _세종실록 11년(1429) 6월 23일

'무복지친'은 사람이 죽었을 때에 상복을 입는 범위를 벗어난 친척이다. 유복친은 물론 무복친 사이에도 남녀가 자유롭게 만날 수 있어서 간통 사건이 자주 발생하니 이를 금지해야 한다는 생각을 세종이 가지고 있었다. 결국 이런 생각으로 남녀는 유별하다 하여 '남녀칠세부동석'의 원칙을 강조함으로써 남녀 사이에 두터운 벽을 쌓게 되었다.

불륜을 얘기하다 보니 국보로 지정된 신라 토기 하나가 떠오른다. 경주 계림로 30호 무덤에서 출토된 5세기 때의 항아리로서 목 부분에 개

그림 7 로마 토기의 성행위

구리, 새, 거북이, 토끼, 뱀, 사람 등 각종 토우들이 붙어 있다. 또 임산부로 보이는 사람이 가야금을 타고, 여기서 조금 떨어진 곳에는 남녀가 성교하는 모습이 있다.[그림 6] 뭔가 음란한 듯하지만, 이들은 풍요나 벽사 귀신 물리치기의 의미를 담고 있는 것으로 생각된다. 불륜이 아니라 일종의 의식을 보여주는 것이다.

그런데 이와 유사한 모습이 표현된 1세기 로마시대의 토기편이 있다. 성행위를 하는 두 사람은 신라 토기와 유사하지만, 그 옆으로 물동이를 들고 가는 하인이 더 보인다.[그림 7] 성교 후 정화를 위한 목욕은 의례적인 성격을 띠고 있었다고 한다. 이에 견주어 신라 토우의 성격도 이해할 수 있겠다.

성씨와 근친혼

사람 이름도 시대에 따라 유행이 변한다. 대법원이 2014년 성년이 된 1995년 출생자 이름을 분석해보았더니 남자는 지훈, 동현, 현우, 준영 순이었고, 여자는 유진, 민지, 지은, 지현 순이었다고 한다. 반면에 2014년 4월 출생 남아는 민준, 서준, 주원, 하준, 여아는 서윤, 서연, 민서, 서현이 대세라고 한다.

우리 초등학교 교과서에는 철수와 영희가 등장하여, 이 시대 이름의 대명사처럼 되었다. 그러나 너무 유명하다 보니 막상 실제 이름에는 반영되지 않아서, 1948년 영수-순자, 58년 영수-영숙, 68년 성호-미경, 78년 정훈-지영, 88년 지훈-지혜가 가장 많았다고 한다. 1948년 출생 남아의 경우 영수, 영호, 영식 순으로 길 영永 자가 많이 들어 있는 것은 당시 일찍 죽는 아이가 많아서 오래 살라는 기원 때문이다. 1980년대 후반에는 알 지知 자, 지혜 지智 자, 슬기로울 혜慧 자가 많아서 당시에 불던 조기 교육 열풍을 반영하는 것으로 해석된다.국제신문 2014. 7. 28. 또 여자 이름에 자子가 많이 들어갔던 것은 일본식 이름의 영향 때문이었다.

한편으로 이름에 그 집안에서 규정한 공통의 글자를 넣는 항렬行列 제도는 19세기에 온 집안의 족보를 합쳐서 엮은 대동보大同譜가 만들어지면서 유행하기 시작했다고 한다. 이를 통하여 시조로부터 몇 세대에 해당하는지, 다른 사람과 동일 세대에 있는지 여부를 알 수 있다. 이런 글자를 항렬자라 하는데, 대체로 오행상생설에 바탕을 두어 제정하였다. 그렇지만 성과 항렬자를 빼고 나면 한 글자로 고유의 이름을 지어야 되어서 비슷비슷한 이름을 양산하는 결과를 빚는 단점이 있다.

2005년 11월에 일본의 노리노미야 공주가 평민과 결혼식을 올렸다는 기사가 눈길을 끌었다. 이로부터 어릴 적 이름인 사야코에 남편 성인 구로다를 붙여서 구로다 사야코黑田清子로 바꾸어 부르게 된다고 하였다. 이를 보면서 천황은 호적도 없고 성도 없고 선거권도 없고 다만 이름만 있는 존재라는 사실이 기억났다. 일본인은 모두 화장을 하도록 법제화되어 있지만 오직 천황만 땅에 묻힐 수가 있다. 그만큼 천황은 사람이면서 신과 같은 존재로 되어 있다.

"내 말이 틀리면 성을 갈겠다"고 말하듯이 우리는 성을 바꾸는 것을 치욕이라 생각하는데, 이 기사처럼 일본인은 그렇지 않다. 일본에서는 사람의 성을 쉽게 바꿀 수 있다. 일제강점기의 창씨개명은 일본인 생각으로는 아무런 문제가 없는 것이었다. 그러나 우리 민족의 정서로는 도저히 있을 수 없는 일이었다. 서로 다른 두 문화가 정면으로 충돌한 것이다.

우리나라에서 성씨와 이름을 중요시했기에 흉악 범죄자는 성명을 뭉개서 징계하였다.

또 우리나라는 역적에 대해서 성을 빼고 부른다. 혹시 문장에 성명이 모두 쓰여 있으면 반드시 그 성을 먹물로 칠해버려서 획과 점을 분간하지 못하게 한다. 이는 오로지 악을 미워하는 아름다운 뜻에서 나온 것이다. 그렇지만 세월이 오래 지난 뒤에 무슨 성인지 모르게 되니, 도리어 그 악함을 다 드러내지 못하는 결과를 가져온다. 근세에는 옅은 먹물로 성을 칠해서 겨우 획과 점을 분간하게 하는 방법이 등장했다. _『청장관전서』 앙엽기 2. 신찬臣瓚

일본의 경우에 일반인은 19세기 메이지 유신 때부터 성을 갖게 되었다. 이때 그 사람의 특징적인 요소를 찾아서 성을 붙이게 되어 지금 일본 사람의 성을 보면 당시의 상황을 짐작할 수 있다. 집이 언덕바지에 있으면 기시岸, 집 우물가에 앵두나무가 있으면 사쿠라이櫻井, 개를 기르면 이누가이犬養 등과 같다. 그런데 우리 역사에서도 특이하게 성씨를 취득한 사례가 보인다. 다음은 어魚씨의 유래다.

어유소의 자字는 자유이다. 충주 사람으로 본래는 지池씨였다. 먼 조상인 지중익은 고려 태조 때의 사람으로, 겨드랑이 아래에 비늘 세 개가 있었다. 어떤 사람이 "비늘이 있는 사람은 보통 사람이 아니다"고 했는데, 고려 태조가 보고서 "비늘이 있는 것은 물고기다" 하고 어씨 성을 내려주었다. _성종실록 20년(1489) 10월 4일

상尙씨 성의 유래도 흥미롭다.

고려 왕조가 통일한 뒤에 백제 사람들이 여러 번 소동을 일으키므로 그들에게 동물 이름으로 성을 내려주어 욕을 보였다. 공의 집안은 처

음에 '상象'씨를 얻었다가 나중에 '상尙'씨로 고쳤다. _『연려실기술』 명종조의 상신, 상진尙震

우리 이름이 상당히 이념적이고 추상적인 단어를 사용하는 데 비해서 일본 이름은 아주 구체적인 사물을 담고 있는 차이를 엿볼 수 있다. 또 우리의 경우 평민이 성을 갖기 시작한 것이 이보다 훨씬 올라가는 고려시대이니, 그 시간적 차이만큼 성씨에 대한 관념도 다를 수밖에 없다. 그러나 우리 역사에서도 예외적으로 성을 바꾼 사례가 있다.

이전 왕조에서 왕씨 성을 하사받은 사람들은 모두 본래의 성을 따르게 하였다. 왕씨 성을 가진 자라도 이전 왕조의 후손이 아니면 어머니 성을 따르게 하였다. _태조실록 3년(1394) 4월 26일

고려가 멸망하자 조선은 왕씨 성을 쓰지 못하게 했다. 그래서 고려왕에게서 은총을 받아 왕족의 성씨를 하사받았던 가문은 본래의 성씨로 돌아가게 했고, 왕실과 무관한 왕씨는 어머니 성을 따르게 하여 왕씨 성을 쓰지 못하게 했다.

그러면 왜 사람은 성을 가지게 된 것일까? 사람의 혈통을 밝혀서 근친혼을 배제하기 위한 것이었다. 『예기』 곡례에 "처를 취할 때에 동일한 성을 취하지 않는다. 따라서 첩을 살 때에 성을 모르면 점을 친다"고 하였고, 『춘추좌전』 희공 23년 11월에 "남녀가 성이 같으면 그 후손은 번성하지 못한다"고 하였다. 이에 따라 '동성불혼同姓不婚'의 원칙이 세워지게 되었다.

기원후 3세기에 강원도 동해안에 있던 동예란 나라에서는 동성불혼의 원칙이 지켜졌다고 한다. 그러나 이때에는 성씨가 형성되어 있지 않았으므로, 같은 씨족끼리는 결혼하지 않는다는 의미로 해석하고 있다. 반면에 신라나 고려에서는 지배층 사이에 근친혼, 동성혼이 허용되다가 조선시대에 와서 비로소 동성불혼의 원칙이 수립되었다.

왕이 예조판서 신상에게 "이씨가 비록 본관이 하나가 아니지만 진실로 의심스러운 점이 있다. 그러니 이제 동궁의 배필을 선택할 때에 이씨는 모두 참여하지 못하게 하는 것이 어떠한가?" 하고 물으니, 신상이 "대저 배필이 될 어진 이가 세상에 항상 있는 것이 아닌데, 비록 덕 있는 용모를 갖춘 이가 있다 하더라도 가문이 합당하지 않으면 불가하고, 생년월일이 맞지 않아도 불가합니다. 게다가 이제 또 이씨가 참여하지 못하게 되면 그 간택은 더욱 어려워질 것입니다"고 했다.

왕이 "옛사람이 '같은 성씨를 아내로 맞이하지 않고, 그 성을 알지 못하면 점친다'고 일렀으니, 옛사람들이 같은 성을 삼간 것은 지극했다. 그러니 비록 동일한 본관의 이씨가 아니더라도 나는 불가하다는 것이다. 경들이 다시 논의하여 보고하라"고 했다. _세종실록 8년(1426) 7월 8일

이런 논란은 선조 때에 부마를 간택할 때도 불거진다.

부마의 간택에 참여하는 사람이 적어서 왕이 예조에 "선발 참여자 가운데 이씨가 없는데, 이씨를 취해도 무슨 문제가 있는지 의논하여 조처하라"고 지시했다. 회답하여 아뢰기를 "우리나라 성씨의 유래에 대해

서는 분명하지 않은 점이 많습니다. 처음에는 한 성이었는데 뒤에 다른 고을로 이사하여 본관을 달리한 경우가 있고, 처음에는 드러난 이름이 없다가 중간에 본관을 정한 경우도 있습니다. 우리나라에서 왕실 혼사를 정할 때 이런 일이 있었다는 말을 듣지 못했습니다. 조정의 의논을 널리 수합하소서" 하였다.

왕이 "내가 사대부 집안의 혼인을 보니 동일한 성씨를 피하지 않는데, 유독 왕실 혼사에만 이런 잡된 말이 있는 것은 무엇 때문인가. 더구나 세종 때에는 이숙의李淑儀. 숙의는 후궁 벼슬가 있었으니, 우리나라에도 역시 이런 일이 있었던 것이다"고 하니, 회답하여 아뢰기를 "지금 가르침을 받들고서야 비로소 이숙의의 사례가 있는 줄 알았습니다. 경국대전에 '동성은 취하지 말라'는 조항이 있으니, 이숙의는 필시 이 법전을 반포하기 이전에 있었던 일이거나 궁녀로서 벼슬을 올려받은 것인 듯하나 알 수 없습니다. 후세에는 마땅히 경국대전을 규범으로 삼아야만 합니다"고 하였다. 왕이 "세종은 성인이시다. 후세에는 마땅히 이를 본받아서 법으로 삼아야 한다. 경국대전이 반포되기 전인지 후인지는 따질 필요가 없다. 더구나 이 일은 전례가 없기는 하나 나로부터 전례를 만들면 되는 일이다. 대신에게 의논하라"고 대답했다.

좌의정 유성룡이 "동성과 혼인하지 않는 것은 의혹을 피하려 하기 때문입니다. 앞 시대의 제왕 가운데 동성과 혼인한 경우는 오직 당나라 이무정의 아들 한 사람뿐입니다. 무정의 본래 성은 송씨로 뒤에 황제의 성인 이씨를 하사받았는데도 후세에서는 오히려 비난하였습니다. 그리고 유총이 유씨를 들이려 하자 그의 신하가 반대했습니다. 이것이 분명한 증거입니다"고 아뢰자, 왕이 조정의 의논을 수합하게 했다.

참판 구사맹이 의논드리기를 "옛 선비들이 '옛날에 동성을 취하지 않은 것은 금수에 가까울까 걱정해서이다'고 했습니다. 역사책에 동성을 취하여 사위를 삼았다고 한 것이 없습니다. 이것은 대개 같은 성씨를 피한 것으로서, 본관이 같고 다른 것을 따지지 않았음을 보여줍니다. 사대부의 집에서도 분명하게 본관이 다른 것을 알고 취하더라도 뜻있는 사람들의 비난을 면치 못합니다. 그런데 어찌 당당한 왕실에서 무식한 자들이 하는 것을 본받겠습니까? 더구나 세종 때의 일은 분명하게 알지 못하겠으나 한때의 잘못된 처사임을 면치 못한 것입니다. 오늘날에 법으로 삼아야 할 것은 경국대전뿐입니다. 나로부터 전례를 만들라는 전교는 아마도 후세에 의혹을 야기할 것입니다"고 했다.

기성부원군 유홍과 참판 이성중도 예조에 허물을 돌렸다. 임금이 다시 예조당상들로 하여금 각자 소견을 아뢰게 하자, 모두들 "경국대전을 준수해야만 합니다"고 하니, 왕이 우선은 놔두라고 했다. _선조수정실록 24년 (1591) 5월 1일

이씨 성을 가진 사람 가운데에서도 부마를 뽑을 수 있다는 선조 임금의 주장에 신하들은 끝까지 반대하여 결국은 미결에 그치고 말았다. 그러나 우리나라의 실정에서는 신하들의 의견보다 선조의 생각이 맞는 것이었다.

우리나라 성씨는 현재 270개 정도인데 조선 초기와 비교하여 별반 늘어나지 않았다. 이것은 일본이나 중국의 성씨 상황과 크게 다르다. 현재 일본의 성씨가 몇 개인지 정확히 파악하기 어려우나 대략 30만 개 가까이 되는 것으로 알려져 있는데, 근래에는 젊은이들 사이에 새로 씨

를 만드는 것이 유행하고 있다. 일본에서는 한자가 같아도 발음이 다르면 다른 성씨로 취급한다고 한다. 그중에서 중요 성씨만 7천 개 정도다. 중국에서는 지금으로부터 2천 년 전의 후한시대에 500개 정도였던 것이 송나라 때에는 2,568개, 지금은 5,660여 개로 늘어났다. 명나라 때의 자료를 보겠다.

명나라 능적지의 『만성통보』는 『사성운보』를 바탕으로 편찬했다. 성이 모두 2,753개인데, 두 자로 된 성이 1,031, 석 자 성이 66, 넉 자 성이 2개다. 왕원미는 "유劉씨의 본관이 가장 많아서 25개이고, 왕王씨가 그 다음으로 24, 장張씨가 그 다음으로 21, 이李씨가 또 다음으로 11개다"고 했는데, 모두 우리나라 이씨의 본관이 60여 개가 되는 것만 못하다.

_『청장관전서』 이목구심서耳目口心書 6

중국의 성씨에는 두 자 이상 되는 것이 많다. 그런데 사마司馬, 제갈諸葛 등 일부 예외를 제외하면 외자 성은 한족 계통이고, 우문宇文, 공손公孫과 같은 두 자 성은 북방 오랑캐 계통의 성씨다.

위에 본 바와 같이 일본이나 중국은 성씨가 증가하는 추세에 있는데, 우리나라는 그렇지 않다. 이에 따라 현재 김, 이, 박, 최, 정의 5대 성이 전체 인구의 50퍼센트를 넘는다. 2000년 통계자료를 보면 4,600만 인구 가운데 김씨가 992만, 이씨가 680만, 박씨가 390만 명을 차지한다. 최근에 귀화인이 많아지면서 누씨, 내씨, 망절씨, 소봉씨, 어금씨 등과 같은 희귀 성씨가 생겨나고 있지만, 그 수는 각각 수십 명에 불과할 정도로 미미하다.

이렇게 몇몇 성이 대부분을 차지하는 상황이니 같은 성을 빼고 나면 혼인 상대를 구하기가 어려워지는 문제가 발생한다. 그래서 우리나라에서는 다른 규칙이 생겼다. 같은 성씨라도 본관이 다르면 별개의 씨족으로 생각하여 혼인을 할 수 있게 한 것이다. 성이 부계 혈통을 나타내는 것이라면, 본관은 과거에 조상이 거주했던 근거지를 나타낸다.

중국에서는 위진시대부터 지역별로 영향력 있는 가문이 형성되면서 그 가문의 근거지를 지망地望이라 불렀다. 그러나 송나라 때부터는 먼 조상의 거주지를 나타내는 지망보다는 실제 거주지를 중시하는 쪽으로 바뀌었다. 우리나라는 고려시대부터 지망에 해당하는 본관을 사용하기 시작하여 씨족의 기원지를 밝혔다. 그러나 시간이 흐르면서 본관은 자신의 출신지와 무관한 곳이 되었고, 이에 따라 자신과 관련된 지역을 제2본관으로 사용하는 경우도 나타났다. 그러나 중국의 변화와는 달리 조선에서는 원래의 본관을 그대로 사용하는 것이 일반적이었다.동아일보 2014. 4. 23.

법률에도 동성일 경우가 아니라 동성동본일 경우에 혼인을 금지했다. 이래서 다른 나라와는 달리 본관이 중요한 기능을 하게 되었다. 그런데 근래에 이마저 위헌 판결을 받아서, 지금은 근친 간의 혼인만 금지되고 있다.

1985년 조사 결과 성은 274개, 본관은 3,435개로 나타났다. 이것은 4,500개가 넘던 조선 초기보다 줄어든 것이다. 성은 거의 그대로이고 본관은 줄어드는 경향이 나타나는 것이다. 이것은 중요한 가문에 족보를 계속 올리면서 통합되기 때문이다. 조선시대까지 그렇게 많던 천민이나 평민은 다 어디 가고, 족보 대부분이 양반 집안임을 내세우고 있다. 실제로 16세기까지만 해도 성이 없는 사람이 전체 인구의 40퍼센트 정도였다고 한다. 내 기억으로는 선거철만 되면 족보에서 빠진 사람들을 넣어주는 작업이 활발했다. 사실 여부를 떠나 문중 표를 의식해서 이런 일들이 벌어졌다. 그러니 지금 같은 성씨라고 해서 실제로 동일한 혈통을 지녔는지는 지극히 의심스럽다. 다음은 경연 뒤에 세종이 언급한 말이다.

동성에게 장가들지 않는 것은 옛 법이다. 그런데 우리나라의 풍속은 비록 동성이라도 본관이 다르면 장가들면서 "같은 집안이 아니다"고 하고, 심지어 종실이나 부마도 동성에 장가들면서 "나와 같은 성이 아니다"고 한다. 그러나 중국 사람은 항상 "너희 조선에서는 동성을 분별하지 못한다"고 한다. _세종실록 20년(1438) 12월 15일

그러나 홍대용이 요동에서 만나서 들은 바로는 중국에서는 친척이 아니면 동성이라도 혼인한다고 했다. 이론과 실제가 다른 것이다.

그 여인의 성을 물으니 장가張哥라 하거늘, 내가 말하기를, "아까 남편의 성을 물으니 장가라 했는데, 나이나이奶奶, 아주머니 또한 성이 장이면 동성끼리 서로 혼인할 수 있습니까?"라 하니, 그 여인이 말하기를, "성은 비록 같으나 친척이 아니면 서로 혼인할 수 있습니다. 조선은 성만 같아도 혼인을 하지 않습니까?" 하기에 내가 말하기를, "성이 이미 같으면 당초에 한 근본이 아닌 줄 뉘 알겠습니까. 그래서 우리는 동성이면 혼인을 하지 않아요." 하고는 청심환 하나를 내주었더니, … _『을병연행

그림 1 허황후릉(1991. 2.)

록』 1765. 12. 7.

아무튼 중국에서는 성이 같으면 혼인을 할 수 없는데, 우리나라에서는 이와 달리 본관이 다른 동일 성씨끼리 혼인하는 풍습이 생겨났다고 세종이 비판했다. 그런 풍습은 지금까지도 내려오고 있다.

다만, 성씨나 본관이 다르더라도 집안마다 관습적으로 혼인하지 않는 경우가 있다. 김수로왕이 인도에서 온 허황후와 혼인하여 낳은 아들을 각각 김씨와 허씨의 시조로 삼았다는 전설 때문에 김해 김씨와 김해 허씨는 서로 혼인하지 않는다. 김해 허씨의 시조는 허황후의 후손인 허염으로 되어 있지만, 실제로는 허황후가 시조인 셈이다.[그림 1] 여성이 시조가 된 것은 우리나라 성씨로는 유일할 것이다. 문화 유씨와 연안 차씨도 같은 집안이라 해서 혼인하지 않는다. 제주도 고량부 3성도 서로 혼인

그림 2 제주도 3성의 발상지 삼성혈(2004. 4.)

하지 않는다.그림 2 우리 집안인 송씨도 시조 형제에서 각각 갈라져 나왔다고 해서 본관이 달라도 혼인하지 않는다. 반면에 결혼해보니 처가집은 모두 정씨였다. 장모님과 할머니, 외할머니는 본관만 다를 뿐이었다.

그런가 하면 정치적 이유에서 그러한 경우도 있다. 최영과 이성계의 관계 때문에 광주 최씨와 전주 이씨는 혼인하지 않고, 이발과 정철의 관계 때문에 광산 이씨와 연일 정씨도 혼인하지 않는다.

또 박씨와 같이 우리나라에만 있는 성을 제외하면, 시조가 중국에서 온 것으로 기록되어 있는 것이 많다. 이것은 자기 집안의 권위를 높이기 위해서 중국 측에 부회한 역사적 사실을 반영한다. 사실 많은 성이 중국의 성과 일치한다. 그런데 중국에서 동북공정의 일환으로 한국의 성씨 분석을 한 연구를 보니, 이런 족보를 그대로 믿고서 한국인의 형성 과정에 상당수의 한족漢族이 기여했다는 어이없는 결론을 내렸다. 중국에 왕씨 성이 많다고 해서 왕건 집안마저 한족 계통으로 주장하였다.

그러면 동성불혼이라는 중국의 논리가 우리 사회에 침투해 오기 전에는 어떠했을까? 사실 신라와 고려에서는 근친혼이 상당히 유행했다.

> 형제의 딸, 고모, 이모, 사촌 자매를 다 아내로 맞아들일 수 있다. 왕족은 제1골이며, 아내도 역시 그 족속으로, 아들을 낳으면 모두 제1골이 된다. 또 제1골은 제2골의 여자에게 장가가지 않으며, 간다 하더라도 언제나 첩으로 삼는다. _『신당서』 신라 전기

신라 왕실에서는 친척의 여자들이 모두 혼인 대상이 되었다. 그래서 신라 왕실의 계보도를 보면 아주 복잡하게 되어 있다. 법흥왕의 딸은 삼촌인 입종의 부인이 되었고, 진흥왕의 아들 동륜은 고모와 결혼하였고, 무열왕의 아버지 용춘은 7촌 질녀와 혼인하였다.

신라처럼 일본에서는 사촌끼리도 혼인할 수 있다. 1719년에서 이듬해에 걸쳐 일본에 다녀온 신유한은 이렇게 적었다.

> 나라 안에 남녀가 매우 많은데 여자가 남자에 비하여 더 많다. 혼인은 같은 성을 피하지 않아서 사촌 남매끼리도 서로 혼인한다. 형수와 아우의 처가 과부가 되면 데리고 산다. 이처럼 음탕하고 더러운 행실이 금수나 마찬가지다. 집집마다 반드시 목욕탕을 만들어서 남녀가 함께 벗고 목욕한다. _『해유록』 문견잡록

지금도 사촌끼리 혼인을 하는 경우가 있으니, 일본 총리를 지낸 간

나오토의 부인은 그의 사촌 누나다. 조선시대 눈에는 신라나 일본의 이런 풍습이야말로 금수와 같다고 할 것이나 이것은 그 당시의 사회규범일 뿐이다. 근친혼은 다른 성씨와 권력을 공유하지 않으려는 목적도 있었을 것이다.

고려시대 왕실도 마찬가지였다.

경술일에 원나라에서 악탈연과 강수형을 파견해와서 왕이 선의문 밖에 나가서 맞이했다. 그들이 가지고 온 조서에 다음과 같이 일렀다. "너희 나라에서는 왕씨들이 동성 간에 혼인하는데 이것은 무슨 도리인가? 이미 우리와 한 집안이 되었으니 서로 통혼해야 한다. 만일 그렇게 하지 않는다면 어찌 한 집안이 된 의리라고 하겠는가? …" _『고려사』 충렬왕 1년(1275) 10월

이제부터는 왕실 사람들끼리 결혼하지 말고 원나라 여자와 혼인해야 한다는 것이다. 여기서 지적했듯이 고려 왕실에서도 근친혼을 하였다. 고려시대 왕실에서 63건의 동족혼이 확인되고, 이 가운데 8촌 이내 근친혼이 70퍼센트에 달하였을 뿐 아니라 이복형제자매 간의 혼인도 10건이나 되었다. 그뿐 아니다. 고려 중기의 유명한 외척이었던 이자겸?~1126은 권력을 독점하기 위해서 둘째 딸을 예종의 왕비로, 그리고 셋째와 넷째는 그 아들 인종의 왕비로 바쳤다. 자매 사이에 시어머니와 며느리가 되고, 동일한 남편을 섬기는 왕비가 되었다. 이런 분위기 때문인지 고려시대 유학자인 김부식도 신라의 근친혼을 두둔하는 듯한 언급을 하였다. 흉노에서는 아버지가 죽으면 그 후처를 아들이 아내로

삼고, 형제가 죽으면 다른 형제가 그 아내를 차지하는 풍습을 들어서 신라의 근친혼은 이보다 심하지 않다고 평가하였다.

그러다가 중국의 영향을 받으면서 고려 후기에 와서 동성 간에 혼인을 금지하는 조치를 내린다.

내가 정가신, 유청신 등과 함께 원나라에 갔을 때에 자단전에서 세조의 성지를 받았는데, "동성 사이에 통혼하지 않는 것은 온 천하의 공통된 윤리다. 하물며 당신의 나라는 문자를 알고 공자의 도덕을 실천하고 있으니 마땅히 동성 간에는 혼인하지 말아야 할 것이다"고 하였다. … 이제부터는 만일 종친 가운데 동성끼리 혼인하는 일이 있다면 이는 성지를 위반하는 것으로 논죄할 것이다. 마땅히 여러 대에 걸쳐 재상을 지낸 가문의 딸과 혼인할 것이며, 재상들의 아들들은 종실의 딸과 결혼하는 것을 허락한다. … 공신·재상 가문의 남자는 왕실 딸에게 장가들고 여자는 왕실의 비로 삼을 것이며, 문무 양반의 가문에서 동성 간에 혼인을 하지 말 것이다. 그러나 외가 사촌끼리 구혼하는 것은 용인한다.

_『고려사』 충선왕 복위년(1308) 11월

충선왕이 지시를 내린 것이다. 이로써 서서히 동성 간의 통혼이 사라지기 시작하여, 조선의 혼인 관습은 고려와 달라지게 되었다. 다음은 세종이 신하들에게 언급한 말이다.

유정현이 일찍이 내게 "고려 때에 왕실에서는 동성끼리 혼인했고 양반들도 그랬는데, 정몽주가 이를 고치기를 주장했으나 되지 않았습니다"

고 했는데, 고려 때의 혼인이 과연 그러했는가? 옛사람이 "동성끼리 혼인하면 자손이 번성하지 못한다"고 일렀는데, 왕씨가 500년간이나 임금이 되면서 후계자를 정하지 못했으니 혹 그런 이치도 있는 듯하다. 옛날에도 동성의 조카딸을 왕비로 삼은 사람이 있으나, 이것은 말할 가치도 없다.

성인이 인지상정을 참작하여 예법을 마련하면서 성이 다른 5, 6촌이면 상복을 입지 않게 했지만, 이들에게 혼인을 불허한 것은 아니다. 성인의 제도는 감히 지나쳐도 안 될 것이요 못 미쳐도 안 된다. 우리 왕조에 와서 혼인의 예법이 처음으로 바로잡혀, 성이 다른 5, 6촌도 혼인하지 못하게 했으니 좋은 풍속이라 할 수 있다. _세종실록 12년(1430) 12월 18일

성종 때에 와서는 우리나라 풍속에 외가 친척도 같은 집안으로 생각하니 외6촌까지는 혼인할 수 없다는 지시를 내렸다.

이처럼 혼인 범위는 성씨와 밀접한 관련이 있다. 우리가 흔히 '성씨姓氏'라고 부르고 국어사전에는 성씨를 성의 높임말로 설명하고 있으나 원래는 성과 씨가 다른 것이다. 성姓은 생生 자가 붙어 있듯이 혈통을 의미한다. 반면에 씨는 우리의 본관처럼 살고 있는 지역을 바탕으로 붙인 것이다. 다음 자료를 보면 이해가 될 것이다.

출생한 곳을 따라서 '성'을 주고 봉해진 지명을 따라서 '씨'를 붙여주었으니, 성은 그 조상의 근본을 통솔하고 씨는 그 자손의 유래를 구별하는 것이다. 천자는 성과 씨를 줄 수 있고, 제후는 씨를 줄 수 있으나 성은 줄 수 없다. 따라서 성은 천자가 아니면 주지 못하고, 씨는 제후가

아니면 붙여주지 못한다. 성은 씨로 호칭할 수 없고, 씨는 성으로 호칭할 수 없다. 성은 혼인할 때에 구별하기 위한 것이고, 씨는 귀천을 분별하기 위한 것이다. _『오주연문장전산고』 인사편 1, 씨성보첩변증설氏姓譜牒辨證說

고대 일본의 인명에서도 성과 씨는 서로 달랐다. 씨우지는 우리의 성처럼 씨족의 명칭이고, 성가바네은 세습관직의 명칭으로서 신라의 골품처럼 씨족의 지위를 나타냈다. 예를 들어 '히키다 아송 무시마로引田朝臣虫麻呂'의 히키다는 우지, 아송은 가바네, 무시마로는 이름이었다. 가바네는 헤이안시대794~1185 중반부터 점차 사회적 의미를 잃어버리게 된다.

앞에서 일본의 성을 언급했지만, 실은 우리의 '성'과 성격이 다른 '씨'에 해당한다. 씨는 한 이에家, 집안 소속임을 나타내는 표시로서, 그 소속원이 모두 동일한 혈통은 아니다. 현행 일본 민법에는 "남녀가 혼인하면 남편 혹은 아내의 씨를 칭한다"고 되어 있다. 일본 공주가 남편인 구로다 요시키의 호적에 오르면서 구로다 사야코로 바뀐 것도 이 때문이다.

이것은 우리의 성이 부계 혈통을 표시하여 한 집안에 여러 성이 존재할 수 있는 것과 구별된다. 예를 들어서 조부모까지 3대가 함께 사는 집이라면 우리는 세 가지 성이 있게 되지만, 일본에서는 모두 동일한 씨가 된다. 우리의 성은 일생 동안 변하지 않는 반면에, 일본의 씨는 어느 가계에 소속되느냐에 따라 몇 번이고 바뀔 수 있다. 우리는 성을 매개로 하여 부계나 모계 혈통을 추적할 수 있기에 6촌, 8촌 등의 촌수를 쉽게 따질 수 있지만, 일본에서는 씨를 통해서는 인척 관계를 판별하기가 어렵다. 또한 일본에는 우리와 같은 족보가 없고, 사촌처럼 가까운 친족 사이에도 혼인할 수 있는 것도 우리와 다른 점이다.

일제강점기에 창씨개명創氏改名을 강요한 것도 일본식 씨를 가지게 하려는 조치였다. 성과 이름이 아니라 씨와 이름으로 부르게 하려는 것이었다. 그러면서 성은 호적에만 남겨두어 동성불혼 원칙은 그대로 유지된다는 사실도 강조했다. 그러나 우리에게는 창성개명創姓改名 즉 성을 바꾸는 것으로 이해됐고, 이 때문에 커다란 저항을 불러오게 되었다.

베트남에서도 성명이 3개 단위로 되어 있는데, 첫째는 성이고, 둘째는 가문, 셋째는 순수한 이름이다. 그런데 베트남에서는 성이 아주 적어서 둘째 것이 중요한 분별 기준이 된다고 한다. 우리의 본관과 같은 역할을 하는 것이다.

그런가 하면 미얀마에는 성이 없다. 불교 국가로서 가계를 잇는다거나 신분을 내세운다는 관념이 없기 때문이라고 한다. 독립 영웅 아웅산 장군의 딸인 아웅산 수지 여사의 경우에 '아웅산 수지Aung San Suu Kyi'가 모두 이름이라서 단지 수지라고 부르면 안 된다. 아웅산은 아버지, 수는 친할머니, 지는 어머니 이름에서 따왔다. 같은 불교 국가인 티베트에서도 성이 없다. 그뿐 아니라 아이슬란드, 인도네시아, 동아프리카 일부 지역에서도 성을 사용하지 않는다고 한다.조선일보 2014. 11. 20.

우리는 성과 씨의 구별이 없다. 이것은 중국 한나라 때에 성씨의 구별이 사라졌고 그 뒤에 우리가 이 제도를 받아들였기 때문이다. 성姓이란 글자에는 계집 여女 자가 붙어 있다. 중국 초기의 성들인 강姜, 희姬 글자에도 역시 '여' 자가 있다. 이것은 전설상의 신농씨와 황제의 어머니가 각각 강수姜水와 희수姬水에서 살았기 때문이라 한다. 성은 이처럼 여성과 관련이 있다. 그런데 지금 우리의 성은 모계가 아닌 부계 중심으로 붙여지고 있다. 여기에 반발하여 여권운동을 하는 사람들은 부와 모의 성을 합쳐서 복성을 만들어 사용한다. 이것은 조선시대에는 생각할 수 없는 일인데, 극히 예외적인 사례가 있다. 이름이 알려지지 않은 문생원이란 사람이다.

문김 생원이란 사람은 그 이름을 모르는데 서울 양민의 자식이다. 모습은 작달막하고 못생겼는데 생원이라고 자칭하였다. … 가는 곳에서는 항상 김 생원이라 칭했는데 대개 문씨 족속과 구별하고자 했기 때문에 그 어머니의 성을 쓴 것이다. 그리하여 동리에서 평소 알고 지내던 사람들은 모두 '문김 생원'이라 불렀다. _『이향견문록』 문김생원

조카딸이 궁중에 들어간 것을 계기로 위세를 떨치자, 주인공은 장차 집안에 화가 닥칠 것을 염려했다. 그리하여 산천을 유람하며 피신했고 친가와의 연을 끊으려 했다. 그래서 외가 성으로 김씨를 자처했지만, 사람들은 친가 성과 외가 성을 함께 불렀던 모양이다. 그래서 문김 생원이란 말이 나오게 되었다.

스페인에서도 부모 성의 사용 문제로 최근에 논란이 있었다.한겨레 2010. 11. 5. 전통적으로 아이에게 부모 모두의 성을 물려주되, 아빠의 성이 엄마보다 앞서게 했다. 그런데 젠더 문제에 진보적인 사회당 정부가 부-모 순서가 아닌 알파벳 순서로 하자고 제기한 것이다. 나아가 시민권 등록을 하려면 부모의 성이 모두 필요한데, 싱글맘이나 동성애 부부 등에게는 곤혹스러운 문제라고 하여 양성등록법 자체를 바꿔야 한다는 의견도 나왔다.

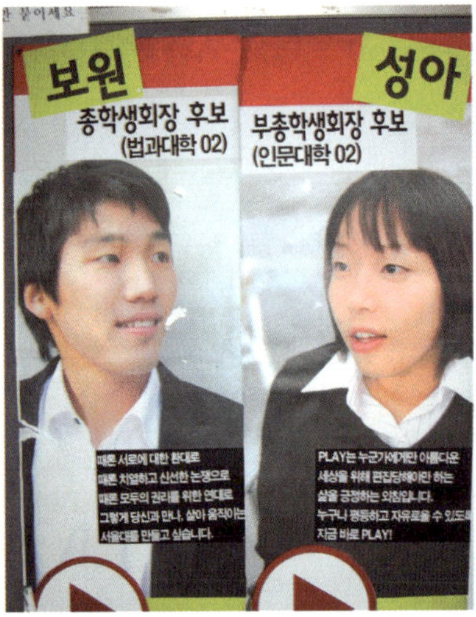

그림 3 이름만 표기한 총학생회 후보 포스터(2005. 11.)

그림 4 이름만 쓴 유니폼(2014. 7.)

우리나라에서 부모의 성을 다 쓰게 되면 다음 세대에서는 성이 4개로 늘어나 어찌 쓸 수 있을지 궁금하기도 하다. 또 부모 성을 병기하게 되면 김장씨, 배추씨, 오이씨, 호박씨, 신문씨와 같이 이상한 조합이 이루어질 수 있다. 2007년에 실시한 여론조사에 따르면 부모 성 함께 쓰기에 반대한 사람이 38.7퍼센트로 찬성 24.1퍼센트보다 많았다.세계일보 2007. 10. 5. 지역별로는 대구·경북에서 반대 의견이 가장 많아서 보수성을 나타냈다. 성별로는 남성은 반대가 압도적인 데 비해서 여성은 찬반이 팽팽했고, 연령별로는 역시 젊은층이 찬성에 많이 기울어 있었다.

이런 문제점을 인식해서인지 얼마 전 대학생 사회에서 성을 빼고 이름만 부른 적이 있다.그림 3 요즘에는 스포츠 유니폼에 성을 빼고 이름만 적는 것이 유행한다.그림 4 그러나 이름만으로는 사람을 구별하기 어려운 단점이 있다.

이름만 부르는 습속은 고대에도 있었고, 조선시대 남부 지방에도 있었던 모양이다. 『삼국사기』에 보면, 신라 왕실 인물은 모두 김씨이기에 굳이 김씨 성을 밝히지 않고 이름만 쓴 사례가 아주 많다. 이를 몰랐다가는 이름 앞 글자를 성으로 오인할 수 있는데, 전문가들도 착각하는 경우가 있다. 다음 자료도 참고가 된다.

우리나라 신라와 백제 때에 성이 있으면서 성을 빼고 이름만 부르는 자가 왕왕 있었다. 지금 경상·전라 2도 사람들이 서로 부르면서 때로 성을 버리고 말하기도 하니, 아직도 신라와 백제의 풍속이 남아 있는 것이다.

_『청장관전서』 앙엽기 2, 신찬臣瓚

우리 사회에서는 결혼을 하면 여성의 성이 바뀌지 않아 서양과 대조를 이룬다. 이를 두고 여성의 지위가 높다고 설명하는 것도 보았다. 그러나 여성이 성을 갖는 역사적 배경을 보면 정반대다. 전통시대에 여성은 성만 있었지 이름은 없었다. 그마저 성이 있었던 것은 바로 동성혼을 하지 않기 위해 혈통을 밝혀야 했기 때문이었다. 그러니 여성은 혼인 상대로만 이해되었을 뿐이다.

아무튼 2005년 12월에 아버지 성만 따르게 한 민법이 잘못되었다고 헌법 불합치 판정을 내렸으니, 우리나라의 성씨 제도도 크나큰 전환기를 맞게 되었다.

장가가고 시집가고

남녀 간의 결합을 우리는 '혼인' 또는 '결혼'이라 부른다. 혼인婚姻은 원래 사돈을 의미하는 것이고, 결혼結婚은 혼인을 맺는다는 뜻이다. 그러니 혼인이건 결혼이건 모두 사돈을 맺는다는 의미가 된다. 사돈은 우리 고유어로서 혼인한 상대방 집을 가리키는 말이다. 지금은 남녀의 결합을 떠올리게 되지만, 전통시대에는 두 집안이 맺어지는 것에 중점을 두었다. 요즈음에 혼인 당사자 이름으로 청첩장을 만들어 돌리는 것을 보니 얼마 전까지도 양가 부모가 혼주가 되던 시대가 점차 밀려나는 것을 느낄 수 있다.

우리말로 남자는 '장가가고' 여자는 '시집간다'고 한다. 장가丈家는 장인 집을 의미하니, 신랑은 장인 집으로 가고 신부는 시댁으로 가면 어떻게 함께 살 수 있는가 하는 농담도 한다. 이 두 말은 처가살이와 시집살이라는 서로 다른 역사적 배경을 가지고 있다.

먼저 만주족과 한족 사이에 혼인하는 방식에 차이가 있었던 것을 보겠다. 북경으로 가던 중에 왕가와 나눈 대화이다.

내 말하기를, "너희 혼인하는 예법은 어떠하냐?" 왕가가 말하기를, "만주와 한족이 각각 다르니, 우리는 한군이라 한족의 예법을 쫓으니, 혼인날 신랑이 새 의복을 입고 음식을 장만하여, 손님을 청하고 집에서 기다리면 신부가 가마를 타고 신랑의 집으로 들어와 서로 절합니다." … 내 말하기를, "만주족 집은 어찌하느냐?" 왕가가 말하기를, "만주는 신랑이 신부의 집으로 친히 나가 신부를 데리고 돌아와 예를 이루고, 신랑 집에서 또한 잡니다."

내 묻기를 "신랑은 일품一品 대인大人의 복색을 하느냐?" 왕가가 웃으며 말하기를, "아무리 혼인이 중한들 어찌 감히 일품 대인의 복색을 하겠습니까." 내 말하기를, "옛사람이 혼인을 중히 여기는 고로 품복을 입게 하였으니, 이는 옛적 중국 예법이다." 왕가가 웃으며 믿지 아니하였다. _『을병연행록』 1765. 12. 15·16.

그림 1 혼례 모습(기산풍속도)

그림 2 오죽헌(2009. 7.)

전통 혼례식에서 신랑이 사모관대를 차리는 것그림 1은 이 때문이다. 사모관대는 조선시대 관리가 집무할 때 입는 복식이니, 이날만은 특별히 벼슬아치의 대우를 받는 것이다. 위에서 1품 대인이라 했으니, 그것도 최고 벼슬아치 대우다.

원래 우리는 전통적으로 처가살이를 선호해왔다. 성경을 보면 모세도 미디안 제사장 집에서 40년간 처가살이를 했다고 한다. 남자는 결혼을 하면 처가에서 살다가 한참 시간이 지난 뒤에 본가로 들어왔다. 때로는 처가에 눌러앉아서 집 주인이 사위에서 사위로 전승되는 경우도 있었다.

강릉 오죽헌그림 2에 가거든 "오죽헌은 강릉 유현인 최치운1390~1440의 창건으로 아들 응현은 사위 이사온에게 물려주고, 이사온은 다시 그의 사위 신명화사임당의 부친에게, 신명화는 또 그의 사위 권화에게 물려주면

그림 3 파주의 율곡 집안 묘소(2001. 7.)

서 그 후손들이 관리하여 오던 중 …"이라 쓰인 안내문을 꼭 읽어보기 바란다.

이율곡1536~1584의 고향은 파주라서 그곳에 묻혀 있지만,그림 3 태어나고 자란 곳은 어머니의 고향인 이곳 오죽헌이다. 다만 그의 아버지가 처가살이를 한 것은 아니었고, 어머니만 친정으로 가서 출산하여 그가 6세 때에 서울로 돌아왔다.

유네스코 세계문화유산으로 지정된 경주 양동마을그림 4에 가면 전시관에서도 오죽헌과 유사한 것을 찾아볼 수 있다. 손소1433~1484가 처가 마을에 정착하고, 그의 사위인 이번1463~1500도 처가인 이곳으로 장가를 오게 되었는데, 그 뒤에 처가살이가 시집살이로 바뀌면서 이들의 후손인 경주 손씨와 여강 이씨들이 집성촌을 이루며 살게 된 것이다.

처가살이 전통은 이미 고구려 때부터 보인다.

그림 4 양동마을(2008. 4.)

그 풍속에 혼인할 때에는 구두로 미리 약정하면 여자 집에서 본채 뒤편에 작은 별채를 지어 그 집을 '사위 집壻屋'이라 부른다. 저녁 무렵에 신랑이 신부 집 문 밖에 도착하여 자기의 이름을 밝히고, 무릎을 꿇고 절하면서 아무쪼록 신부와 잘 수 있게 해달라고 청한다. 이렇게 두세 번 거듭하면 신부 부모는 그때서야 '사위 집'에 가서 자도록 허락하고, 신랑이 가져온 돈과 폐백은 그 집 옆에 둔다. 아들을 낳아서 장성하면 남편은 아내를 데리고 자기 집으로 돌아간다. _『삼국지』 고구려 전기

지금으로부터 1,700년 전의 기록이지만 그 시간차를 넘어서 우리에게 낯익은 장면도 보인다. 신랑이 신부와 잘 수 있도록 애걸하는 풍습은 오늘날 동상례東床禮라고 하는 신랑다루기와 유사하다. 신부 측 친척

이나 동네 청년들이 신랑을 다루는 풍속은 이제 결혼식장에서 신랑 친구들이 신랑을 닦달하는 것으로 다시 한 번 바뀌었다. 그런가 하면 신랑이 신부 집으로 살러 오면서 돈과 폐백을 가져오는 혼납금婚納金 풍속도 엿볼 수 있다.

무엇보다도 신랑이 신부 집으로 와서 산다는 점이 주목된다. 이런 풍습은 끈질긴 생명력을 가지고 계승되어 왔다. 그런데 성리학이 들어온 뒤에 주자의 가르침인 『주자가례』를 따르면서 이런 풍습이 문제가 되기 시작했다. 다음은 왕에게 아뢴 내용이다.

> 중국은 예의가 나온 나라입니다. 혼인 예법은 바로 '음'이 '양'을 따르게 되어 여자가 남자 집으로 가고, 여기서 아들과 손자가 태어나 친가에서 장성합니다. … 우리 동방의 문물제도는 모두 중국을 본받았습니다. 그러나 유독 혼례만은 아직도 옛 풍속에 의거하여 양이 음을 따르므로 남자가 여자 집에 가고, 여기서 아들과 손자가 태어나 외가에서 자랍니다. _태종실록 14년(1414) 1월 4일

이리하여 아이들이 본가의 소중함을 알지 못하고, 신분 질서도 어지럽게 된다고 지적했다. 요사이 고모보다는 이모에, 친가보다는 외가에 더 가까워지는 세태가 보도된 적이 있는데, 조선 초기에도 그러했던 모양이다. 이 글은 천민 규정과 관련해서 나온 말이기는 하지만, 중국과는 판이한 혼인 풍속이 조선시대 초기까지 이어져 내려온 것을 보여준다. 중국에서는 시집갔던 데에 반해 조선에서는 장가갔던 것이다. 이것은 남성 중심의 성리학적 요구에 맞지 않는 것이다. 이래서 조선시대에

그림 5 신랑의 초행걸음(김홍도)

들어와 시집살이 제도를 시행하려고 적극 노력하였다.

세종 때인 1435년에 처음으로 친영례親迎禮를 실시했다고 한다. 물론 고려시대에도 친영에 대한 규정이 있었고, 공민왕이 노국대장공주를 맞이할 때에도 친영의 예를 실시했다. 그러다가 조선시대 들어와 세종 때에 본격적으로 시행하도록 조치를 내린 것이다.

친영은 신랑이 장인 집에 가서그림 5 신부를 대동해와 본가에서 혼례를 올리는 방식이었다. 이를 왕실에서 솔선수범한 것이다. 지금은 양가의 합의로 예식장을 어느 쪽에서 잡을지 결정하지만 전통시대에 그것은 단순히 혼례식장만 아니라 어디에서 신접살림을 하느냐와 관련된 것이었고, 이것은 성리학의 이념까지 연결되는 문제였다.

그러나 제도와 관습을 바꾸는 일은 쉽지 않았다. 세종의 말에서 이를 엿볼 수 있다.

왕이 김종서에게 물었다. "친영의 예법은 우리 조정에서 오랫동안 실시하지 않았는데, 부윤 고약해 등이 옛 예법을 근거로 이를 실행하자고 요청했다. 태종 때에 친영을 실시하자는 의논이 있었으나, 어린 처녀들도 친영을 행하기가 어렵다고 생각했었다. 어렵다고 하는 것이 무엇인가?"

김종서가 이렇게 대답했다. "우리나라의 풍속은 남자가 여자 집으로 가는 것으로 그 유래가 오래되었습니다. 만일 여자가 남자 집으로 들어가게 되면, 거기에 필요한 노비·의복·그릇을 여자 집에서 모두 마련해야 되기 때문에, 이를 어렵게 생각하여 꺼리는 것입니다. 남자 집이 만일 부유하면 신부를 접대하는 것이 어렵지 않겠지만, 가난한 사람은 부담하기가 아주 힘들어서 남자 집에서도 이를 꺼려왔습니다." _세종실록 12년(1430) 12월 22일

태종 때에는 처가살이에서 시집살이로 바뀔 경우 나이 어린 처녀가 시집에서 적응하기 어려워 풍속을 바꾸지 못했다는 것이다. 당시에는 고려 후기 이래 조혼 풍습이 지속되고 있어서 10대 전반의 나이에도 시집을 갔었다. 또한 경제적인 측면에서 세간살이를 새로 마련해 가는 것도 힘들어했던 것 같다. 지금 시집을 갈 때 지참금을 따로 가지고 가지

는 않지만, 세간을 마련해 가는 것은 친영례의 영향이 아닌지 모르겠다.

그럼에도 불구하고 왕실이나 사대부는 이를 실천했고, 16세기 초가 되면 "우리나라의 풍속은 일체 『주자가례』를 따라서 친영례를 행하고 있습니다"고 말할 정도로 보편화했다. 그렇지만 아무리 노력을 기울여도 일반 백성에게까지는 제대로 먹혀들지 않았다. 그래서 신부 집에서 혼례를 치르고 여기서 잠시 머물다가 시댁으로 가는 절충안이 16세기에 생겨났으니, 이를 '반친영'이라고 한다.

> 근래 사족 집안에서는 혼인날 저녁에 『가례』에 따라 일을 치르는 것을 '진친영眞親迎'이라 한다. 또 혼인날 밤에 여자 집에 가서 신랑·신부가 서로 절하고 잔치를 치른 뒤, 그 다음 날 시부모를 뵙는 것을 '반친영半親迎'이라고 한다. _『청강선생 후청쇄어』

신부 집에는 며칠 묵는 정도로 끝냈지만, 때로는 달이나 해를 넘겨서 돌아오기도 하였다. 이런 영향으로 혼례는 근래까지도 주로 신부 집에서 치렀다. 그리고 신혼여행을 다녀오면 사흘쯤 신부 집에 머물다가 시댁으로 들어가는 풍습이 지금도 남아 있다. 이런 절충 풍습은 화담 서경덕1489~1546이 만들었다고 한다.

여기에 덧붙일 것은 처가살이에 대한 비하 관념이다. 친영례가 많이 퍼짐에 따라 남성이 여성에게 얹혀 사는 일은 비천한 것으로 여겨지게 되었다. 이에 따라 "겉보리 서 말만 있으면 처가살이 하랴", "뒷간과 처갓집은 멀수록 좋다"는 속담이 생겼다. 이것은 결코 조선 초기에는 나올 수 없었다. 바로 조선 후기의 관념을 반영하는 것이다.

우리 역사에는 이 밖에 몇 가지 특이한 결혼 형태들도 이따금 보인다. 2005년 한 신문에 키르기스스탄에서 이루어지고 있는 보쌈 풍속이 소개되었다. 현지어로 '알라 카추붙잡아서 뛰어라'라 한다고 하는데, 이슬람의 계율 때문에 연애결혼을 할 수 없는 데다가 800달러 정도의 현금에 소 한 마리를 얹어주는 '신부 대금'의 부담으로 많은 총각들이 어쩔 수 없이 길 가는 처녀를 보쌈해와서 결혼식을 올린다는 것이다. 납치된 신붓감은 저항하기도 하지만 80퍼센트가량이 결혼을 받아들인다고 한다. 이를 흔히 납치혼 또는 약탈혼이라 한다. 이러한 약탈혼은 발해에서도 있었던 모양이다.

대정 17년1177 12월 무진일, 발해 옛 습속에는 남녀 혼인에 예를 벗어난 것이 많아서 먼저 훔쳐 도망친 뒤에야 혼사를 이루었다. 이에 조서를 내려 금지하게 하고, 이를 범한 자는 간음한 것으로 논죄하게 했다. _『금사』 세종본기

혼인 상대를 훔친 다음에 결혼을 하는 풍속이 발해에 있었고, 이것은 금나라 때까지도 발해 유민들 사이에서 지속되었던 것 같다. 그래서 금나라에서는 금지령을 내리면서 만일 이를 어기면 간음죄로 처벌하겠다는 지시를 내렸다. 이런 보쌈이나 약탈혼의 전통이 조선시대까지 내려왔던 것은 잘 알려져 있다.

발해보다 이른 시기에 만주에 살았던 숙신족, 물길족의 혼인 풍속도 전해진다.

혼인하려 할 때에는 남자가 여자 머리에 깃털을 꽂아준다. 여자가 승낙할 경우에는 그 깃털을 가지고 집으로 돌아간다. 그런 다음에 예를 갖추어 맞아온다. 부인은 정숙하지만 처녀는 음란하며, 건강한 사람을 귀하게 여기고 늙은이는 천하게 여긴다. _『진서』 숙신씨 전기

처음 혼인하고자 하면, 저녁에 남자가 여자 집에 가서 여자의 유방을 잡았다가 그만둔다. 그러면 곧 정혼이 되어 이내 부부가 된다. _『위서』 물길국 전기

숙신족은 광개토왕 비문에도 나오는 만주 동부의 한 부족이었다. 이들은 깃털로 결혼 의사를 밝히는 풍습이 있었다. 그러면서 부인은 정숙하지만 처녀는 음란하다는 대목에서 처녀의 정절 관념이 없었던 그 사회의 기풍을 엿볼 수 있다. 처녀가 아이를 낳으면 다산多産할 수 있는 능력이 입증되어 오히려 신부의 몸값을 더 받을 수가 있었다고 한다. 물길국은 좀 더 특이한데, 유방을 만지는 것도 여성의 아이 생산 능력을 시험하기 위한 제스처로 이해되고 있다.

형이 죽으면 동생이 형수를 취하여 결혼을 하는 취수혼娶嫂婚도 있었다. 『동방견문록』에 따르면, 인도의 코일룸 왕국에서는 "사촌을 짝으로 맞아들이고, 아버지가 죽으면 그의 부인을 맞으며, 형제의 부인에 대해서도 마찬가지로 한다. 인도의 모든 주민들은 이러한 관습을 갖고 있다"고 한다.

'천일의 앤'에 나오듯이 영국의 헨리 8세1491~1547도 형의 미망인인 캐서린과 결혼한 일이 있다. 그러나 둘 사이에 아들이 없자 그 이유를 성

경 레위기의 "누구든지 그의 형제의 아내를 데리고 살면 더러운 일이라 그가 그의 형제의 하체를 범함이니 그들에게 자식이 없으리라"란 구절에서 찾아내고는 이혼을 결심했다. 그러나 이 이혼을 로마 교황이 승인하지 않자, 그는 로마교회와 결별하고 스스로 종교의 수장임을 선포하여 종교개혁의 빌미로 삼았다.

우리에게는 아버지의 아내를 취하는 풍습은 없었지만, 형수를 취하는 풍습은 부여나 흉노족에도 있었다고 전해지며, 고구려에서도 그 구체적인 사례가 보인다.

고국천왕이 죽었을 때에 왕후 우씨는 죽음을 비밀로 하여 발설하지 않고, 밤에 왕의 아우 발기의 집으로 가서 "왕은 아들이 없으니 당신이 마땅히 뒤를 이어야 합니다"고 했다. 발기는 왕이 죽은 것을 알지 못하고 대답했다. "하늘의 운수는 돌아가는 데가 있으므로 가볍게 의논할 수 없습니다. 하물며 부인이 밤에 다니는 것을 어떻게 예의라고 할 수 있겠습니까?"

왕후는 부끄러워하고 곧 연우의 집으로 갔다. 연우는 일어나서 의관을 갖추고 문에서 맞아들여 앉히고, 잔치를 베풀어 함께 마셨다. 왕후가 말했다. "대왕이 돌아가셨으나 아들이 없으니, 발기가 큰 동생으로서 마땅히 뒤를 이어야 합니다. 그러나 첩에게 딴 마음이 있다고 하면서 난폭하고 무례하게 하므로 당신을 보러 온 것입니다." 그러자 연우는 예의를 더욱 갖추었다. 그는 친히 칼을 잡고 고기를 베다가 잘못하여 손가락을 다쳤는데, 왕후가 치마끈을 풀어 다친 손가락을 싸주었다.

돌아가려 할 때 연우에게 "밤이 깊어서 예기치 못한 일이 있을까 두려우니, 그대가 나를 궁궐까지 전송해주시오"라고 했다. 연우가 그 말을 따르니 왕후가 손을 잡고 궁궐로 들어갔다. 다음 날 새벽에 왕후가 선왕의 명령이라고 사칭하고, 여러 신하들에게 명령하여 연우를 왕으로 세웠다. _『삼국사기』 고구려 산상왕 1년(197)

결국 연우산상왕는 왕위를 물려받고 형수인 왕후와 결혼했다. 그런데 왕후가 죽을 때에 이르러서는 "내가 바르지 못한 행동을 했으니 앞으로 지하에서 무슨 면목으로 국왕고국천왕을 뵐 것인가? 여러 신하들이 만약 나를 구렁텅이에 떨어뜨리지 않으려거든 나를 산상왕릉 곁에 묻어주기 바란다"고 유언했다. 그런가 하면 고국천왕의 영혼은 자기 옆에 묻힐 왕후가 산상왕 옆에 묻힌 것을 보고 나라 사람들을 차마 볼 수 없을 정도로 부끄럽다고 하였다. 그리고 무당을 통하여 자기 무덤 옆에 소나무 일곱 겹을 심어 가리도록 했다. 이로 보아 재혼을 하더라도 원래의 남편 곁에 묻히는 것이 일반적이었던 것 같다.

이 기록은 기원후 197년에 해당하는데, 이 무렵에 점차 우리 역사에서는 이 풍습이 사라지기 시작한다. 그러나 조선시대까지도 만주에 살던 여진족 사이에서 계속되었다.

형이 죽으면 반드시 형의 아내를 처로 삼지만, 아우의 처는 아내로 삼지 못한다. 이에 말하기를 "아우는 내 아들과 같은데, 어찌 아들의 아내를 취하겠는가? 형은 내 아버지와 같으니, 아버지의 물건을 자식이 어찌 이어받지 못하겠는가?" 하였다. 형이 살아 있을 때에도 형의 아내를 취하는 자가 있다. _『용재총화』 권10

건주위建州衛 소속 여진족들이 조선에 입조했을 때에 성종과 나눈 대화에도 그런 내용이 나온다.

또 "친형제 사이에 먼저 죽는 이가 있으면 그 아내를 취한다고 하는데, 그러한가?" 하고 물으니, 이목장합이 대답했다. "형수가 만약 얼굴이 아름답고 재물이 많으면 그를 취합니다." 이에 동거우동이 급히 중지시키며 말했다. "네가 어찌 이런 말을 하느냐? 귀족에게 어찌 이런 풍습이 있겠습니까? 이는 다만 천한 무리들의 일일 뿐입니다" _성종실록 14년(1483) 10월 19일

조선 조정에서 자기들의 부끄러운 풍습을 노출하지 않으려 한 정황이 그려진다. 이런 풍습은 몽골에도 여전히 있었다.

지난해에 몽골 왕의 처가 죽었다. 그 나라의 풍속은 화장할 때에 으레 평생 쓰던 옷가지와 보물을 불태우는데, 이번에는 불태우지 않았다. 또 북경의 혼인 허락도 기다리지 않고서 그 죽은 형의 처를 후처로 삼았다. 그리고는 전처의 옷가지와 보물을 그대로 주었으므로, 이로 인해 더욱 분노를 샀다. _현종실록 10년(1669) 10월 20일

여진족의 풍속은 조선에 귀화한 경우에도 유지되었다.

영길도 도순문사 이원이 풍속을 바꿀 일을 보고했다. "각 고을에 산재한 향화인向化人들이 장가들고 시집가는데, 이성異姓 4, 5촌도 꺼리지 않

고 심지어 형이 죽으면 형수를 데리고 살므로 윤리를 저버립니다. 바라건대 이제부터 일체 금지하여 더러운 풍속을 변화시키고, 만약 어기는 자가 있다면 법에 따라 죄를 주소서." 임금이 그대로 따랐다. _태종실록 15년(1415) 3월 1일

여기서 향화인이란 조선에 귀화하여 살던 여진족을 가리킨다. 이들이 성이 다른 4, 5촌, 즉 이종이나 고종과도 결혼하고 형수와도 결혼하니 윤리에 어긋난다고 지적하고 있다. 형수가 다른 남자와 재혼하여 떠나버리면 그에 딸린 아이들과 재산이 함께 옮겨 가게 되고, 그것은 그만큼 그 집안의 손실이 된다. 취수혼은 이를 방지하기 위해서 행해진 고대적인 혼인 형태로 이해되고 있다.

이와 비슷한 일로 케냐 여성이 한국에 망명을 신청하여 난민으로 인정받은 일이 있다.중앙일보 2010. 10. 30. 남편이 사고로 숨진 뒤에 '아내 상속'의 관습에 따라 남편 형제들로부터 재혼을 강요받았다고 한다. 케냐의 루오족은 기혼 여성이 남편을 잃으면 남편 형제가 선택한 인물과 재혼해야 하는 풍습이 있다고 한다. 이를 거부하면 저주가 내려 결국 죽는다는 믿음이 있다고 한다. 결국 이 여성은 재혼을 거부해 살해 협박을 당하다가 피신한 것이다.

그런가 하면 며느릿감을 일찌감치 데리고 와서 키우다가 나중에 혼인을 시키는 민며느리預婦 제도가 지금의 함경도에 해당하는 동옥저에서 시행되었다.

『위략』에 적혀 있다. 그곳의 혼인 방법을 보면, 여자아이가 10세가 되

그림 6 소설의 무대인 김유정 고향, 춘천 신남(2003. 8.)

면 혼인을 약속하고, 신랑 집에서는 그 여자를 맞이하여 장성하도록 길러 아내로 삼는다. 성인이 되면 다시 여자 집으로 돌려보낸다. 여자 집에서는 돈을 요구하는데, 지불이 끝나면 신랑 집으로 되돌아온다. _『삼국지』 동옥저 전기

이런 풍습은 20세기 초까지 서북 지방에서 일부 전해졌다고 한다. 그 반대로 어렸을 때에 사윗감을 데려오는 데릴사위預壻 제도도 있었다. 이것은 김유정의 소설 「봄봄」1935의 주제이기도 하다. 이 소설은 이렇게 시작한다.그림 6

"장인님! 인제 저 …" 내가 이렇게 뒤통수를 긁고, 나이가 찼으니 성례를 시켜줘야 하지 않겠느냐고 하면 대답이 늘, "이 자식아! 성례구 뭐

구 미처 자라야지!" 하고 만다. 이 자라야 한다는 것은 내가 아니라 내 아내가 될 점순이의 키 말이다. 내가 여기에 와서 돈 한 푼 안 받고 일하기를 삼 년하고 꼬박 일곱 달 동안을 했다. 그런데도 미처 못 자랐다니까 이 키는 언제야 자라는 겐지 짜장 영문 모른다. 일을 좀 더 잘해야 한다든지, 혹은 밥을 많이 먹는다고 노상 걱정이니까 좀 덜 먹어야 한다든지 하면 나도 얼마든지 할 말이 많다. 허지만 점순이가 아직 어리니까 더 자라야 한다는 여기에는 어째 볼 수 없이 고만 빙빙하고 만다. 이래서 나는 애초 계약이 잘못된 걸 알았다.

아들이 없는 집에서 사윗감을 미리 들여 노동력을 확보하는 방편으로 이용하였다. 이런 풍습은 시간을 거슬러 올라가 고려시대 자료에서도 보인다.

이달에 몽골의 탈타아가 제 아들을 위하여 며느리를 구하는데 대신의 가문에서만 찾았다. 이에 딸을 가진 사람들은 두려워서 서로 앞을 다투어 사위를 맞으려고 했다. 국가에서는 재상 집 두셋을 적어주어 탈타아 자신이 선택하게 했다. 탈타아가 얼굴이 고운 자를 가려서 김연의 딸을 받아들이려고 했다. 그런데 그 집에서는 이미 데릴사위預壻를 데리고 있었으니, 그 사위는 두려워서 집을 나가버렸다. 김연은 그때 몽골에 입조하고 아직 귀국하지 않았으므로 그 집에서는 그가 돌아오길 기다려 예식을 치르자고 했으나 탈타아는 듣지 않았다.

나라의 풍속에 나이가 어린 남자를 받아들여 자기 집에서 양육하여 성년이 되면 결혼시키는 것을 데릴사위라고 한다. _『고려사』 원종 12년(1271) 2월

이때는 원나라의 지배 아래 있었다. 탈타아 때문에 김연의 데릴사위는 오갈 데 없는 신세가 되어버렸다고 한다.

조혼 풍습

혼인은 중매를 통하고 정식 혼례를 거쳐야 성립된다. 그런 절차를 밟지 않은 사실혼이나 정상적인 나이의 결혼이 아닌 경우를 야합野合이라 한다. 지금은 이 말이 변질되어 '밀실야합'이란 말처럼 떳떳하지 못한 일을 이루기 위해서 서로 의기투합하는 정치적 용어로 사용되고 있다. 신라시대 명문장가 강수는 야합으로 결혼했다.

강수가 일찍이 부곡의 대장장이 딸과 야합했는데 애정이 아주 돈독했다. 스무 살이 되자 부모가 중매를 통하여 용모와 덕행이 있는 고을 여자를 처로 삼으려 하니, 강수가 이를 거절하며 다시 장가들 수 없다고 했다. 아버지가 성내어 "너는 유명해져서 모르는 나라 사람이 없는데, 미천한 사람을 짝으로 삼는 것은 부끄러운 일이 아니겠는가?"라고 했다. 강수가 두 번 절하고 "가난하고 천한 것은 수치스런 일이 아닙니다. 도리를 배우고 실행하지 않는 것이 실로 부끄러운 일입니다. 일찍이 옛사람의 말을 들으니 '조강지처는 뜰 아래에 내려오지 않게 하며, 가난하고 천할 때에 사귄 친구는 잊을 수 없다'고 했으니 천한 아내를 차마 버릴 수 없습니다"고 했다. _『삼국사기』 강수 전기 공자그림 1도 아버지가 안씨와 야합하여 낳은 것으로 되어 있다. 사마천의 『사기』에는 다음과 같이 적혀 있다.

그림 1 공자의 고향인 곡부 대성전에 있는 공자상 (2009. 1.)

공자는 노나라 창평향 추읍에서 태어났다. 그의 선조는 송나라 사람으로 공방숙이다. 방숙은 백하를 낳았고 백하는 숙양흘을 낳았다. 숙양흘은 안씨와 야합하여 공자를 낳았는데, 이구尼丘에서 기도한 뒤에 공자를 얻었다. 노양공 22년에 공자가 태어났다. 그가 태어났을 때에 머리 중간이 움푹 패어 있었기 때문에 구丘라고 이름지었다. 자는 중니고 성은 공이다. _『사기』 공자세가

여기서 야합이란 단어에 주석이 달려 있다. 숙양흘의 부인은 9녀를 낳았고 첩은 아들을 낳았으나 병이 있었기 때문에, 아버지 명령에 따라 안씨와 결혼했다고 한다. 이때 숙양흘은 늙었고 안씨는 젊어서 예법에 맞는 정상적인 혼인이 아니었기에 '야합'이란 단어를 썼다고 설명하고 있다. 남자는 64세가 넘으면 양기가 끊긴다고 생각했는데 공자의 아버지는 이 나이를 넘었던 것이다. 공자는 늘그막에 얻은 아들이었다.

영국의 엘리자베스 여왕1558~1603 재위이 다스리던 시대에는 만혼이 유행했다고 한다. 남자의 경우 28세, 여자의 경우 26세가 평균 결혼연령이었으며, 인구의 10~20퍼센트는 평생 미혼으로 남아 있었다. 따라서

셰익스피어가 그린 10대의 로미오와 줄리엣의 사랑은 실제로 일어날 수 없는 일이었다. 당시에 평균 수명이 짧았기에 살아서 손자를 보는 것이 거의 불가능했다고 한다. 16세기 말부터 결혼연령이 조금씩 낮아지기 시작했다.

그렇다면 우리의 전통시대에는 몇 살에 혼인하는 것이 정상적이라 생각했겠는가? 고전인 『주례』에 "남자는 30세에 장가보내고, 여자는 20세에 시집보낸다" 했다. 여기에 대해서 후한시대 반고32~92는 다음과 같이 해석했다.

남자 30세, 여자 20세에 결혼시킨다는 말은 무슨 뜻인가? 양수는 홀수이고 음수는 짝수이기 때문이다. 그러면 남자가 나이가 많고 여자가 어린 것은 무엇 때문인가? 양도陽道는 느리고 음도陰道는 빠르기 때문이다. 남자 30세면 근력과 뼈가 단단해져 아버지가 될 수 있고, 여자 20세면 피부가 살지고 탄력이 생겨 임신하여 어머니가 될 수 있기 때문이다. 합이 50인 것은 '대연大衍의 수'에 합치해야 만물을 생성할 수 있기 때문이다. _『백호통의』 가취嫁娶

'대연의 수'란 역술에서 일체 만물의 변화를 일으키는 숫자로 50을 이른다. 그러면 우리 역사에서 실제로 혼인 연령은 어떻게 변해왔을까? 강수는 20세가 되었을 때에 혼인시키려 했고, 온달에게 시집간 고구려 평강공주는 16세에 혼인시키려 했다.

고려시대에는 흥미로운 통계자료가 나와 있다. 귀족만을 대상으로 한 것이지만, 남성의 경우 13세에서 32세 사이에 혼인했고, 여성의 경우 11세에서 25세 사이에 혼인했다. 결혼 평균연령은 남자가 1100년대까지 25.5세, 1200년대에는 19.8세, 1300년대에는 18세가 되고, 여자는 각각 20.4세, 15.1세, 13.9세가 되었다. 남녀 모두 후기로 갈수록 평균연령이 낮아진다. 그만큼 가임 기간이 늘어나서 자녀출산율도 높아졌을 것이다.

고려 말에 나타난 조혼早婚 현상은 원나라의 처녀 공출을 피해 일찍 혼인했기 때문에 발생한 것으로 설명되어 왔다. 국가에서는 공출 대상자를 선정하기까지 혼인 금지령을 내리곤 했다.

장차 처녀들을 원나라에 바치려고 전국에 혼인을 금지했다. _『고려사』 충렬왕 1년(1275) 10월

이런 공출은 고려인들에게 엄청난 고통이었다. 이곡1298~1351이 이 제도의 폐지를 건의한 내용을 보면 그 일단을 엿볼 수 있다.

원나라에서 우리나라에 동녀童女를 자주 요구했는데, 이곡이 어사대에 폐지할 것을 요청하고 원나라에 보낼 상소문을 대신 작성했다. 그 글에 이렇게 일렀다.

"… 옆에서 듣건대 고려 사람들은 딸을 낳으면 숨겨두고 남이 알까 걱정하여 이웃도 볼 수 없다고 합니다. 중국 사신이 올 때마다 실색하여 서로 돌아보며 '왜 왔을까? 동녀를 취하려는 것이 아닐까, 처첩을 취하려는 것이 아닐까?' 합니다. 군대와 서리들이 사방으로 나가 집집마다 수색하고, 혹시 숨기게 되면 이웃까지 묶어두고 친척을 결박하여

채찍질을 해서 동녀가 나타난 뒤에야 그칩니다. 사신이 한번 오면 나라 안이 시끄러워져, 닭과 개까지도 편안할 수 없게 됩니다.

사람을 많이 모아놓고 그중에서 선택할 때에는 곱고 추한 기준도 일정하지 않습니다. 때로는 사신에게 뇌물을 먹여 그 욕심을 채워주면 고와도 선택하지 않고 다른 데서 구하니, 여자 하나를 뽑는 데에 수백 집을 뒤져야 합니다. 이때에 오로지 사신의 말만 따를 뿐 감히 어기지 못합니다. 왜냐하면 황제의 뜻이라 칭하기 때문입니다. 이러기를 한 해에 두 번, 어떤 때는 한 번, 때로는 2년에 한 번씩 하고, 그 수는 많은 경우 40~50명에 이릅니다. 선발되면 부모와 친척들이 모여서 우는 소리가 밤낮으로 그치지 않고, 국경 밖으로 보낼 때에는 옷자락을 붙잡고 엎어져 길을 막고 울부짖습니다. 그중에는 비통함을 이기지 못하여 우물에 빠져 죽는 자가 있는가 하면 목매 죽는 자도 있으며, 또 슬픔으로 기절하는 자가 있는가 하면 피눈물을 쏟아 눈이 먼 자도 있습니다. 이런 일은 이루 다 기록할 수 없습니다.

사신이 처첩을 데려가는 일은 이 정도는 아니지만 인정에 거슬리고 원망을 사는 것은 동일합니다. …" 황제가 이를 받아들였다. _『고려사』 이곡 전기

이처럼 원나라에서 자주 처녀를 요구하니 일찍 혼인을 시켜버렸던 것이다. 그러나 이것만이 원인은 아니었던 듯하다. 앞의 통계자료를 보면 원나라 지배기 이전부터 이미 연령이 낮아지는 추세에 있었다.

유망한 배우자를 잡기 위해 일찍 결혼한 경우도 있다. 목은 이색 1328~1396이 바로 그렇다.

총명과 지혜가 보통 사람과 달라서 글을 읽을 줄 알면서부터 한 번 보면 곧 암송했다. 지정 신사년1341에 공의 나이 겨우 14세로 본국의 성균시에 합격하니, 우뚝하게 명성이 이미 높았다. 관례를 치르고 혼사를 하려 하니, 당시의 높은 가문과 명망 있는 집안으로 사위를 택하고자 하는 자들이 모두 그 딸을 시집보내려고 하여 잔칫날 저녁까지도 다투었다. 드디어 안동 권씨에게 장가드니 … 권중달의 딸이었다. _『동문선』 목은선생이문정공행장牧隱先生李文靖公行狀

이색 집안은 결혼식 전날 저녁까지도 배우자감을 결정하지 못하는 행복한 고민을 했다고 한다. 권근이 지은 부인 묘지명에 따르면, 이때 이색이 14세이고 부인이 11세였다.

조선시대에 들어오면 혼인 연령을 높이려는 조치를 취한다. 성인으로 추앙받던 주자의 가르침에 맞추려 하였기 때문이다. 다음은 세종 때에 사헌부에서 건의한 내용이다.

주문공이 만든 『가례』에서 "남자는 16세에서 30세까지, 여자는 14세에서 20세까지여야 혼인할 수 있다"고 일렀습니다. 이렇게 혼인 시기는 성인께서 제정했으니, 감히 못 미치거나 지나치거나 할 수 없습니다.

근래에 사대부 집에서 혼인하는 일이 예법에 따르지 않고, 남녀 나이가 겨우 10세가 지나면 곧 혼인하고, 10세가 되지 않았는데도 납채納采, 신랑 집에서 혼인 청하는 일와 납폐納幣, 신랑 집에서 예물 보내는 일로써 임시 혼인을 하고 예혼預婚이라고 이르는 자까지 있습니다. 이것은 성인의 제도를 어길 뿐 아니라 음양의 이치에도 어긋납니다. 바라건대 지금부터 일체 성인의 제도에 따라 남자 16세, 여자 14세 이상인 자에게만 혼인을 허락하고, 어기는 자는 엄한 법으로 다스리소서. _세종실록 21년(1439) 6월 26일

주자의 『가례』에서는 남자 16~30세, 여자 14~20세로 정했다고 한다. 앞서 『주례』에서 말한 30세와 20세가 여기서는 상한선으로 변한 것이다. 그러나 세종 때만 해도 10세 이상이면 혼인했고, 10세 미만에서도 미리 혼약을 하는 사례까지 있었던 모양이다. 그래서 성종 때에는 예혼하지 못하게 하는 논의를 한 적이 있다.

심회·윤자운이 의논하여 아뢰었다. "『경국대전』에는 남자 15세, 여자 14세라야 혼인을 허락하게 되어 있습니다. 지금 사대부의 집에서는 나이가 겨우 5, 6세 또는 7, 8세이면 납채했다가 나이가 차기를 기다려서 혼인합니다. 이것은 바로 재물의 이득을 바라고서 그러는 것이니, 사람의 큰 도리에 어긋납니다. 이제부터는 납채를 혼기 여섯 달 전에 정할 수 있게 하고, 이를 어기는 자는 중죄로 논하는 것이 어떻습니까?"

정인지·정창손·한명회·김국광이 의논하여 아뢰었다. "세종조에서는 혼기 전 1년으로 하는 규정이 있었으니, 이를 따라 시행함이 어떠합니까?" 전교하기를 "세종조의 고사를 다시 상고하라"고 하였다. _성종실록 8년(1477) 6월 16일

법으로 막는다고 해서 조혼이 쉽게 사그라지지는 않았다. 조선시대의 법전에는 남자 15세, 여자 14세를 혼인 연령의 하한으로 정했다. 다만 부모가 일찍 자식을 보아야 하는 예외적인 경우에, 관청에 신고하면

12세 이상도 가능하다고 하였다. 남자의 경우 주자의 가르침에 따라 16세가 아니라 15세로 한 것은 조혼 풍속을 갑자기 고칠 수 없어서 현실과 절충한 것 같다.

중종 때에는 명나라에서 처녀를 뽑아간다는 헛소문이 돌자 서울에서 일찍 시집보내는 소동이 벌어졌다. 다음은 사관이 이때의 정황을 적은 것이다.

어떤 사람은 딸 하나를 두고 사윗감 3, 4명을 불러들여, 그 사윗감들이 모두 오면 그중에서 제일 먼저 온 사람에게 시집보냈다. 어떤 사람은 겨우 포대기를 벗어난 어린아이인데도 유모가 안고 장가들이기도 했다. 당황하고 급박한 때라서 귀천이 뒤섞이고 명분이 넘어졌다. 서울에는 남은 총각과 남은 처녀가 없었으니, 이는 천고에 들어보지 못한 일이었다. _중종실록 16년(1521) 1월 22일

이것은 특이한 사례이기는 하다. 그런데 같은 시기에 왕실에서 조혼을 선호하여 신하에게서 비판을 받은 적이 있다.

홍문관 부제학 서후 등이 상소하기를, "… 지금 전하께서는 혼례 시 옛날 법을 생각하지 않고 왕실 자녀들의 나이가 겨우 10세만 되면 곧 결혼의 예를 행합니다. 그러면 교화가 밝아지지 못하게 될 뿐 아니라 앞날에 이들이 요절하게 될 우려도 있습니다. … 아, 임금이 좋아하는 것을 백성이 따르게 마련인데, 위에서부터 예법을 제대로 실행하지 않는다면 백성이 예절을 범하고 법을 어기는 것을 어떻게 책망할 수 있겠습

니까? …" 하였다.

왕이 "… 왕실 자녀의 혼례는 모두 나이 순서로 하고 있다. 비록 14, 16세는 되지 못했지만 어찌 겨우 10세에 했겠는가? 모두 12세 이후에 했다. 나이가 이르고 늦는 문제는 내가 마땅히 참작하겠다. …"고 했다.
_중종실록 17년(1522) 5월 17일

신하는 왕실 자녀들이 10세에 혼인을 했다고 비판했고, 중종은 법전에 기록된 나이대로는 아니지만 12세 이후에 했다고 변명을 한다. 이 대화를 통해서 적어도 법에 정해진 나이보다 어릴 때에 혼인시켰던 것을 확인할 수 있다. 실제로 동궁 배필을 구하기 위해서 간택 대상으로 삼은 처녀들의 나이가 10세 이하인 경우를 볼 수 있다.

임금이 친히 내전에서 8세부터 15세까지의 처녀를 선발했으니, 장차 동궁의 배필로 삼으려는 것이었다. _문종실록 2년(1452) 3월 9일

전국의 처녀로서 나이 8세부터 16세에 이르기까지 이씨를 제외하고는 모두 혼인하는 것을 금지했다. _단종실록 1년(1453) 11월 9일

혼인 금지령은 왕비나 세자빈을 구하기 위해서 일시적으로 내리는 조치였다. 17세기 후반의 숙종과 18세기 초반의 경종은 각각 11세, 9세에 혼례를 치렀다.

임금이 이르기를 "세자가 입학한 다음에 관례를 거행해야 하겠는가?"

하니, 영중추부사 민진원이 아뢰기를, "경종께서는 8세에 입학하여 관례하고 9세에는 가례를 했고, 숙종께서는 9세에 입학하고 10세에 관례하고 11세에 가례를 하셨습니다" 하였다. _영조실록 2년(1726) 12월 6일

그림 2 어린 신랑, 신부

조혼은 하층민보다 상류층에서 성행했다. 조혼 형태로 하층민에서는 민며느리제가 많았고 상층민에서는 데릴사위제가 많았다고 한다. 이러한 조혼은 20세기까지도 계속되었으니, 그림 2 1921~30년 사이에 당시 법정연령인 남녀 각각 15세에 미치지 못한 경우가 남자 7.1퍼센트, 여자 6.2퍼센트에 달했다는 통계가 있다. 다음은 순종 때에 내린 조혼 금지령이다.

사람이 서른 살에 아내를 두며 스무 살에 시집가는 것이 옛날 삼대 때의 훌륭한 법이었는데, 근래에는 조혼의 폐단이 국민의 막심한 병폐가 되었다. 그러므로 연전에 금지령을 내렸으나 아직까지 실시되지 않고 있으니, 어찌 담당자의 과오가 아니겠는가? 지금 유신하는 시기를 만나 풍속을 개량하는 것이 급선무다. 고금을 참작하여 남자는 만 17세, 여자는 만 15세 이상이 되어야만 비로소 혼인하도록 용인하지 않을 수 없으니, 엄하게 준수하여 어김이 없게 하라. _순종실록 즉위년(1907) 8월 14일

조선일보에 비친 '모던 조선' ㊾

"보라! 조혼의 해독!… 어린 신부의 남편 모살"

조선일보는 1932년 1월 10일자 1면 '시평' 에서, "조선에는 특수한 범죄란 자가 성(性)을 중심으로 두어가지 잇스니, 하나는 보렴기의 출가한 여성의 남편 모살(謀殺) 죄…"라고 지적했다. 꽃다운 나이 여성이 남편을 죽이는 범죄가 조선에 특이하게 많다는 이야기다.

실제로 1925년 1월 23일자 사회면엔 '보라! 조혼(早婚)의 해독! 11세의 본부 교살(本夫絞殺)' 이란 큼지막한 제목의 기사가 실렸다. 15살 먹은 신부가 11살 신랑이 잠든 틈을 타 목 졸라 죽였다는, '엽기적' 인 기사였다. 기사는 말미에 "…장차 엇지될지는 모르나 사회의 일반은 이러한 일이 생김은 조혼의 폐해라 하야 조혼제도를 저주한다더라"고 밝혔다. 그 며칠 전엔 어린 신부(17)가 '남편(25)을 보면 범가티 무서워' 하다. [illegible]여 양잿물을 타 죽이려했다는 기사도 실렸다.(1925년 1월 17일자) '빈발하는 본부 독살, 18세의 소부가 독살기도' (1935년 2월 2일자), '조혼의 죄? 소부 남편 밥에 치독(置毒)' (1938년 12월 10일자) 같은 기사가 그치지 않았으니, '남편 모살' 이 '조선에 특수한 범죄' 라 할 만했다.

이는 자식을 어려서 혼인시킨 데서 온 대표적 폐해였다. 조혼이 빚은 또 하나의 폐해는 자살이었다. 개성 송도고보생 박수복(20)은 어려서 결혼했지만 마음에 없는 아내와 이혼하려 했다. 그러나 완고한 부모가 반대하자 비관해 양잿물을 마셨다. 조선일보는 '박수복의 사(死)는 강제조혼의 폐해에 헤매이며, 다수 청년남녀의 원한을 한데 뭉쳐 완고한 머리를 깨우친 죽음' 이라고 지적했다.(1926년 1월 31일자) '조혼녀 음독자살' (1925년 7월 27일자), '백만장자의 3대독자 자살, 조혼과 연애로 생긴 일' (1931년 11월 7일자) 같은 기사가 비일비재했다.

조선일보는 창간 초기 '미성년자에게 조혼을 금하라' 는 논설을 싣고(1920년 6월 4일자), "장건완전한 후손을 얻고, 장래 문호융성과 민족발육을 원하거든, 조혼을 금하라"고 주장했다. 그러나 수백년 내려온 풍습은 쉽게 고쳐지지 않아, '조혼의 관습을 타파하자' (1925년 12월 25일자), '조혼의 악습을 타파하자' (1926년 2월 21일자), '조혼의 폐해' (1934년 12월 26일자) 같은 비슷한 사설과 논설을 툭하면 지면에 실어야 했다.

심지어 '어린이 차지' 난에 '조혼하게 되면 큰 인물이 못됩니다' 란 제목 아래, "일즉 장가 들고 시집 가게되면…나히 젊은 청년인 때 세상을 떠나는 일도 잇게 된다"며 위협(?)하기도 했다.(1931년 9월 12일자) 기독교계 중등학교 교장들이 모여, 결혼한 남녀생도의 '입학 거절' 을 결의하기도(1933년 8월 2일자) 하는 등 노력한 결과인지, '조혼풍의 대폭 퇴각' 이라는 제목 아래, "지난해 경성 시내에서 결혼한 사람의 9할이 적령기에 결혼한 호현상을 보였다"고 전하기도 했다.(1936년 4월 18일자) 그러나 2년 뒤 '조혼의 폐해' 사설(1938년 5월13일자)이 재등장한 것을 보면, 뿌리가 너무도 깊었다.

김영철 디지틀뉴스부 편집위원 kyckhan@chosun.com

보라! 早婚의 害毒!

十一歲의 本夫絞殺

人妻誘引罪로 경찰서에 고소

15살의 아내가 11살짜리 남편을 죽인 사건을 보도한 '보라! 조혼의 해독!' .1925년 1월 23일자 지면.

그림 3 조혼 관련 기사(조선일보 2011. 8. 15.)

그럼에도 조혼은 사라지지 않았다. 1925년 1월에 어린 신부가 남편을 죽인 사건을 보도하면서 "보라! 조혼의 해독! 11세의 남편 교살"이란 제목을 단 것이 그런 것이다.그림 3 15세 된 신부가 11세 신랑이 잠든 틈을 타서 목 졸라 죽였다고 한다. 이 밖에 17세 신부가 25세 남편을 양잿물로 죽이려 하거나, 어린 신부가 남편 밥에 독을 넣거나 하는 사건이 그치지 않았다. 이 모든 것이 조혼 때문이었다. 이리하여 조혼을 타파하자는 신문 사설도 종종 발표되었는데, 1930년대 이후로 서구적 교육이 보급되고 신랑의 자립 경제 능력이 중요시되는 사회 풍조가 퍼지면서 조혼의 풍습이 사그라들기 시작했다고 한다.

고려시대에는 부부간의 나이 차이가 평균 4.4세 정도였다. 대학 시절

심리학개론 수업을 들을 때에 통계적으로 부부의 나이가 3세 정도 차이가 나야 행복하다는 얘기를 들은 것이 지금도 기억이 난다. 그런데 조선시대에 성리학이 확고히 자리 잡으면서 남성연상혼이 여성연상혼 형태로 역전되는 현상이 발생했다. 조선 후기에 신부는 16세 전후, 신랑은 12세 전후였다고 한다. 과거에 '꼬마신랑'이란 영화가 인기를 끌었던 기억이 있다. 신랑은 서판서댁 외아들인 만득이로 아주 어린 꼬마였고, 신부는 어엿한 성인인 꽃봉이였다. 나이가 조금 든 사람은 김정훈과 문희가 주연한 이 영화를 기억하겠지만, 젊은 사람은 문근영이 주연한 최근의 영화 '어린신부'를 떠올릴 것이다.[그림 4] 두 영화 다 후손을 일찍 보려는 생각 때문에 벌어지는 해프닝을 코믹하게 다루었다.

그림 4 영화 '어린신부' 포스터

조혼 현상이 조선시대에 나타나게 된 것은 아들을 일찍 결혼시켜 집안 후계자를 빨리 보려는 욕심 때문이었다. 성리학의 영향으로 가부장제가 정착되면서 집안을 이을 아들이 중요해졌던 데 원인이 있다. 또한 며느리를 빨리 들여서 가사 노동에서 벗어나려는 목적도 있었다고 한다.

그러나 혼인 시기를 놓치는 경우도 많았다. 혼인에 드는 경비를 마련하지 못한 것도 그 원인의 하나였다. 다음은 영조에게 아뢴 말이다.

우리나라는 일반인이 결혼할 때에 납폐하는 것이 지나치고 무절제합니다. 많은 경우에 수백 금을 소비하고 적다 해도 역시 100금을 밑돌지 않습니다. 가난한 자는 이것을 마련할 수 없어서 나이가 4, 50이 넘어도 아내를 맞이할 수 없게 되어 인륜이 무너지는 지경에 이르렀으니 정말 개탄스럽습니다. _영조실록 9년(1733) 12월 10일

더구나 두 집안이 연결되는 계기가 되어 서로 기세 싸움까지 했으니 그 출혈은 만만치 않았을 것이다. 다음은 예조에서 아뢴 내용이다.

신부가 시부모에 첫인사를 드리는 날에는 오로지 세를 과시하는 데만 힘을 써서 수레, 말, 하인이 문을 가득 메우고, 술과 안주를 성대히 장만하여 이고 들고 가는 하인의 수가 30여 명에 이릅니다. 신랑 집 역시 여기에 맞춰 치러서 소비하는 것이 아주 많은데, 가난한 사람은 빚을 내기까지 하므로 그 폐단이 적지 않습니다. _세종실록 9년(1427) 4월 4일

이런 풍조는 지금도 사그라들지 않는다. 결혼식은 집안 위세를 과시하는 자리라고 생각하여 연봉에 맞먹는 예식비를 하루에 써버리는 것이다.그림 5 부모나 자식 모두 "이왕 할 거면 비싼 데서"라는 허영심 때문에 동네 예식장은 점차 사라지고 호텔급 예식장이 성행한다. 이에 따라 전국 평균 예식비가 2003년 1,000만 원대를 처음 진입한 뒤 2012년에는 1,700만 원을 넘어섰다고 한다.

다시 옛날로 돌아가보자. 이러저러한 이유로 혼인 시기를 놓친 사람들은 국가에서 파악하여 대책을 마련하였다. 남녀의 혼인은 음양의 결

결혼식은 과시하는 자리라 생각… 연봉 맞먹는 예식비 하루에 써

부모의 눈물로 올리는 웨딩마치

(3) 계속 오르는 예식 비용

동네 예식장도 "호텔급으로" "비싸야 더 많이 찾는다"

호화스럽게 리모델링 한 뒤 예식비 1200만원 올린 곳도

3년새 가파르게 올라 전국 평균 결혼 비용 2003년 1000만원대 첫 진입 올해엔 1700만원 넘어서

한국에 사는 캐나다 신혼부부 "예식비·한국 전셋집 우리 돈으로"

부모도 자녀도 "이왕 할 거 비싼 데서"… 허영심이 결혼식 비용 3년새 60% 올렸다

그림 5 과시하는 결혼식(조선일보 2012. 3. 19.)

합인데, 그 결합이 제대로 이루어지지 않으면 화기를 손상하여 사회적 화합이 깨질 것이란 생각을 가지고 있었다. 다음은 박문수가 아뢴 말이다.

> 제때에 혼인하게 하는 것은 정치의 급선무입니다. 지금 전국의 처녀로서 나이가 2, 30세가 넘도록 시집 못 간 자가 매우 많으니 이들의 원망이 화기를 손상할 것입니다. _영조실록 6년(1730) 12월 24일

이에 따라 국가에서는 혼인 못한 사람과 장례 치르지 못한 사람을 찾

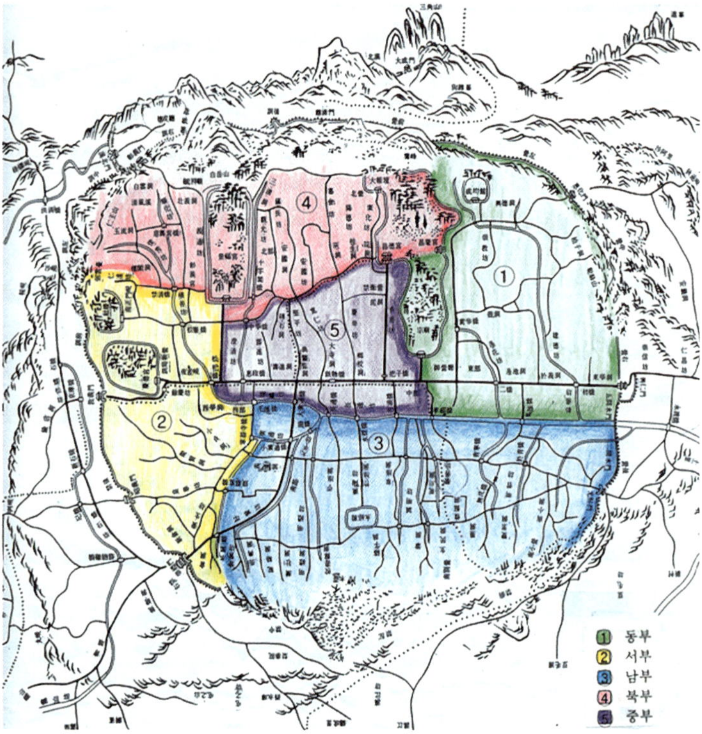

그림 6 한성 5부 구획도

아내 지원했다. 다음은 의정부에서 왕에게 건의한 것이다.

양반집 딸 가운데 집안이 빈궁하여 나이 30이 넘도록 시집가지 못한 자를 조사하여 관청에서 혼수를 주어서 출가하게 할 것. _태종실록 7년(1407) 7월 2일

18세기 정조 때에도 대상자를 자주 파악하여 지원했다.

한성부 남부에 거처하는 백성 가운데 혼인하지 않은 사람 24인, 혼삿말이 오가는 사람 32인, 장사 지내지 못한 사람 103인을 아뢰니, 담당자에게 명령하여 돌보아주도록 했다. _정조실록 15년(1791) 3월 23일

한성부는 서울이고, 서울은 동·서·남·북·중의 5부로 나뉘어 있었다.그림 6 이것은 서울 남부 지역의 실태를 조사한 내용이다.

요즘은 취직이 잘 안 되는 데다가 자기 일을 계속 하고 싶어서 결혼 시기를 자꾸 늦추고 독신을 고집하는 일도 많아지고 있다. 결혼한다 해도 30세가 넘어서 하는 일이 흔해졌다. 이것은 출산율 저하로 이어지고 결국은 인구 감소를 초래한다. 그럴수록 노인은 많아지고 부양을 담당할 젊은이는 줄어들어 국가의 경제적 부담이 커지게 된다. 10여 년 전까지만 해도 아이를 적게 낳자는 캠페인을 벌이더니 이제와서는 출산 장려를 외치게 되었다. 그렇다고 조선시대처럼 국가에서 일일이 파악하여 결혼을 지원하기도 어려운 노릇이다.

사랑과 인연

3,000명을 대상으로 한·중·일 삼국의 결혼관을 비교해보니, 한국 여자는 사랑보다 돈을 중시하고, 중국 여자는 상대방이 집이 있어야 하고, 일본 여자는 상대방이 직업이 있어야 한다고 생각한다는 결과가 발표되었다.[동아일보 2011. 8. 13.] 나라마다 배우자가 갖추어야 할 조건이 다른 것이다.

2010년에는 상하이미술관 부근에서 흥미로운 장면을 목격했다. 사람들이 각양각색의 메모지가 잔뜩 붙은 곳에 몰려 있는 것이었다.[그림 1] 아마 인력시장이겠거니 생각했는데 사실은 상하이에서 유명한 중매 시장이라고 하였다. 부모들이 자식들을 결혼시키기 위해서 나와 있는 것이었다. 적힌 내용을 보니 유수한 대학 출신에다가 외국 회사에서 많은 돈을 받고 있는 직장인인데도 이런 야외 중매 시장에서 짝을 구하려는 것이 나로서는 이해가 잘 되지 않았다.

영국 청년이 미사여구를 구사하여 애절하게 쓴 구애 편지를 이메일로 보냈다가 인터넷에 공개되어 화제가 된 적이 있다. 그녀의 미소는 '시간을 멈추게 하고' '내가 가진 특별한 추억 가운데 가장 새로운 것'이라고 열정을 토로했고, '내가 감히 희망하는 것보다 두 배쯤 더 운이 좋다면, 당신은 내 제안에 끌릴 테고 데이트에 나올 것'이라고 하여 마침내 데이

그림 1 상하이 중매 시장(2010. 11.)

트에 성공했다고 한다.

남녀의 사랑, 만남과 이별은 동서와 고금을 막론하고 문학작품의 가장 훌륭한 주제이기도 하다. 때로는 애절하고 때로는 안타깝고 때로는 환희에 젖게 만든다. 사랑의 본질에는 차이가 없지만, 전통시대와 지금은 사회적 조건이 현격하기에 사랑을 맺는 모습도 달리 나타난다.

조선 세조 때에 궁녀가 사랑의 편지를 써서 내시를 통해 세종의 손자에게 전했다가 참화를 당한 사건이 있었다.

아침에 급히 종친과 재추·승지 등을 불러 지시하기를 "궁녀 덕중이 언문으로 편지를 써서 환관 최호·김중호를 통하여 귀성군 이준에게 연모하는 뜻을 전했는데, 이준이 그 아비 임영대군 이구와 함께 와서 보고

했다. 무지한 아녀자의 일은 논할 것이 없지만, 그래도 조금 지식이 있는 환관이 궁녀의 말을 듣고 외부인에게 전했으니, 그 죄를 알 수가 있다. …" 하였다. _세조실록 11년(1465) 9월 4일

이리하여 두 환관을 잡아다가 묶어놓고 곤장을 치면서 신문하니 모두 자복했다. 그러자 두 사람을 문 밖으로 끌어내서 매질하여 죽였다. 그녀도 종친을 더럽히고 환관마저 죽게 한 죄로 다음날 교수형을 당했다. 궁녀는 궁궐의 잡일을 맡은 여인들로서 결혼하지 못하고 혹시 모를 왕의 은총을 기다리며 사는 신분이었다. 그녀는 세조가 동궁일 때에 자식을 낳아 후궁이 되었는데, 이 사건으로 죽임을 당하고 말았다. 지금에 와서 그 연서의 내용이 어떤지는 알 수 없지만 시대를 잘못 만난 것이다.

부부로 결합되기까지에는 여러 인연이 잘 맞아떨어져야 한다. 먼저 남녀 간의 궁합은 중요한 고려 대상이었다.

백창평 유항이 윤겸이 있는 곳으로 편지를 보냈다. 그 아우 중설령공의 아들을 우리 집에 결혼시키고자 일찍이 의논이 정해져서 궁합을 보았더니, 오귀五鬼 궁합이 나와 몹시 불길하다고 해서 혼인을 하지 않으려 했었다. 이제 또 사람을 시켜와서 묻는데, 궁합이 불길하다고 답장해 보낼 수는 없었다. _『쇄미록』 1598. 3. 8.

오귀가 들면 질병이 생기고 부부 사이도 좋지 않게 되는 아주 나쁜 궁합이 된다. '오행설'도 인연을 맺는 데에 한 조건이 되었다.

공빈 김씨가 사망했다. 공빈은 사포 김희철의 딸로 임해·광해 두 왕자를 낳았는데 이때 산후병으로 사망하였다. … 【처음에 궁중에서는 조상 대대로 김씨 성은 '목木'의 성씨에 해롭다는 말이 있었기 때문에 여자를 선발할 때 언제나 제외했는데, 상이 임금이 되어 세 명의 빈嬪이 모두 김씨였고 인목왕후가 중전의 자리를 잇게 되자 식자들은 불길함을 느꼈다.】_선조수정실록 10년(1577) 5월 1일

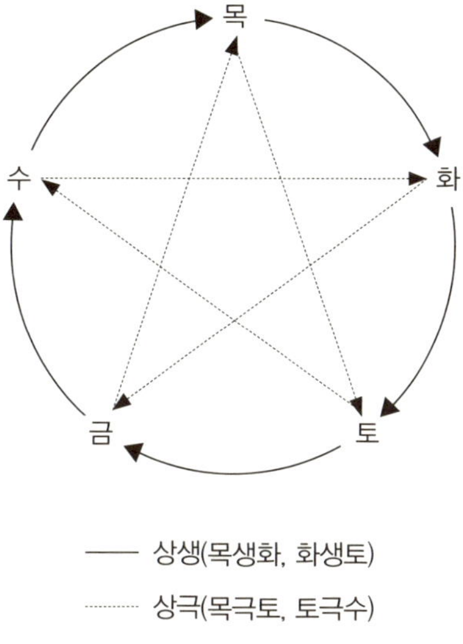

그림 2 오행상생과 오행상극

『계축일기』의 주인공이기도 한 인목왕후도 역시 김씨였다. 목성은 이씨를 가리킨다. 이 불길함이란 뒤에 나타날 임진왜란이나 광해군의 폭정을 지목해서 한 말이다.

전통적으로 만물은 음양과 다섯 가지 원소로 이루어진 것으로 생각해왔다. 오행이 서로 순환하며 생성해가는 순서는 목木 → 화火 → 토土 → 금金 → 수水이다.그림 2 신라는 김씨가 왕이 되었기 때문에 금의 운수를 타고난 왕조였고, 조선은 이씨가 왕이 되었기 때문에 목의 운수를 타고난 왕조였다. '이' 자를 분해하면 '목자木子'가 되기 때문이다. 고려는 그 사이에 있었으니 자연히 수덕의 왕조였다. 이름의 돌림자에도 오행의 덕목이 모두 들어가 있는데, 이것도 오행상생의 순서로 마련되어 있다. 그런데 오행이 서로 상극을 이루기도 한다. 그 순서는 토 → 수

→ 화 → 금 → 목이다. 금이 목을 누르게 되니 조선시대 왕실에서는 김씨 성을 가진 여인을 들이지 않았다는 것이다.

신분도 만남을 가로막는 장애였다. 정조 때 한 노비 출신의 사랑은 결국 이루어지지 못하고 말았다. 다음은 강원도에 파견되었던 암행어사가 행적을 숨기고 다니면서 보고 들은 일을 왕에게 보고한 내용의 하나다.

삼척 후평 굴촌에 사는 유학 김채인의 조카딸이 어릴 적에 부모를 잃고 27세가 되도록 시집을 가지 못하고 있었습니다. 그런데 이웃에 거주하는 사람으로 노비 신분을 벗어나 양인이 된 정완수가 그녀를 아내로 삼고 싶었으나, 신분이 서로 맞지 않아 감히 엄두를 내지 못했습니다. 이에 같은 마을 어린애를 꼬여서 주석 반지를 사서 김씨 조카딸에게 주고, 사람들에게 "아무개 조카딸이 내게 시집오게 되어 있다. 내가 이미 반지를 사서 줬다"고 했습니다. 그녀는 이 말을 듣고 곧 목을 매어 죽었는데, 김채인은 그 더러운 소문을 싫어해서 끝내 덮어두고 말았습니다. _정조실록 24년(1800) 4월 7일

결국 이 소문이 관청에까지 알려져 그녀의 억울한 사정이 밝혀졌으나, 정완수는 곤장을 맞고 석방되었을 뿐이다. 이 때문에 암행어사가 왕에게 건의하여 그를 무고죄로 처벌하는 것이 좋겠다고 하였고, 왕은 철저히 조사한 뒤에 보고하도록 조치를 내렸다.

역적 집안과도 혼인을 맺을 수 없었다.

집의 한치응이 왕에게 "선릉참봉 정상훈은 이상로가 법으로 처단된 뒤에 그 집안과 혼인을 맺었으니, 역적은 모두가 원수로 여겨야 하는 의리를 망각했습니다. 속히 그의 벼슬에서 내쫓아서 나라를 지키는 제방을 튼튼히 하소서" 하고 아뢰었으나, 왕이 허락하지 않았다.

좌의정 이병모가 "역적 집안의 자식은 장가들지 못한다고 성인께서 명백히 가르치셨는데, 시집가는 것도 장가가는 것과 똑같은 것입니다. 반역 이전에 혼인을 맺었다면 미리 알지 못했다고 책망하기 어렵겠지만, 반역한 뒤에 혼인을 맺는 것은 패륜에서 벗어날 수 없는 것입니다. 대간의 건의를 허락하는 것이 마땅합니다"고 아뢰었다. …

이조에서 정상훈에게 캐물으니, 그가 말하기를 "제 동생 정세훈이 동네 사람에게 속아서 이기철의 딸에게 장가들었는데, 혼인이 끝난 뒤에야 비로소 역적 이상로의 아들 이복일이 이름을 바꾸었다는 사실을 알게 되었습니다. 몹시 분통하기는 하지만 어찌할 도리가 없었습니다" 고 하였다. _정조실록 22년(1798) 12월 1일

속아서 역적의 딸과 혼인한 일이 발생하였다. 이 사건은 정상훈이 시골에서 양반의 명색만 유지하는 꽉 막힌 자에 불과하고, 상대는 역적의 연좌법에도 적용되지 않는 방계로서 유배 중에 있지도 않은 자라고 하여 왕이 용서하도록 조치를 내려서 매듭지어졌다.

집안 행실도 중요한 요인이었다.

조용히 얘기하다가 윤씨가의 혼사를 물었다. 그랬더니 그 어머니가 난리 초에 몸을 더럽혀서 할 수 없다 하고, 태수도 불가하다고 한다. _『쇄미

록』 1596. 2. 23.

그런가 하면 신체적 조건도 궁합의 요건이었다. 신라 지증왕은 음경이 너무나 커서 배필을 제대로 구하지 못했다.

왕은 음경 길이가 1자 5치나 되어 배필을 얻기 어려웠으므로, 사자를 세 방면으로 보내서 찾게 했다. 사자가 모량부에 이르렀을 때, 개 두 마리가 동로수 나무 아래에서 북처럼 큰 똥의 양쪽 끝을 물고 싸우는 것을 목격했다. 마을 사람에게 물으니 한 여자애가 "우리 부에 사는 상공의 딸이 여기서 빨래하다가 숲 속에 숨어서 눈 것입니다"고 했다. 집을 찾아 살펴보니 키가 7자 5치나 되었다. 사실대로 상세히 아뢰었더니, 왕이 수레를 보내어 그 여자를 맞아들여 황후로 삼았고, 신하들이 모두 축하했다. _『삼국유사』 지철로왕

지철로왕은 지증왕을 가리킨다. 한 자의 길이를 대충 30센티미터로 잡는다면 그 크기를 짐작할 수 있을 것이다. 울산에 있는 반구대암각화는 고래 사냥 장면을 비롯하여 각종 동물들이 그려져 있어서 유명하다. 그런데 여기에 그려진 사람들은 나체 모습에 음경이 툭 튀어나와 있다.그림 3 여기에만 그런 것이 아니라 시베리아 암각화에도 같은 장면이 보인다. 남성의 강인함과 함께 생식력을 중시했기 때문인 것으로 생각된다. 이를 남근숭배phallicism라 한다. 선사시대의 사고방식이 지증왕 때까지 그대로 전해져 내려온 것이다.

지금으로 보아서는 비정상적으로 맺어진 남녀의 인연도 있다. 고대

에는 귀한 손님이 오면 아내를 빌려주는 풍습이 있었다. 마르코 폴로의 『동방견문록』을 보면, 중국 서방에 이런 풍습이 널리 퍼져 있었는데, 남편은 아내를 빌려줄 뿐만 아니라 집을 나와 자면서 손님에게 필요한 모든 물자를 무상으로 조달해주었다고 한다. 그런데 이와 유사한 풍속이 신라에도 있었다. 차득공이 재상이 되기 전에 지방의 정세를 파악하고자 변장을 하여 거사 차림으로 무진주지금의 광주광역시에 이르렀을 때였다.

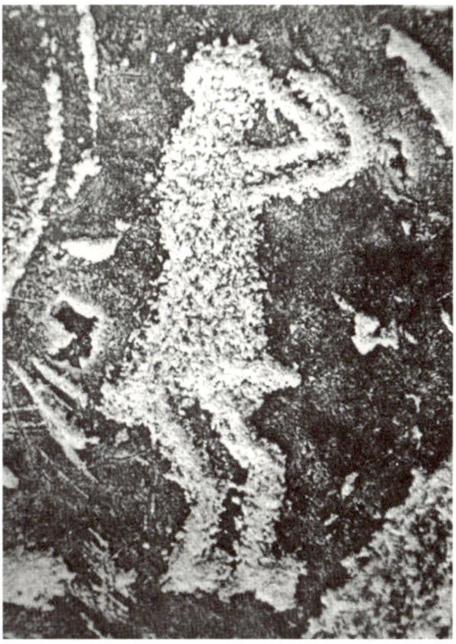

그림 3 울산 암각화 인물상

이때 무진주의 관리 안길은 그가 비범한 인물인 것을 알아채고 자기 집으로 맞아들여 성의껏 대접했다. 그날 밤에 안길이 아내와 첩 세 사람을 불러서 "오늘 밤에 거사 손님을 모시고 자는 사람은 나와 한평생을 함께 늙을 겁니다"고 했다. 두 아내는 "차라리 함께 살지 못할지언정 어찌 길손과 동침할 수 있겠습니까?"라고 했으나, 다른 한 아내는 "당신이 만약 종신토록 함께 살기를 허락한다면 명령을 받들겠습니다" 하고 따랐다. _『삼국유사』 문호왕 법민

신라에서 아내 빌려주기가 점점 사라질 때의 상황인 듯하다. 그래서 두 부인은 거절했지만 한 부인은 승복하였다. 그 뒤에 안길은 경주에 파견된 것을 계기로 재상이 된 차득공과 해후하여 후한 대접을 받았다.

아예 부인을 하사한 사례도 백제 기록에 보인다.

5년461 4월, 백제 가수리군개로왕은 … 그의 아우 군군에게 "네가 일본에 가서 천황을 섬겨라"고 했다. 군군이 "임금의 명령을 어기지 않겠습니다. 바라건대 임금의 부인을 제게 주십시오. 그런 다음 떠나라는 명령을 받들겠습니다"고 했다. 가수리군은 임신한 부인을 군군에게 주며 "나의 임신한 아내는 이미 해산할 달이 되었다. 만약 도중에 아이를 낳게 되면, 도착한 곳이 어디건 배에 태워서 속히 본국으로 돌려보내도록 하라"고 했다. 마침내 작별하고 조정에 파견되는 명령을 받들었다.

6월 초하루, 임신한 부인이 과연 가수리군의 말처럼 축자의 각라도에서 아이를 낳았다. 그래서 아이 이름을 도군嶋君이라 하였다. 이에 군군은 곧 한 척의 배로 도군을 본국에 보냈는데, 이가 무령왕이 되었다. 백제 사람들은 이 섬을 '임금 섬'이라 일컬었다. _『일본서기』 유랴쿠천황雄略天皇

무령왕이 태어났다는 각라도는 지금의 시가현 가카라시마加唐島라고 한다. 무령왕은 이 섬에서 태어나 '섬 아이'란 이름이 붙었다. 무령왕의 이름인 사마斯麻는 일본어인 '시마島'와 통하는 것이다. 1990년대에 무령왕의 관목을 조사했더니 일본에서 자라는 소나무인 금송이었다. 공주박물관이 현재의 자리로 옮겨오기 전에는 이를 기념하여 박물관 뜨락에 금송 한 그루가 심어져 있었다.그림 4 비도덕적이라 하겠지만 당시에는 가능했던 관행이었다.

고려시대에도 세자가 과부를 왕에게 바친 일이 있었는데, 이런 일은 조선시대에 들어오면 생각할 수 없는 것이었다.

을사일, 죽은 진사 최문의 처 김씨가 용모가 뛰어났으므로, 세자가 그녀를 왕에게 바쳤다. _『고려사』 충렬왕 23년(1297) 8월

그림 4 공주박물관 뜰에 심어져 있던 금송(2003. 4.)

인연을 맺는 일이 있으면 인연을 끊는 일도 있게 마련이다. 고려시대만 해도 일반 서민의 경우에 "남녀의 혼인은 가볍게 합치고 쉽게 헤어진다"고 했다. 조선시대에 서민이 이혼하는 방법에는 '부부가 마주 앉아 결별을 서로 응낙한 뒤에 이혼事情罷議'하는 것이 있는가 하면, '칼로 옷자락을 베어 그 조각을 상대방에게 줌으로써 이혼의 표지로 삼는割給休書' 것도 있었다. 이혼 증서를 쓰는 경우도 있었다. 다음은 형조에서 보고한 내용이다.

길주 사람 김가물의 아내는 남편에게 이혼 증서를 억지로 쓰게 하고, 사사로이 이실의 아들 집에 살았습니다. 이에 김가물이 악감정을 품어 이실의 집에 불을 지르고 그의 소를 쏘아 죽이고 도망갔습니다. _세종실록 14년(1432) 10월 29일

조선시대 법전에는 이혼에 관한 규정이 없었다. 이에 대해서 이익은 다음과 같이 지적했다.

우리나라 법률에는 출처出妻에 대한 조문이 없다. 유俞씨 성을 가진 자가 그 아내의 음란한 행실을 들어 관가에 고하고 두 번이나 소송을 제기했으나 송사가 이루어지지 않았다. 아내 역시 성질이 패만하여 부부의 예의가 없었으나, 조정 중신들은 모두 국법에 출처의 조문이 없다 하여 이혼을 허락하지 않았다.

내 생각은 이렇다. 비록 출처의 조문이 없지만 출처하지 않는다는 증거는 또 어디에 있는가? 출처하는 것이 본디 폐단은 있지만, 불효하고 음란한 행실이 있어 도저히 그대로 둘 수 없는 여자도 오히려 국법에 따라 축출하지 못하고 마는가? … 지금 풍속에 악독한 아내 앞에서 숨을 죽이고 눈을 감기를 마치 하동 사자후와 같이 하는 것은 무슨 까닭인가? _『성호사설』 인사문, 이혼離昏

'하동 사자후'는 소동파의 시에도 나올 정도로 사나운 부인이었던 진계상의 부인 하동 유柳씨를 가리킨다. 사대부의 이혼 사건이 발생하면 조정에서 그 가부를 논의했다. 그런 점에서 조선시대에 이혼은 크게 제한되어 있었다. 그에 대한 불만을 이익이 이처럼 토로했다. 사실 이혼이 자유롭지 못한 대신에 그 탈출구로서 축첩을 허용했던 면이 있다.

이혼으로 헤어지는 경우도 있지만, 불가불 헤어지는 경우도 있다. 이를 감당하지 못해 자살하는 사례까지도 보인다. 영조 때의 다음 기록은 읽을 때마다 가슴이 아린다.

검토관 권적이 아뢰었다. "신이 지난번에 남쪽 지방에 가보니 큰 흉년이 들어 백성들이 모두 여기저기 흩어지는 바람에, 옛날에 100가구였던 곳이 지금은 10가구만 있었습니다. 또 듣건대, 김제에 고씨 성을 가진 선비가 굶주림을 견디지 못하여 부부가 장차 흩어지기로 했는데, 그의 아내가 말하기를 '이런 참혹한 흉년을 만나 장차 다니면서 빌어먹어야 하니, 인생이 이 지경에 이르면 무엇을 돌볼 것이 있겠습니까? 집에 키우던 개가 있으니 당신과 함께 잡아서 먹읍시다'고 했습니다. 남편이 말하기를 '차마 내 손으로 잡을 수가 없다'고 하자, 아내가 말하기를 '내가 부엌 안에서 개의 목을 매어놓을 테니 당신은 밖에서 당기세요'라고 했습니다. 남편이 그대로 하고 들어가 보니, 개가 아니고 바로 그의 아내였다고 합니다. 무릇 죽는 것은 사람들이 어렵게 여기는 일인데, 감내하기 어려운 일이 없었다면 어찌 남편을 속여가면서 자살하겠습니까?"

임금이 한참 동안 측은하게 생각하다가, 관찰사에게 따로 지시를 내려서 힘써 그들을 구휼하여 편안히 살도록 하라고 했다. _영조실록 1년(1725) 11월 3일

배우자의 죽음으로 부부의 인연이 다하기도 하였다. 이때의 비통함은 원이 엄마의 편지글에 아주 잘 나타나 있다.

1998년에 경상북도 안동에서 무덤을 이장하다가 미라와 함께 많은 유물이 발견되었다. 국토 개발에 따라 이런 일들이 종종 일어나기는 하지만, 이 경우에는 특별하였다. 시신의 머리맡에서 사람의 머리카락으로 짠 미투리가 발견되었는데, 이를 감싼 한지에 부인이 쓴 편지글이 적혀 있었기 때문이다. 이를 토대로 추적한 결과 남자 주인공은 400년 전 31세에 요절한 이응태1556~1586임이 밝혀졌다. 부인은 아들 원이와 또

하나의 유복자를 두고 일찍 세상을 떠난 남편에게 애절한 사랑의 글을 써 내려갔다. 가로 58센티미터, 세로 33센티미터의 종이에 한글로 쓰면서 공간이 모자라 종이를 돌려서 다시 썼고, 그래도 끝맺지 못하여 첫머리로 돌아와 거꾸로 써 내려갔다.그림 5 다음은 그 내용이다.

원이 아버지에게

병술년1586 유월 초하룻날 아내가

당신 언제나 나에게 둘이 머리 희어지도록 살다가 함께 죽자고 하셨지요. 그런데 어찌 나를 두고 당신 먼저 가십니까? 나와 어린아이는 누구의 말을 듣고 어떻게 살라고 다 버리고 당신 먼저 가십니까?

당신 나에게 마음을 어떻게 가져왔고 또 나는 당신에게 어떻게 마음을 가져왔었나요? 함께 누우면 언제나 나는 당신에게 말하곤 했지요. '여보, 다른 사람들도 우리처럼 서로 어여삐 여기고 사랑할까요? 남들도 정말 우리 같을까요?' 어찌 그런 일들 생각하지도 않고 나를 버리고 먼저 가시는가요?

당신을 여의고는 아무리 해도 나는 살 수 없어요. 빨리 당신께 가고 싶어요. 나를 데려가 주세요. 당신을 향한 마음을 이승에서 잊을 수가 없고, 서러운 뜻 한이 없습니다. 내 마음 어디에 두고 자식 데리고 당신을 그리워하며 살 수 있을까 생각합니다.

이내 편지 보시고 내 꿈에 와서 자세히 말해주세요. 꿈속에서 당신 말을 자세히 듣고 싶어서 이렇게 써서 넣어드립니다. 자세히 보시고 나에게 말해주세요.

당신 내 뱃속 자식 낳으면 보고 말할 것 있다 하고 그렇게 가시니 뱃

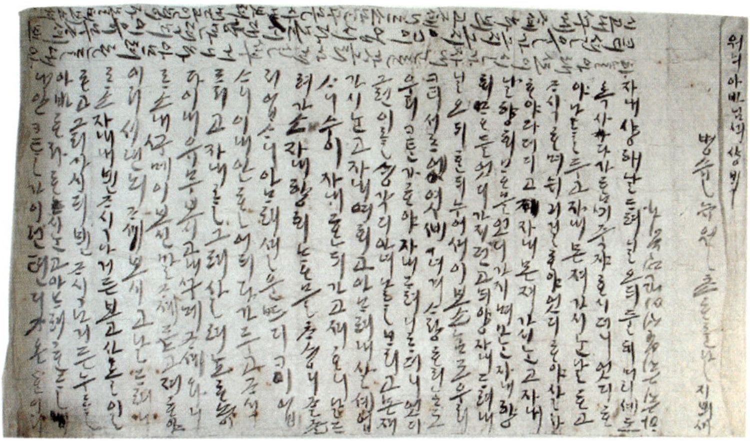

그림 5 원이 엄마 편지

속의 자식 낳으면 누구를 아버지라 하라시는 거지요? 아무리 한들 내 마음 같겠습니까? 이런 슬픈 일이 하늘 아래 또 있겠습니까?

당신은 한갓 그곳에 가 계실 뿐이지만 아무리 한들 내 마음같이 서럽겠습니까? 한도 없고 끝도 없어 다 못 쓰고 대강만 적습니다. 이 편지 자세히 보시고 내 꿈에 와서 당신 모습 자세히 보여주시고 또 말해주세요. 나는 꿈에는 당신을 볼 수 있다고 믿고 있습니다. 몰래 와서 보여주세요. 하고 싶은 말 끝이 없어 이만 적습니다. _안동대학교 박물관 책, 6쪽

조금 길지만 한번 읽어보면 원이 엄마의 애틋한 심정을 떠올릴 수 있다. 특히 "다른 사람도 우리처럼 서로 어여삐 여기고 사랑할까요?"란 대목에서 두 사람만의 밀어를 엿들을 수 있다. 원래는 남편을 가리켜 '자네'라고 열네 번이나 부르고 있는데 이 글에서는 당신으로 바꾸어 번역하였다. 요즈음 '자네'는 사람을 낮춰 부르는 말이 되어 있지만 이

당시에는 남편을 부르는 높임말이었던 것을 알 수 있다. 이 무덤에서는 형이 써넣은 글과 시도 발견되었다.

안동대학교 박물관에 소장되어 있는 이 편지는 조선판 '사랑과 영혼' 이라고 해서 KBS 역사 스페셜에서 방영한 적이 있고, 지금은 국사 교과서에도 실려 있다. 2005년에는 안동시에 원이 엄마의 조각상이 세워졌고 국악가요로도 만들 정도로 유명해졌다.

애정 표현은 공개적인 것이 아니기에 기록물이 거의 없다. 사랑 애愛 자가 지금은 남녀 간의 관계를 나타내는 말로 주로 쓰이지만, 전통시대에는 애첩愛妾과 같은 말이 있기는 해도 자식이나 친구, 형제 등에 대한 표현으로 많이 쓰였다. 서양의 경우처럼 전통시대에 부부는 '사랑의 파트너'이기보다는 오히려 '경제적 파트너'에 가까웠을 것이다. 그러기에 이 편지는 조선시대 부부간의 진한 애정을 예외적으로 드러내고 있어서 귀중한 자료가 되고 있다.

처와 첩

2006년, 미국 방송 CNN에서 아리조나 주에 숨어 살고 있는 일부다처제 가정을 취재하여 화제가 되었다. 10여 명의 처가 밤마다 제비뽑기를 해서 남편과 잠자리를 함께 한다고 한다. 이들은 몰몬교 분파에 속하는데 남자는 3명 이상의 아내를 얻어야 천국의 최고 단계에 이를 수 있다고 믿고 있다. 그 지도자인 워런 제프스는 72명의 아내를 거느리고 있는 것으로 알려졌다. 그러나 미국에서는 일부다처제를 법으로 금지하고 있어 결국 경찰에 체포되었다.

반면에 일부다처제가 합법적인 나라도 있다. 2014년 4월에 케냐 대통령이 일부다처제를 허용하는 새 혼인법에 서명한 기사가 났다. 이로써 관습적으로 용인되던 것을 법적으로 보장하게 되었다. 이처럼 일부다처제를 법으로 명문화한 나라는 48개국에 이르고, 관습법으로 인정한 나라도 10여개 국에 이른다고 한다. 코란에서는 전쟁 미망인을 거두는 의미에서 일부다처제를 인정하여 네 명까지 둘 수 있게 되어 있으니, 이에 따라 대부분 이슬람 지역인 중동과 아프리카에 허용 국가가 몰려 있다. 그러나 터키와 튀니지는 이를 금하고 있다.

우리나라에서도 일부다처제의 전통이 강했다. 신라시대 지방 관리였던 차득공은 처와 첩을 합쳐 세 명이나 두었다. 고려시대 태조 왕건은 후비가 29명이었는데, 왕후 또는 왕태후가 6명이었다. 이처럼 왕비가 여러 명이 되는 것은 성리학에 철저했던 조선시대에는 상상할 수 없는 일이다. 중국 사신이 기록한 고려 풍속에는 다음과 같이 적혀 있다.

부잣집에서는 3, 4명의 아내를 맞이하는데, 조금만 맞지 않아도 바로 이혼한다. _『고려도경』 잡속雜俗

조선시대에 남방의 바닷가에서도 여러 부인을 두는 풍습이 있었다. 아마 뱃사람들이 풍랑을 만나 죽는 일이 많아 남자가 적었기 때문일 것이다.

또 듣건대 영호남 변경 지역에서는 남편 없는 여자로서 나그네가 요구하면 쉽사리 얻을 수 있다 하였고, 제주도에는 한 사람이 3~5명의 아내를 두는 사람이 있다고 한다. 이것도 물이 가까운 곳에는 여자가 많다는 증거다. _『성호사설』 천지문, 여국女國

그러나 일부다처제가 공식적인 혼인 규범은 아니었다. 다음 자료는 다처제가 유행하던 고려시대에도 일처제가 원칙이었음을 보여준다.

박유는 충렬왕 때에 태부경으로 임명되었다. 그가 일찍이 "동방은 목木에 속하는데 목의 생수生數, 생성 숫자는 3이고 그 성수成數, 이룸의 숫자는 8로서 홀수는 '양'이고 짝수는 '음'이다. 우리나라에 남자가 적고 여자가 많은 것은 숫자의 이치가 그런 것이다"고 했다.

드디어 왕에게 상소하기를 "우리나라는 본래 남자가 적고 여자가 많은데, 지금 신분이 높든 낮든 간에 1처에 그치고 아들이 없는 자도 감히 첩을 두려고 생각하지 않습니다. 우리나라에 온 외국인은 제한 없이 처를 두니 사람들이 모두 북쪽으로 흘러갈까 두렵습니다. 그러니 대소 관료로 하여금 서처庶妻를 두게 하되 품계에 따라 그 수를 줄여나가서 서민에 이르러서는 1처 1첩을 둘 수 있도록 하고, 서처에게서 낳은 아들도 본처 아들처럼 벼슬을 할 수 있게 하기 바랍니다. 이렇게 한다면 과부와 홀아비가 사라지고 호구가 늘어날 것입니다"고 하였다.

부녀자들이 이를 듣고 크게 원망하고 두려워했다. 마침 연등회 저녁에 박유가 왕의 행차를 호위하고 따라가는데 어떤 노파가 그를 손가락질하면서 "서처를 두자고 한 자가 저 빌어먹을 늙은이다"고 하니 듣는 사람들이 서로 손가락질하여 거리마다 붉은 손가락이 무더기로 나타났다. 당시 재상 가운데에는 처를 겁내는 자가 있어서 그의 논의는 정지되고 실행되지 못했다. _『고려사』 박유 전기

이 글만 읽어보면 고려 후기에 일부일처제가 확고했던 것처럼 보인다. 하지만 실제로는 일부다처제가 성행하고 있었다. 이처럼 우리나라는 일부일처제를 원칙으로 삼았으면서도 다처제를 묵인해왔던 것이다.

같은 왕 때에 인구를 늘리기 위해서 다처제를 권장하려 한 적도 있다.

처음에 왕이 나라의 호구가 날마다 감소되자 선비와 백성들이 모두 서처를 두게 하려 했다. 서처란 본처 외에 또 장가든 양갓집 배우자이다.

그 자손에게는 벼슬할 수 있도록 하되, 부부간의 신의를 전혀 지키지 않고 본처를 버리고 새 사람을 따르는 자는 곧 죄로 다스리게 했다. 이리하여 해당 관청에서 시행하기로 논의하고 있었는데, 김흔이 예법을 위반했으므로 중지하였다. _『고려사』 김경손 전기

김경손의 아들 김흔1239~1311이 친구 부인과 간통했던 사건이 일어나 실행되지 못했다고 한다. 그러나 실제로는 고려시대에 다처제와 축첩제가 실행되고 있었고, 본처와 서처는 동일한 대우를 받았다.

고려 삼별초의 난 때에 새장가를 들고 적진에서 돌아온 본처를 버린 일도 있었다.

원수 김방경을 따라 진도에서 삼별초를 토벌하는 데에 공이 있었다. 당시 조정 관리의 처들이 적에게 다수 붙잡혔기 때문에 모두 새장가를 들었는데, 적이 평정된 뒤에 되돌아온 처들이 있었지만 모두 버리고 말았다. 나유 역시 새로 처를 얻었으나, 적진에 먼저 들어가서 옛 처를 찾아 돌아온 후에 다시 처음처럼 부부가 되었으므로, 듣는 사람들이 모두 의롭게 여겼다. _『고려사』 나유 전기

임진왜란과 병자호란 때도 붙잡혀 간 부인이 돌아오자 이혼을 하고 새 부인을 얻어야 하는지에 대해서 논란이 많았다. 부인이 절개를 지켜 자살하지 않았으니 버려야 한다는 논의가 병자호란이 끝난 당시에는 주종을 이루었다. 다음은 사관이 밝힌 견해다.

잡혀갔던 여인은 비록 그들의 본심은 아니었다고 하더라도 변란을 만나 죽지 못했으니 절개를 잃지 않았다고 할 수 있겠는가? 이미 절개를 잃었으면 남편 집과는 의리가 이미 끊어진 것이니, 억지로 다시 합치게 해서 사대부의 가풍을 더럽힐 수는 결코 없는 것이다. _인조실록 16년(1638) 3월 11일

화냥년이란 말이 병자호란 때에 끌려갔다 돌아온 환향녀還鄕女에서 생겨났다고 알려져 있으나, 사실은 노는계집인 화랑花娘년에서 나온 말이다. 다시 나유의 전기로 가보자. 결국 그는 새 부인과 옛 부인을 모두 둔 것으로 보인다. 실제로 고려 말기에는 사대부들이 양처兩妻를 두는 것이 유행했다.

고려 말엽에 대소 관료들이 서울과 지방에 양처를 둔 자도 있고, 다시 장가들고서 본처와 합한 자도 있고, 먼저 첩을 두고 뒤에 처를 얻은 자도 있고, 먼저 처를 얻고 뒤에 첩을 둔 자도 있으며, 또 동시에 3처를 둔 자도 있어서, 당사자가 죽은 뒤에 자식들이 서로 적자라고 다투어 분쟁이 많이 일어났습니다. 그렇지만 당시에는 처를 두고 다시 처를 얻는 것을 금지하는 법이 없었습니다. _태종실록 17년(1417) 2월 23일

고향 집의 부인을 향처鄕妻, 서울 집의 부인을 경처京妻라 했다. 이것은 일제강점기에 시골에서 구식 여성과 결혼한 뒤에 서울이나 외국으로 유학 가서 신식 여성과 다시 결혼하던 일을 연상시킨다. 이런 양처 제도는 조선 초기까지 지속되었다. 그러나 성리학의 규범이 자리 잡으면

서 처는 오직 한 명만 허용하였다. 태종 13년에 중혼重婚을 금지하는 조치를 내린 것이다. 다처제가 재산 상속 등의 분쟁을 자주 야기한 것도 한 원인이었다.

그럼에도 불구하고 이 풍습은 그 뒤에도 완전히 사라지지 않았으니, 두 아내를 얻어서 문제가 된 사례들이 종종 보인다.

사헌부에서 "전 헌납 고태필은 아내가 있는데도 다시 아내를 얻고 전처가 죽었다고 거짓말을 했으니, 개인 간에 저지른 죄私罪로 장 90대를 때리고 후처를 이혼시키고 전처와 다시 합하게 하소서" 하고 아뢰니, 왕이 그대로 따랐다. _문종실록 2년(1452) 3월 29일

액례 박경기는 아내가 있으면서 또 아내를 얻기 위해 장사꾼 최가의 여동생에게 폐백을 보냈다. 장용영이 이를 다스리기를 요청하니, 왕이 "아내가 있으면서 다시 아내를 얻는 것은 법으로 금지하고 있다. 첩이 되기를 원하지 않는 것은 인정으로 보아 당연한 것이다. 만약 시집을 가지 않고 헛되이 늙게 된다면 화기를 해치게 될 터이니, 최씨 여자로 하여금 본인의 희망에 따라 다른 곳으로 시집가게 하라"고 지시했다.

장용영이 "최씨 여자가 '비록 초례는 치르지 않았으나 몸은 이미 허락했으니, 차라리 박씨 집의 종이 될지언정 다른 사람의 아내가 되기를 원하지 않는다'고 합니다"고 아뢰니, 왕이 "저와 같은 천한 무리도 능히 큰 인륜을 알아서 폐백 받은 것을 두고 몸을 허락한 것이라 하면서 차라리 종이나 첩이 되기를 원하니, 가난하고 미천한 무리가 사는 골목에 이렇게 뛰어난 행실이 있을 줄은 미처 생각지 못했다. 최씨 여자를

후처로 정하여 박경기에게 주라. 그리고 호조에 명하여 쌀과 돈을 넉넉하게 주어 조세·부역 면제의 은전을 대신하게 하라"고 지시했다. _정조실록 12년(1788) 7월 11일

정조 때의 사건 처리를 보면 조선시대가 법보다는 인륜이 더 중시되는 사회였던 것을 알 수 있다.

결과적으로 조선시대에 들어와서 1처로 낙착되었다. 그렇지만 첩을 얻을 수 있게 되어 있으므로 일부다처제의 전통은 변형된 형태로 지속되었다. 처를 한 명만 두는 것은 왕도 예외는 아니었다. 왕비는 한 명뿐이었고, 왕비가 사망하거나 쫓겨났을 경우에만 계비를 두었다. 그렇지만 첩은 여러 명 둘 수 있었다. 이들은 빈嬪, 정1품부터 숙원淑媛, 정4품까지의 벼슬을 받았다. 왕의 총애 정도에 따라 품계가 올라가기도 했다.

전통시대에는 배우자가 다수였으므로 이들에게 등급이 있었다. 고려시대에는 왕의 부인 가운데 본처를 왕후, 그 다음의 처들을 부인이라 불렀다. 조선시대에는 비, 빈 등으로 불렀다. 원래 배우자는 남편의 사회적 지위에 따라 달리 불렸고, 배우자의 숫자도 정해져 있었다. 중국의 고전인 『예기』에 따르면, 배우자 명칭이 천자는 후后, 제후는 부인夫人, 상급관료인 대부는 유인孺人, 하급관료인 사士는 부인婦人, 서민은 처妻였다. 천자는 배우자로서 후, 부인, 세부世婦, 빈嬪, 처, 첩을 둘 수 있었다. 다른 기록에 따르면 천자는 1후, 3부인, 9빈, 27세부, 81어처御妻를 두었고 첩은 숫자가 제한되어 있지 않았다. 그 아래 공후公侯는 부인, 세부, 처, 첩을 둘 수 있었다.

조선의 경우에 왕은 비와 빈 등을 두었고, 사대부는 처와 첩을 두었

다. 태종에게 상소한 다음 내용은 이를 잘 보여준다.

신묘년1411에 예조의 관리가 옛 제도를 인용하여 "천자와 제후가 비빈을 많이 두는 것은 대개 자손을 널리 이으려 하기 때문입니다. 이제 후궁의 인원이 옛 제도에 맞지 않으니 예법에 따라 그 숫자를 채우길 빕니다"고 했으나, 그때에 전하께서 거듭 그 요청을 거절하다가 나중에 받아들여서 단지 1빈嬪과 2잉媵만을 허락했을 뿐입니다. … 공경대부종4품 이상는 처가 있어도 반드시 첩을 둡니다. 그러므로 적자와 서얼이 있게 되는데, 적자는 집안을 잇는 사람입니다. 따라서 따로 집을 지어서 첩이나 첩의 자식에게 주는 것이 일반적입니다. _태종실록 18년(1418) 7월 6일

처는 혼례의 절차를 모두 갖추어 맞이했고, 첩은 그러지 않았다. 그리스에서도 초기에는 축첩제도가 있어 본처와 첩을 구분했는데, 본처는 양가 부모의 합의에 따라 신부 아버지 측의 주재로 정식으로 결혼식을 올린 경우였던 반면에, 첩은 전쟁의 전리품으로 단지 재산목록의 일부에 지나지 않았다고 한다. 그러나 조선시대에는 전쟁이 없었기에 첩의 성격이 다를 수밖에 없다.

때로는 처와 첩의 구별이 모호해서 조정에서까지 논란이 된 적도 있다. 성종이 다음과 같이 지시를 내렸다.

이유기의 딸은 비록 하사된 여종이기는 하지만 본래는 훌륭한 집안 출신이고, 또 황효원이 예를 갖추어 성혼했다고 하였다. 이에 처음에는 처로 판결했었는데, 대간과 대신들이 "황효원은 훈신이므로 난신의 딸

로 처를 삼을 수 없습니다"고 하여, 내가 다시 생각해보니 이 말이 이치에 합당하다. 그러니 황효원의 첩으로 판결한다. _성종실록 7년(1476) 5월 28일

이유기가 중죄를 지었기 때문에 딸이 여종으로 전락하여 황효원에게 하사되었다. 그와 예를 갖추어 혼인했다고 해도 처로 될 수 없다는 판결을 내린 것이다. 축첩 풍습은 중종반정이 성공한 뒤에 특히 성행했던 모양이다.

사신은 논한다. 반정 후에 공신들이 공로를 믿고 교만·사치하여, 희첩을 거느리되 많은 자는 6, 7명에 이르고 적어도 3, 4명을 밑돌지 않았다. 박원종·유순정·성희안이 더욱 많이 거느렸는데, 얼마 안 되어 병들어서 연달아 죽었다. 높고 낮은 조정 관리들이 이를 본받았으니, 각자 첩집을 두고 개별 관아와 개별 관청에서 강제로 재물을 거두어들이면서도 부끄러워할 줄 모르는 것이 이미 풍속이 되었다. 비록 지조와 행실이 있는 자라도 이를 면치 못했다. 사람들이 이를 '작은 집 먹여 살리기小家救荒'라고 불렀다. _중종실록 8년(1513) 5월 29일

처첩 문제를 둘러싸고 분쟁이 자주 발생하지 않을 수 없었다. 다음은 후처를 첩으로 낮추려 하여 문제가 된 사건이다.

이보다 앞서 대간 한영규가 "예를 갖추어 맞이하면 처가 되고 예를 갖추지 않으면 첩이 되는 것은 예나 지금이나 동일한 법칙입니다. 그런데 유생 황종오가 이씨 집에 재혼하여 시일이 다소 지난 뒤에 가문의 지위

가 서로 맞지 않는다고 하여 억지로 첩으로 낮추었으니 풍속과 교화에 어긋납니다"고 아뢰었다. 임금이 예조에 조사하게 해보니 사실이었다. 이에 대신과 예조·형조에 그 문제를 의논하도록 명령했다. _정조실록 15년(1791) 10월 10일

처를 들일 때에는 혼인의 여섯 가지 절차인 납채, 문명, 납길, 납폐, 청기, 친영을 거치게 된다. 이런 절차를 거쳐 아내로 맞이하고 나서 5개월 뒤에 첩으로 낮추겠다고 했으니 문제가 되지 않을 리 없다. 전통시대에 혼인은 당사자의 결합보다는 가문과 가문의 결합에 무게를 두었다. 졸지에 처갓집의 지위도 낮추어버린 것이다. 그뿐 아니라 처갓집과 다시 혼인을 맺은 다른 양반집도 연쇄적으로 문제가 된다. 논의한 것을 왕에게 보고하면서 채재공은 "황종오의 장인이 진술한 것을 보면, 이전에 혼인을 맺은 곳이 모두 양반 가문이라고 합니다. 이제 만일 황종오의 말처럼 첩으로 낮추게 한다면 일찍이 혼인을 맺었던 양반집들은 모두 이 세상 밖으로 버려지는 길 이외에 다른 도리가 없게 됩니다"고 보고했다. 결국 인륜으로 보아서 이를 허락할 수 없다는 결론을 내렸다.

벼슬이 높아지자 천한 가문 출신의 처를 감추려다 쫓겨난 사건도 있다.

처음에 승정원 연리 이수지가 대장 김귀생의 딸을 취하여 7, 8년 동안 동거하여 자녀가 있었는데, 경진년1460에 무과에 급제하여 울진현령으로 임명되었다. 국가 제도에 직첩을 받는 자는 자신의 4대조와 처의 4대조를 함께 기록하여 대간에 바쳐야만, 하자 여부를 거쳐 서명이 이

루어졌다. 이때 이수지의 처가 이미 사망했는데, 처의 가계가 한미한 것을 부끄러워 하여 처가 없다고 말했다. 사헌부에서 이를 꾸짖자 이수지가 곧 자백해서 벼슬에서 쫓겨나게 되었다.

이에 이수지가 임금에게 "장가들었던 김귀생의 딸은 첩이지 처가 아닙니다"고 아뢰었다. 이에 사건을 형조에 내려보내 조사해서 다스리게 하니, 형조에서 처가 없는 것이 옳다고 했다. 이때에 이르러 이조에서 아뢰기를, "이수지가 겨우 낮은 벼슬을 면하자, 그 처의 천한 가계를 수치스럽게 여겨서 '처가 없다'고 했는데, 그 야박한 행동이 이 지경에 이르렀으니 직첩을 돌려주지 마소서" 하니, 임금이 따랐다. _세조실록 10년 (1464) 5월 25일

처와 첩은 신분상 큰 차이가 있었으므로 같은 자리에 앉을 수도 없었다.

본래 찬성 이구수와 생사를 함께 할 정도로 막역한 친구였다. 이구수가 김원명의 집을 지나다가 들르자 술자리가 마련되었다. 그런데 그의 첩과 처가 같은 자리에 앉은 것을 보고서 "자네가 이제 재상이 되었으나 집안을 바르게 하지 못했으니 어찌 나라를 바로잡겠는가?" 하고, 그 첩을 꾸짖어 물리친 다음에 술도 마시지 않고 나가버렸다. _『고려사』 김원명 전기

이처럼 처와 첩의 지위는 크게 달랐다. 이 자료를 읽으면 고구려 벽화가 떠오른다. 문헌에는 고구려인의 배우자에 대한 기록을 찾을 수 없으나 벽화를 통해 추측해볼 수 있다. 쌍영총의 부부도그림 1처럼 일부일

그림 1 쌍영총 부부도

처의 형태를 띤 것이 있는가 하면, 씨름 그림으로 유명한 각저총에는 그림 2 처와 첩인지 아니면 둘 다 처인지는 알 수 없지만, 주인공의 부인들이 두 손을 조아리고 공손히 앉아 있는데, 바닥깔개와 식탁이 각각 별도로 있는 것을 볼 수 있다.

한편, 발해 때에는 부인이 사나워 남편이 쩔쩔맸던 것 같다.

부인들은 모두 사납고 투기가 심하다. 대大씨는 다른 성씨와 서로 10자매를 이루었는데, 번갈아 남편을 기찰하여 측실을 두거나 다른 사람과 교유하는 것을 용납하지 않는다. 만일 이런 일이 알려지면 반드시 독을 넣어 남편이 사랑하는 사람을 죽이려 한다. 한 남편이 일을 벌였으나 그 아내가 알지 못하더라도 아홉 사람이 모두 일어나 그를 꾸짖으니, 서로 다투어 이렇게 하는 것을 자랑스럽게 생각한다. 따라서 거란, 여

그림 2 각저총 주인공 부인들

진 등과 같은 나라에는 모두 여창女娼이 있고, 양민들은 모두 작은 부인이나 계집 몸종들을 가지고 있으나, 오직 발해에는 없다. _『송막기문』 발해국

이런 풍조 때문에 발해 남편들은 첩을 두지도 못하였고 홍등가도 찾을 수 없었다. 이웃의 거란족, 여진족과는 사정이 사뭇 달랐던 것 같다.

처와 첩 사이에 질투가 없을 리 없다.

내의 허온의 처가 남편의 천첩을 투기하여 참형을 많이 가했으므로 흑산도에 유배하도록 명령했다. 또 허온은 내의원의 명단에서 삭제하도록 했다. _영조실록 48년(1772) 5월 5일

첩에는 양첩과 천첩이 있었다. 양인 신분의 첩은 양첩이요 천인 신분의 첩은 천첩이었다. 처에서 낳은 아들을 적자라 하고, 첩에서 낳은 자식을 서얼이라 하는데, 양첩의 자식은 서庶, 천첩의 자식은 얼孼이라 하

였다. 이렇게 조선시대는 양인과 천인, 처와 첩의 구별이 엄격했다.

때로는 죄를 지어서 형벌로 첩이 된 사례도 보인다.

이보다 앞서 홍윤성이 부모상을 당했는데, 상제의 몸이지만 벼슬에 나가게 하여 절도사로 삼았다. 그때에 어느 집에 묵게 되었는데, 그 집 사람이 자신의 처녀 애를 협박했다고 하여 고소하므로 임금이 홍윤성을 탄핵하도록 명령했다. 그러나 그 집 사람이 무고한 것이 밝혀져 그 죄로 마침내 홍윤성의 첩이 되었다. _세조실록 12년(1466) 12월 24일

이 사람은 아주 예외적으로 두 아내를 두기도 했다.

드디어 세조에게 가만히 "신이 아내가 있으나 영리하지 못하여 집안일을 감당하지 못합니다. 청컨대 아무의 딸로 후실을 삼겠습니다"고 아뢰었다. 세조가 "이는 경의 집 일이니 물을 것이 무엇 있겠소?" 하였다. 공이 드디어 예를 갖추어 장가들어 숭례문 밖에 살았다. 공이 죽은 뒤에 전처와 후처가 적통을 다투어 오랫동안 결정하지 못했다. … 성종이 마침내 특명으로 두 부인을 인정하고 가산을 반분하게 하였다. _『연려실기술』 세조조고사본말, 세조조 상신, 홍윤성

홍윤성이 두 부인을 얻게 된 사실은 두 기록에 각각 다르게 나온다. 하나는 세조의 허락을 받아서 전주의 명망 있는 부잣집 딸을 후처로 취한 이야기이다.『오산설림초고』 뒤에 두 부인이 싸우게 되자, 후처는 자기 집에서 세조에게 술 대접을 할 때의 일기에 첩이 아니라 부인으로 적혀

있는 것을 근거로 삼아, 성종으로부터 정처로 인정받았다고 한다. 다른 하나는 양주의 좌수 딸을 후처로 취한 이야기이다.『기재잡기』 처음에는 첩으로 삼으려 했으나, 처녀가 장도를 뽑아들고 사대부 집을 욕보이려는 것이냐고 항의하여 아내로 삼게 되었다고 한다. 두 부인이 다툴 때에 세조가 술 대접 자리에서 "이 또한 나의 제수이다"고 한 말을 증거로 삼아 성종으로부터 인정을 받고 가산을 반분했다고 한다.

남편이 첩만 사랑하고 처를 구박하는 것은 상상 가능한 일이다.

훈련관 녹사 최명전이 노비 첩 삼가이를 너무나 사랑하여, 그의 참소하는 말을 듣고서 그 처 김씨를 칼로 찔러 상하게 했다. 또 집안에서 잃어버린 물건은 김씨 의복을 팔아서 충당하니, 김씨가 언제나 굶주림과 추위에 고생했다. 사헌부에서 심문하여 밝혀낸 뒤에 형벌을 검토하여 아뢰니, 임금은 그가 공신이라 하여 직첩만 거두고 먼 지방으로 유배 보냈다. 그 아내는 이혼시키고, 삼가이는 장 100대를 때려서 아주 먼 변방 고을의 관청 노비로 영구히 소속시켰다. _세조실록 5년(1459) 11월 4일

때로는 고관의 첩이 남편의 위세를 믿고 방자한 행동을 하기도 하였다.

어떤 여자가 옷을 잘 차려 입고 궁궐 바깥뜰로 바로 들어오니 문지기가 막았다. … 김연이 말하기를 "어제 한 여자가 꺼리지 않고 양양하게 바로 들어오는 것을 보고, 나는 처음에 궁녀라고 생각했습니다. 그러나 궁녀라면 반드시 말을 타고서 바깥뜰로 들어오는데, 이 여자는 걸어왔

습니다. 이상해서 문지기에게 잡아서 물어보게 하니, 곧 좌의정의 첩이었습니다. 아주 가증스러운 일이지만 좌의정에 관계되는 문제이니, 마땅히 보고하여 정지시켜야 합니다" 하였다.

김종서가 일찍이 기생 몇 사람을 두었는데, 만년에 이를 첩으로 삼았다. 조금 음악을 안다고 하여 이들을 사랑하니 그 행위가 방자했다. _단종실록 1년(1453) 6월 24일

첩과 관련하여 벌어진 재미있는 에피소드 하나를 보겠다.

또 들으니 진사 이중영의 첩은 평강 기생인데, 지난 가을에 진사와 서로 다투다가 분이 나서 공주에 사는 동생 집으로 가버렸다고 한다. 이 진사는 보고 싶지만 오지 않을까 걱정하여, 종을 첩에게 보내 병으로 죽었다고 거짓말을 했다. 이에 첩은 슬퍼하며 소복을 입고 머리를 풀고서 통곡하며 왔다.

마침 오던 날이 장날이었는데, 곡을 하면서 시장을 뚫고 지나가니 사람들이 모두 괴이하게 여겼다. 길에서 아는 사람을 만나서야 비로소 거짓인 것을 알았다고 하니 아주 우스운 일이다. _『쇄미록』 1596. 12. 17.

첩은 희첩, 측실, 소실, 부실副室, 별실, 작은집, 작은마누라 등으로도 불렸다. 조선시대는 '각시加氏, 各氏, 閣氏'라는 말도 썼던 모양이다.

황수신의 첩 잉읍가 등이 "황수신이 이씨를 함양각시라고 불렀고【풍속에 희첩을 각시라고 부른다.】, 중비를 수구문각시라 했습니다"고 이르

그림 3 축첩 국회의원 반대 시가행진(1960. 7.)

> 고, … 우리나라의 풍속에 혼인할 때에는 남자가 여자 집에 가는 법입니다. 그런데 황수신이 이씨를 취할 때에는 이씨가 8, 9일 걸리는 거리에 있었지만 노복을 시켜 데려오게 했습니다. 또 황수신이 직접 쓴 경진년1460 일기책에 이씨를 함양각시로 쓰고, 이씨 어미를 함양각시 어미라고 썼으니, 이씨가 첩임이 분명합니다. _예종실록 1년(1469) 10월 26일

이 글을 통하여 어떻게 첩을 데려오는지도 엿볼 수 있다.

이런 축첩 풍습이 먼 옛날의 얘기만은 아니다. 근래에 편찬된 1910년대 재판 기록을 보면 처첩제도를 인정하고 있다. 2년간 함께 살던 첩이 집을 나가자 소송을 제기했는데, "조선인 사이에서 부첩 관계는 부부와 같은 엄숙하고 정중한 절차가 필요하지 않고 당사자 일방의 의사가 있으면 언제든지 자유롭게 해소될 수 있다"며 판결은 여자의 손을 들어줬다. 이런 축첩 현상은 불과 4, 50년 전까지만 해도 살아 있었고 사회

그림 4 싸움질하는 서민 부부(리움 소장 감로탱)

적 비리의 하나로 간주되었다. 또 이를 반대하는 여인들의 시위도 있었다.그림 3 4·19 직후인 1960년 7월 제5대 국회의원 선거를 앞두고 전국 여성단체 회원들이 "아내 밟는 자 나라 밟는다"는 플래카드를 들고 거리로 나섰다. "축첩자는 투표 말자, 새 공화국 더럽힌다", "우리 여성은 축첩자에게 투표하지 않는다"는 구호에서 알 수 있듯이 첩을 데리고 있는 국회의원 후보는 찍지 말자는 시가행진이었다.

이상의 언급은 기록이 남아 있는 사회 상층부를 중심으로 한 것이고, 하층민의 모습은 역사 기록에서 찾기 어렵다. 다만 조선의 음담패설을 담은 『기이재상담』을 분석한 연구에서 하층민의 중복혼 모습을 엿볼 수 있다. 여성은 본남편또는 본남진, 밋남진, 밋남편 외에 '소대남편또는 소대남진, 서

대남진, 소대서방'을 두었고, 남성은 첩에 해당하는 '화처花妻'를 두었다. 소대남편은 종래에는 부적절한 관계를 맺은 간부를 의미하는 것으로 생각되었지만, 실제로는 본남편에게 숨기지 않는 공공연한 관계였다고 한다. 또 화처는 잠시 데리고 노는 노리개첩으로 생각되었으나, 실제로는 하층민의 첩을 이르는 말이라 한다. 이렇게 하층 남녀도 나름대로 여러 명의 배우자를 두는 성적 개방성을 띠고 있었다.

하층민의 경우에 일부일처의 비율이 절대적으로 높지는 않았고,그림 4 한 여자가 두 남편을 둔 경우도 열에 한 쌍 정도는 있었다. 1678~1885년 사이에 원주의 권씨 양반가가 소유했던 노비 기록을 보면, 184쌍의 노비 부부 가운데 일부일처형이 107쌍58퍼센트, 일처이부형이 15쌍8퍼센트이고, 아내 이름은 있는데 남편 이름을 모른다고 적은 것이 37쌍20퍼센트, 그 반대인 것이 25쌍14퍼센트이었다고 한다.

동성애와 남녀추니

그림 1 영화 '왕의 남자' 포스터

영화 '왕의 남자'가 관람객 1,200만 명을 돌파하는 신기록을 세웠다.[그림 1] 이 영화에 여자같이 예쁜 광대 공길이 등장하고, 양반과 왕이 그를 동성애 대상으로 삼는다. 우리 영화에서 금기였던 사항을 처음으로 다룬 것이다. 이뿐 아니라 한 CF에서는 남자들의 레슬링 경기를 동성애적인 분위기로 처리한 것도 있었다. 이제 바야흐로 우리 사회에도 동성애가 받아들여지기 시작하는 듯하다.

연산군이 공길을 동성애 대상으로 삼은 영화 내용은 역사적 상상에서 나온 것이다. 그러나 우리 역사를 돌아보면 동성애 자료가 많지는 않지만 심심찮게 나타난다. 그것도 비슷한 연령이 아니라 성인과 미소년 사이에 벌어진 것들이다. 이를 흔히 '남색'이라 하고 때로는 남총男寵, 계간鷄姦, 외색外色이라 한다. 또 그 미소년을 미남자, 미동美童, 비역屁役 또는 완동翫童이라 하니, 요사이 유행하는 꽃미남이란 말과 가까울 것이다.

미소년이란 말은 신라시대 화랑을 연상시킨다. 귀족 자제 가운데 예쁜 아이를 뽑아서 분을 바르고 단장을 시켰으니, 조선시대 성호 이익은 이를 두고 동성애의 풍습으로 이해했다. 그렇지만 고려시대 기록에 와서야 동성애 모습이 본격적으로 나타난다.

유행간은 용모가 아름다웠다. 목종이 사랑하여 용양의 총애가 있었으니, 벼슬이 갑자기 합문사인으로 뛰어올랐다. 지시할 일이 있으면 먼저 그에게 문의한 다음에 처리했다. 이리하여 왕의 총애를 믿고 매우 교만했다. 백관을 업신여겨 턱으로 가리키고 기분으로 부리니 측근 신하들은 그를 왕처럼 보았다. _『고려사』 유행간 전기

여기서 용양이란 남색의 다른 말이다. 이것은 중국 『전국책』에 나오는 고사로, 전국시대 위왕魏王이 용양군龍陽君을 남색 대상으로 삼았던 데서 유래한다. 충선왕도 원충을 남색 대상으로 삼았다.

왕이 지시를 내렸다. "전번에 원충에게 왕주충이라는 성명을 하사했는데, 그가 내 뜻을 본받지 못하고 어기고 거스르는 것이 많으니, 즉시 지철주사로 벼슬을 낮춰 쫓아내라." 왕이 남색을 많이 즐겼는데, 원충은 용양의 총애를 받았다. 왕이 대언으로 삼으려고 하니, 그가 사양하여 아뢰었다. "나이 어리고 무지한데 갑자기 요직에 오르면 남의 조롱을 많이 받을 것이니 다른 사람을 선택하소서." 왕이 성을 내서 벼슬을 낮추

그림 2 공민왕 부부상(2009. 10.)

었는데, 그때 원충의 나이는 아직 20세가 되지 않았다. _『고려사절요』 충선왕 2년(1310) 10월

미소년 원충이 높은 벼슬을 받은 것은 바로 그가 왕의 남색 대상이 되었기 때문이었다. 그러나 원충은 사려가 있어 과분한 벼슬을 사양하다가 벌을 받았다.

공민왕의 다정한 부부 초상이 전해지고 있지만,그림 2 공민왕도 남색을 즐겼던 사실은 유명하다.

10월 초하루에 자제위를 설치하고 미소년들을 뽑아서 배속했으며, 대언 김흥경이 총괄하게 했다. 이에 홍륜, 한안, 권진, 홍관, 노선 등이 모두 왕의 총애를 받고 항상 그 침실에 있게 되었다. 왕은 성질이 색을 즐기지 않았고 감당하지도 못하여, 공주 생시에 아주 드물게 행차했다. 공주가 죽자 여러 왕비를 받아들이기는 했으나 별궁에 두고 가까이하지 못했으며, 밤낮으로 슬피 공주를 생각하여 마침내 정신병이 생겼다.

항상 자신을 부인 모양으로 화장했다. 먼저 젊은 여종을 방안에 불러들여 보자기로 얼굴을 가리고 김흥경과 홍륜 등을 불러들여서 난잡한 행동을 하게 해놓고, 왕은 곁방에서 문틈으로 엿보았다. 그러다가 마음이 동하면 홍륜 등을 침실로 불러들여서 마치 남녀 사이와 같이 자기에

게 음행을 하게 했다. 이렇게 하기를 수십 명을 바꾸고서야 그쳤다. … 후에 왕이 익비의 궁에 가서 김흥경, 홍륜, 한안 등을 시켜 왕비를 통간케 하였으나 왕비가 거절했다. 이에 왕이 칼을 뽑아서 치려 했으므로 왕비가 겁내어 복종하였다. 이로부터 왕의 명령을 빙자하고 여러 번 드나들었다. _『고려사』 공민왕 21년(1372)

공민왕과 김흥경의 관계는 다음 자료에서 엿볼 수 있다.

공민왕 때에 우달적으로 선발되었는데, 왕이 보고 마음에 들어서 내속고적內速古赤으로 삼았다. 용양의 총애가 있어 항상 침전에서 모셨으며, 하루 저녁도 휴가를 주지 않았다. _『고려사』 김흥경 전기

속고적은 몽골어인 시구르치를 표기한 말로, 왕 옆에서 모시던 군관을 이른다. 그런데 이 직위에 미소년들을 선발하여 자신을 모시게 함으로써, 자제위와 더불어 쌍벽을 이루게 했다고 한다. 공민왕의 이런 행위는 다소 엽기적이다. 이런 이미지는 반원정책을 추진한 개혁군주를 떠올리는 우리의 기억을 혼란스럽게 한다.그림 3

조선시대 세종 때에도 왕족이었던 이선에 관한 기록이 등장한다.

평상시 집에 있을 때는 방 하나를 따로 두어 예쁜 사내종 하나와 함께 잠자기를 처나 첩처럼 하니, 동네에서 그 종을 가리켜 '이 정승의 첩'이라고 부른다. 그 종은 안방에도 거침없이 출입하고 그의 처와 동침까지 하게 되어 추잡한 소리가 밖에까지 들렸다. _세종실록 29년(1447) 4월 18일

그림 3 개성의 공민왕릉(2005. 9.)

이 뒤로는 조선시대 동성애 기록을 찾기 어렵다. 그러나 이런 풍습이 사라지지는 않았을 것이다. 성리학의 영향으로 감추어졌을 따름이다. 이능화는 이 풍습이 "조선조 철종 말년부터 고종 초까지 대단히 성행했으나, 오늘날에는 볼 수 없다"고 지적했다.

1893년에 한반도를 여행한 일본인 혼마 규스케는 "팔도 가는 곳에 남색이 유행하지 않는 곳이 없다"고 지적하면서, 여기저기 남자가 볼깃살을 팔고 다니는 것을 '벽장사'라고 불렀다고 하였다. 이규경1788~1856이 편찬한 백과사전에는 남색에 대한 국내외 자료를 망라한 뒤에 "이것이 무슨 아름다운 풍속이라고 온 천하가 풍습을 같이하는지 모르겠다. 우리나라의 경우는 민간의 무뢰배들이나 사찰의 추한 중들이 서로 이런 짓을 할 뿐이다"고 적었다.

사실 동성애는 세계에 광범위하게 존재하였다. 그리스에서는 이 전통이 아주 강했고 끊임없이 지속되었다고 한다. 고전 시대의 문헌에서 사랑에로스이란 말이 이성 간에는 거의 사용되지 않았고 대부분 동성 간에만 사용되었다고 한다. 소크라테스가 친구들과 함께 '아름다운 뤼시스'를 보기 위해서 학교를 찾아가 그의 모습에 감탄하는 장면처럼 성인 남자와 사내아이 사이에 동성애가 이루어졌다. 이런 동성애 때문에 미소년 매매가 등장했고, 그 여파로 생활에 위협을 받게 된 매춘부들이 강력히 반대했다고 한다. 로마시대에도 이런 남색의 전통이 계속되었다. 이성 간의 사랑을 나누는 남자들도 다수가 사내아이와 동성애를 즐길 정도로 고대 세계에서는 보편적이었다고 한다.

좀 더 가까이 눈을 돌려보자. 일본의 풍습을 논한 조선시대의 책에는 흔히 동성애를 언급하였다.

이 나라 풍속이 남색을 아주 중히 여기므로, 길에 보이는 7, 8세 이상 20여 세까지 사내들은 누구나 다 고운 옷에 단장한 얼굴인데 이를 와가瓦家라 한다. 이는 곧 귀염 받는 사내를 일컫는 것인데, 위아래가 모두 풍습을 이루어 원망하는 계집이 많기까지 하다고 한다. 한나라의 『오행지』에는 색요色妖라 하여 한나라 말년에 이런 풍습이 지극히 성행하여 곧 어지러워져 망할 형상이었는데, 일본의 풍습이 바로 이와 비슷하다.

_『해사록』 정축년(1637) 1월 27일

남자는 여색에는 담담하여 만나는 시기가 정해졌다. 또 얼굴이 예쁜 소년을 골라 같이 자는데 여자보다 더 총애한다. _『재조번방지』 권1

나라 풍속이 또 남색을 좋아하여, 자기의 아내나 첩보다도 더 사랑한다. 이 때문에 서로가 다투고 질투하여 살해까지 하는 자가 매우 많다고 한다. _『동사일기』 문견록聞見錄, 1711~12년

앞서 인용한 『오주연문장전산고』에는 중국의 남색 풍습에 관한 자료도 망라해놓았다. 『서경』에 완동玩童을 가까이하는 것을 경계한 것으로 보아, 상고시대부터 이미 이 풍습이 있었던 것을 예상할 수 있다. 낙양이 융성할 때에는 소년들이 몸을 팔아서 의식을 마련하곤 했는데 송나라 때에 와서 법으로 금지했다고 한다. 명나라 형벌 조항에도 계간에 관한 조항이 들어 있었다. 그러나 청나라 때에는 이 풍습이 더욱 성하게 되어 점포를 차리고 영업을 하는 경우까지 있었으니, 이를 가리켜 소창小唱이라 불렀다.

환관과 남색에 빠진 임금도 있었다. 한나라 애제는 거의 천자 자리를 양보할 뻔하였고, 전진의 임금은 끝내 나라를 빼앗겼고, 후조의 임금인 석계룡은 이 때문에 아내를 죽였다고 한다.

지금까지 본 것처럼 남성들 사이의 동성애는 기록이 많다. 남자 동성애자를 게이라 하고 여자 동성애자를 레즈비언이라 하는데, 역사에서는 게이에 대한 기록들이 주류다. 여성들의 사회 활동이 제약되어 있었던 데에 원인이 있을 것이고, 또 여성들의 문제는 기록을 잘 남기지 않는 데에도 원인이 있을 것이다.

우리 역사에서도 여성으로서 결혼하지 못하고 궁궐에서 평생을 보냈던 궁녀들 사이에 동성애가 이루어졌다. 조선 세종 때에 세자빈 봉씨의 폐출 사건은 그 일단을 보여준다.

근래에 듣건대, 봉씨가 궁궐의 여종 소쌍을 사랑하여 늘 그 곁을 떠나지 못하게 하니, 궁인들이 서로 "빈께서 소쌍과 항상 잠자리와 거처를 같이한다"고 수군거린다고 한다. 어느날 소쌍이 궁궐 안에서 청소하고 있는데, 세자가 갑자기 "네가 정말 빈과 같이 자느냐?"고 물으니 소쌍이 깜짝 놀라서 "그러합니다"고 했다고 한다.

그 후에도 자주 듣건대, 봉씨가 소쌍을 몹시 사랑하여 잠시 그 곁을 떠나기만 해도 원망하고 성을 내면서 "나는 너를 매우 사랑하는데, 너는 그다지 나를 사랑하지 않는구나"고 했다고 한다. 소쌍도 다른 사람에게 늘 "빈께서 나를 사랑하기를 보통보다 매우 다르게 하여 무섭다"고 했다. 소쌍이 또 권승휘의 여종 단지와 서로 좋아하여 혹시 함께 자기도 했는데, 봉씨가 여종 석가이를 시켜 항상 그 뒤를 따라다니게 하여 단지와 함께 놀지 못하게 했다.

이보다 앞서 봉씨가 새벽에 일어나면 항상 시중드는 여종들로 하여금 이불과 베개를 거두게 했다. 그런데 소쌍과 함께 동침하고 자리를 같이한 뒤로 다시는 시중드는 여종을 시키지 않고 자기가 이불과 베개를 거두었으며 몰래 그 여종에게 이불을 세탁하게 했다.

이런 일들이 궁중에서 아주 떠들썩하여 내가 중궁과 더불어 소쌍을 불러서 그 진상을 물으니, "지난해 동짓날에 빈께서 저를 불러 내전으로 들어오게 하셨는데, 다른 여종들은 모두 건물 밖에 있었습니다. 함께 자기를 요구하므로 저는 사양했으나 빈께서 윽박질러서 마지못해 옷을 한 반쯤 벗고 병풍 속에 들어갔습니다. 그랬더니 빈께서 나머지 옷을 다 빼앗고 강제로 눕게 하여 남자의 교합하는 형상처럼 서로 희롱했습니다"고 했다.

내가 항상 듣건대 시녀와 여종 등이 사사로이 서로 좋아하여 동침하고 자리를 같이한다고 하므로, 내가 이 풍습을 싫어하여 궁중에 금령을 엄하게 세워서 범하는 사람이 있으면 사찰하는 여자가 보고하여 장 70대를 때리게 했다. 그래도 계속하면 장 100대를 더 때리게도 하니, 그런 뒤에야 그 풍습이 조금 수그러들게 되었다. 내가 이런 풍습을 싫어하는 것은 아마 하늘에서 내 마음을 인도하여 그리된 것이리라. 그런데 어찌 세자빈이 이런 풍습을 본받아 이처럼 음탕할 줄 생각했겠는가?

이에 빈을 불러서 이 사실을 물으니 "소쌍이 단지와 더불어 항상 사랑하고 좋아하여, 밤에 같이 잘 뿐 아니라 낮에도 목을 맞대고 혓바닥을 빨았습니다. 이것은 저희들이 하는 짓이며 저는 처음부터 동숙한 일이 없습니다"고 했다. 그렇지만 여러 가지 증거가 명백하니 어찌 끝까지 숨길 수 있겠는가? 또 저들이 목을 맞대고 혓바닥을 빨았던 일을 어찌 빈이 알 수 있었겠는가? 항상 그 일을 보고 부러워하게 되면 반드시 이를 본받게 마련이니, 의심할 여지가 더욱 없다. _세종실록 18년(1436) 10월 26일

결국 세자의 둘째 부인이었던 봉씨는 이 사건으로 쫓겨나고 말았다. 위에 인용한 세종의 말을 보면 당시만 해도 궁궐의 시녀와 여종 사이에는 동성애가 광범하게 퍼져 있었던 듯하다. 세종이 이를 금지해 수그러들기는 하였지만, 그 후의 사정은 더 이상 알 수 없다.

요즈음에 유행하는 동성애 코드와 함께 남성과 여성의 성격을 함께 갖춘 양성성bisexuality도 관심의 대상이 되고 있다. 한 광고 회사가 조사한 바에 따르면 남성과 여성의 특징을 함께 갖춘 양성형 남녀가 크게 늘어서, 이를 가리켜 Mr. Beauty와 Ms. Strong으로 규정했다는 뉴스

가 있었다.

2009년 9월 여자 800미터 달리기 세계 챔피언이 된 남아공 출신의 캐스터 세메냐가 여자로서는 너무 잘 달리고 외모도 남자와 비슷하여 의혹이 일었다. 이에 자세한 신체검사를 받은 결과 양성인으로 판명 나서 기사화된 적이 있다. 이리하여 한동안 대회에 출전하지 못했으나, 2010년 국제육상경기연맹이 출전을 허가하면서 대구세계육상선수권대회에도 참가하였다. 여기에 제시한 그림그림 4에는 허매프러다이트hermaphrodite라고 썼는데, 암수 한 몸이란 의미로서 그리스 신화에서 헤르메스Hermes와 아프로디테Aphrodite의 아들로 나오는 헤르마프로디토스에서 유래한 말이다. 헤르마프로디토스는 원래 핸섬한 사내로 태어났으나 양성인으로 변해갔다고 한다. 그의 조각상은 대개 엎드려 있는 자세인데, 자세히 보면 가슴과 하체에 두 가지 성이 모두 나타나 있다.그림 5

그림 4 양성인 논란

이렇게 서양에서는 양성인을 허매프러다이트 또는 앤드러자인androgyne이라 하고, 우리말로는 남녀추니, 어지자지라 하거나 고녀睾女, 반음양半陰陽이라 한다. 미국에서의 연구 결과에 따르면 성 결정 관련 유전자가 하나 더 있기 때문이라 한다. 성별을 구별하기 어려운 양성을 띠고 태어나는 경우는 태아 3천 명에 한 명꼴이라 한다. 중국 역사 기

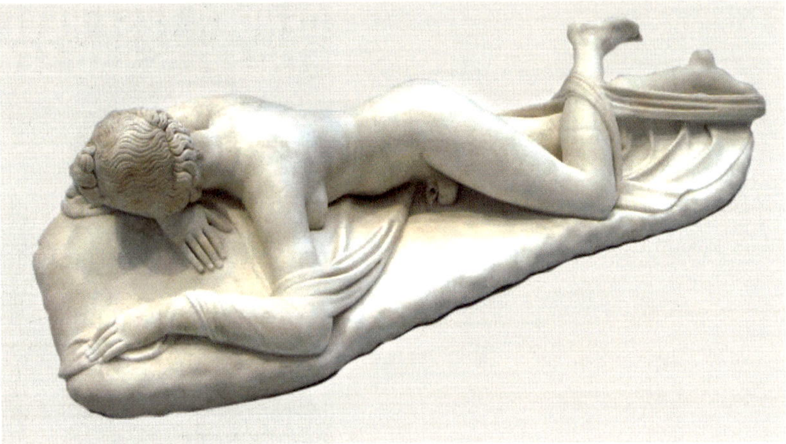

그림 5 헤르마프로디토스 조각상

록에는 남자가 아이를 낳았다는 기록이 많이 등장하는데, 이것도 양성인의 경우가 아닌지 모르겠다.

1958년 중국 내몽골 남산근南山根 유적에서 출토된 청동검은 자루에 나체 인물상이 양면에 새겨져 있는데, 한쪽은 남자로, 다른 한쪽은 여자로 되어 있어 '음양검'으로 불린다.그림 6 이를 보면 인간의 양면적 성을 표현한 느낌이 든다.

조선시대에도 이런 양성을 띤 인물이 보인다. 세조 때의 사방지와 명종 때의 임성구지가 그렇다.

사헌부 장령 신송주가 "지금 한성 서부의 보고문에 따르면, 여경방에 사는 사망한 학생 김구석의 처 이씨의 집안 사람 사방지가 여자 옷을 입고 행적이 이상하다고 하여 사헌부에서 잡아다가 보았더니, 과연 여자 옷을 입었지만 음경과 음낭은 곧 남자였습니다. 그가 남자로서 여장

한 것은 반드시 그 까닭이 있을 것이니, 가두어 심문할 수 있게 하소서" 하고 아뢰니, 하성위 정현조에게 "승정원에서 살펴보게 하라"고 지시했다.

정현조가 영순군 이부 및 승지 등과 함께 가서 살펴보았다. 머리 장식과 복색은 여자였으나 형상과 음경·음낭은 다 남자인데, 다만 사정 구멍이 귀두 아래쪽에 있어 다른 사람과 조금 다를 뿐이었다. 승지 등이 "이것은 이의二儀, 양성의 사람인데, 남자의 형상이 더욱 많습니다"고 보고하니, 신송주에게 "이씨의 여종 소근소사를 매질하여 신문한 것이 여러 번 있었는데, 또 무엇을 문초할 것이 있어서 심문하기를 청하느냐?"라고 전교했다. 신송주는 "그가 남자로서 여자 옷을 입었으니 반드시 그 사정이 있을 것이므로 심문하기를 청한 것이며, 소근소사는 심문할 때에 한두 번 매질했을 뿐입니다"고 대답했다. …

그림 6 음양검의 앞뒤 모습

김구석의 처는 일찍이 과부가 되었는데 사방지와 사통한 것이 여러 해 되었다. 또 김중렴 집의 여종으로 여승이 된 이가 사방지와 간통한 일이 발각되었으므로, 이에 이르러 사헌부에서 국이 요청한 것이다. _세조실록 8년(1462) 4월 27일

사방지는 노비로 어릴 때부터 어미가 여자아이의 의복을 입히고 연

지와 분을 발라주고, 바느질을 가르쳤다고 한다. 장성해서 양반집을 드나들다가 과부로 있던 이씨가 사방지를 끌어들여 수놓는다고 핑계하고 밤낮으로 함께 있은 지가 거의 10년이 되었다. 그러다가 사헌부에서 이 소문을 듣고 국문했는데, 그가 평소에 사통했던 여승에게 묻자 "양기가 매우 장대하다" 하므로 여자아이 반덕에게 만져보게 하였더니 정말이었다. 세조도 이씨 며느리의 오빠인 정현조에게 시험하게 했더니, 그도 역시 혀를 내두르며 "어쩌면 그렇게 장대하냐?"고 하였다.

사헌부는 이를 파헤치려는 생각이었다. 그렇지만 세조는 웃으면서 이씨의 아버지 이순지의 이름을 더럽힐까 염려된다고 하면서 덮어두었고, 사방지는 이순지에게 주어 처리하게 했다. 그는 장 10여 대만 치고 다른 사내종 집으로 보내버리니 이씨는 다시 사방지와 사통하고 방자하게 굴었다. 결국 왕의 귀에 다시 들어가자 사방지를 장을 쳐서 지방으로 유배를 보내버렸다.

사방지 얘기는 명종 때에 임성구지 문제 때문에 다시 등장한다.

함경감사의 장계에 "길주 사람 임성구지가 남녀 모두 갖추어져 지아비에게 시집도 가고 아내에게 장가도 들었으니 매우 해괴합니다"고 했는데, "성구지의 일은 형법에도 그러한 조문이 없으니 대신들이 의논하라. 성종(세조의 잘못) 때에 사방지를 어떻게 처리했는지 아울러 문의하라"고 지시했다.

영의정 홍언필이 의논드리기를 "임성구지가 양성인 것은 아주 이상한 일입니다. 사방지의 예에 따라 외딴 곳에 따로 두고 왕래를 금지하여 사람들 사이에 섞여 살지 못하게 하여야 합니다"고 하니, 임금이 따

랐다. _명종실록 3년(1548) 11월 18일

이 뒤에도 양성인 사례는 좀 더 등장한다.

평안도 관찰사 홍섬이 장계를 올렸다. "의주에 사는 김성비란 자는 남자인데, 여자 옷을 입고 인가를 출입하며 음란을 자행했습니다. 그래서 그를 잡아다가 조사했더니 남자도 아니고 여자도 아니었습니다. 음양이 함께 갖추어져 있으니 진실로 요괴스런 물건입니다." 상이 형조에 명하여 처치하게 했다. _명종실록 8년(1553) 3월 14일

이로부터 60여 년 뒤에 다시 한 번 나타난다.

복동이라는 자는 요사스러운 무당인데【본래 음양을 모두 갖춘 사람으로서, 때로는 무당이 되기도 하고 때로는 박수가 되기도 했다.】, 저주를 잘 다룬다고 자칭하면서 여염집에 드나들며 속임수로 사람을 현혹했다. _광해군일기 10년(1618) 12월 12일

19세기에 와서 이규경이 들은 얘기도 전해진다.

내가 서울에 있을 때에 들었다. 대사동 죽리에 있는 상국 김이교의 집 행랑에 붙어사는 아이가 있어 나이가 20세 가까이 되었는데, 음양이 구비된 사람이었다. 상국을 모시는 종과 정을 통했는데, 그 아이는 음양을 모두 사용하여 성행이 음란했다. 그 종과 미칠 듯이 좋아하여 밤낮

으로 떨어지지 않았다고 한다. 이 밖에도 때때로 들은 것이 있지만, 번거롭게 다 기록하지 않는다. _『오주연문장전산고』 인사편 1. 음양이체변증설陰陽二體辨證說

이상과 같은 동성애와 남녀추니 얘기는 우리 역사에 그다지 많이 등장하지는 않는다. 다들 꺼리고 억제하는 것들이니 기록이 많을 리가 없다. 몇 년 전 한 연예인이 동성애 사실을 커밍아웃한 것이 우리 사회에 큰 파장을 불러일으킨 적이 있다. 이것은 숨어서 이루어지던 것을 사회 공론의 장으로 끌어냈다는 점에서 중요한 전환점이 된 사건이었다.

먹고 입고 자고

흰옷과 치마저고리 | 깃털 꽂은 사람들 | 끼니와 상물리기
과식과 쇠고기 | 과음과 금주령 | 기근과 식인 | 따뜻한 아랫목
처마와 뒷간 | 질병과 돌도끼

흰옷과 치마저고리

120년 전에 영국군 장교가 백두산을 등정한 기록에서는 조선과 일본을 이렇게 비교했다.

조선인은 비록 몸을 잘 씻지 않지만 의복을 깨끗하게 하는 일에는 각별했다. 옷은 더럽더라도 몸을 청결하게 유지하는 일본인의 방식과 정반대이다. … 남자들은 주로 의복과 담배에 돈을 썼다. _알프레드 에드워드 존 캐번디시 책, 51쪽

조선에서 품위 유지를 위해 의복에 얼마나 신경을 썼는지 알 수 있다. 전통시대에는 농상農桑이 가장 기본적인 산업이었다. 지방 수령이 챙겨야 할 일곱 가지 주요 업무 가운데에도 농상이 들어 있다. 농상이란 농사와 양잠이니, 농사는 먹기 위한 것이요 양잠은 입기 위한 것이다. 그러나 뽕나무를 키우고 누에를 쳐서 만드는 비단은 보통 사람이 범접하기 어려운 옷감이었다. 비단은 지체의 상징이었고 서민은 고래로 삼베옷이나 가죽옷 따위를 입었다. 조선 성종 때 기록을 보면, 북방의 병사들은 추운 날씨에도 삼베옷에 갑옷을 입었다고 하였다. 고려시

대에도 평민이 비단옷을 입는 것은 쉬운 일이 아니었다.

인종 9년1131 5월에 서울과 지방에서 비단 짜고 수놓는 일을 못하게 하고, 10년을 기한으로 평민이 비단 상의와 비단 바지를 입는 것, 도성 안에서 말 타는 것, 노비들이 가죽띠를 띠는 것을 금지하였다. _『고려사』 금령

그런데, 비단과 삼베의 간극을 메워준 것이 목화였다. 얼마 전에 부여 능산리 절터에서 발굴된 직물이 백제의 면직물로 밝혀져 고대에 목화가 이미 사용된 사실이 실물로 뒷받침되었다. 그렇지만 고려 말기인 1363년에 문익점이 들여온 목화가 대중화의 시발점이었다. 남방 산물인 목화가 처음 전래되었을 때에 서양에서는 양털을 대신했다고 해서 '나무에 열린 양'으로 생각했고, 중국에서는 비단을 대신했다고 해서 '나무에 열린 누에고치'로 생각했다.

또 목화를 재료로 하는 면방직은 영국 산업혁명의 원동력이 되었다. 목화는 국내에 들어오자마자 급속히 퍼져나갔다.

정천익이 그 집 여종에게 가르쳐서 한 필을 짰다. 이웃 마을에 전하여 서로 배워서 한 고을에 보급되었고, 또 10년이 되지 않아서 전국에 두루 퍼졌다. _태조실록 7년(1398) 6월 13일

10여 개의 씨앗을 심어 하나만 싹을 틔웠다고 하는데, 이것이 10년 사이에 전국에 퍼졌을 정도니 목화 도입의 효과가 얼마나 컸는지 짐작할 만하다.그림 1 그러기에 조선시대에 목화실로 짠 무명이 화폐로도 사

그림 1 태평성시도의 솜 타기(2014. 7.)

용되었던 것이다.

우리나라는 상하귀천을 막론하고 옷을 만들 때에 따뜻하게 입으려면 명주를 쓰고 시원하게 입으려면 삼베를 쓰지만, 모두 무명만 못합니다. 무명은 너무 사치스럽지도 너무 검소하지도 않고 추위나 더위에도 적당하여, 마치 음식물로 흔히 대하는 차, 밥, 콩, 조와 같습니다. _정조실록 24년(1800) 2월 22일

이렇게 무명이 일반화했으나, 북방인 함경도에는 면화가 재배되지 않았기 때문에 남쪽에서 운송해 가야 했다. 따라서 무명이 귀해 다른

옷감을 이용한 것을 볼 수 있다.

이삼이 아뢰기를 "북쪽 병영에는 목면이 없어서 백성들이 모두 개가죽 옷을 입습니다. 평안도 병영에는 정목正木, 품질 좋은 무명이 제법 여유가 있으니, 북쪽 병영의 삼베 10여 동同을 매년 평안도 병영으로 보내어 10동의 무명과 바꾸어 군관의 의복과 상품에 쓸 수 있도록 의정부에 정식으로 분부하소서" 하니, 윤허하였다. _영조실록 5년(1729) 5월 6일

1동은 50필을 이른다. 북방 군사들만 개가죽 옷을 입은 것은 아니었다. 강아지 가죽으로 만든 갖옷은 서울 양반들이 귀하게 여기는 것이었다.『성호사설』 그러나 중국에 갔을 때에는 개가죽임을 감추었다. 1712년 중국에 갔던 김창업이 그러했다.『연행일기』 그는 중국인의 물음에 개가죽 이엄耳掩, 방한 모자을 여우 가죽으로 만든 것이라고 둘러댔다. 중국에서는 개가죽을 몹시 천하게 여기기 때문이었다.

특이하게 종이로 만든 옷도 입었다.

평안병사 신응주가 강변을 파수하는 군졸들에게 지의紙衣와 유의襦衣를 나누어주고 급히 아뢰기를, "강변의 읍과 진에서 동상에 걸릴 근심은 파수꾼이 봉수군보다 더 심하고, 군졸이 장수보다 더 심합니다. 봉수대와 파수막을 막론하고 장수에게는 모두 지의를 주고 파수꾼에게는 모두 유의를 주었습니다. 그런데 봉수군의 유의가 부족하여 각 봉수대마다 유의 세 벌과 지의 두 벌을 주어 번갈아 입게 하였습니다. …"고 하였는데, 연말에 유의 385벌과 지의 400벌을 하사했기 때문이다. _정조실

록 20년(1796) 1월 1일

'지의'는 솜 대신에 종이를 넣어서 만든 옷이다. '유의'는 남자 저고리인 동옷으로 겹옷과 홑옷이 있는데, 여기서 말하는 것은 솜저고리일 것이다. 조정에서는 군사 의복으로 솜저고리마저 모두 조달하지 못해서 종이를 넣은 옷을 지급하였다.

심지어 과거시험을 치른 뒤에 낙제자 답안지를 변방에 보내서 옷감으로 사용하게 하는 관례도 생겼다.

국가에서 으레 과거시험장의 낙방지로 납의納衣, 누비방한복를 만들어서 북쪽 변방을 지키는 군졸들에게 나누어주었다.

이때에 비변사가 아뢰기를, "보통 비변사에서 시험관에게 고지하여 북쪽 변방에 보내는 낙방지를 남김없이 모아 실어 보내게 하고 있습니다. 그런데 매번 300장 정도로 책임만 면하고 있으니 아주 온당치 않습니다. 감시監試, 생원진사과 초시初試, 첫시험의 낙방지를 서울과 지방의 시험관들이 자기가 차지하거나 남에게 주는데, 이는 재물 횡령에 가깝습니다. 그러니 시험장에 들어왔던 사람 수를 보고해서 사사로이 쓰지 못하게 하소서" 하니, 아뢴 대로 하라고 지시하였다. _광해군일기 9년(1617) 6월 22일

시험지는 원래 응시자가 지참하게 되어 있다. 그런데 종이가 귀하다 보니 낙방지를 돌려주지 않고 관청 용품으로 사용하였고 군사들의 옷감으로도 이용하였다. 그런 과정에서 종이를 빼돌려 사사로이 사용하기도 했던 모양이다. 과거시험을 자주 볼수록 북방의 군사들은 더욱 혜

택을 보았을 것이다. 종이는 이처럼 군사의 옷으로만 사용한 것이 아니고, 여러 겹을 겹치기도 하고, 누비기도 하고, 소금물에 담그기도 해서 종이갑옷도 만들었다. 일반인들도 두터운 종이를 마름질하여 옷을 해 입었다. 그런가 하면, 추위에 떠는 죄수에게 짚으로 만든 섬을 지급한 사례도 보인다.

그림 2 섬의 모습

해당 관청에 명령하여, 서울에 번들러 온 군사 가운데 옷이 얇은 자에게 유의를 나누어주게 하고, 여러 곳의 수비 군졸과 옥중 죄인들에게 빈 섬을 나누어주도록 하였다. 이어 경미한 죄수들은 석방하라고 지시했다. _인조실록 10년(1632) 12월 26일

겨울 추위에 대비하여 병사와 옥중 죄인에게 공석, 즉 곡식을 담지 않은 빈 섬을 나누어주었다. 지금 쓰는 가마니는 근대에 일본에서 들어온 것이고, 그 이전에 사용한 것이 섬이다.그림 2 이것도 역시 짚으로 만들었으니, 이불이나 겉옷 대용으로 사용하였을 것이다. 아니면 구멍을 뚫어서 손과 목만 내놓을 정도로 입었을 것이다. 6·25 전쟁 때 담요에 구멍을 뚫어서 아이들 옷으로 사용했던 기억과 겹쳐진다.그림 3 시대를 거슬러 올라가면 더 흥미로운 자료가 있다.

이들은 돼지 기르기를 좋아하여 고기는 먹고 가죽은 옷을 만든다. 겨울에는 돼지기름을 몸에 바르는데, 그 두께가 몇 푼이나 되어 바람과 추

그림 3 담요로 만든 아이 옷

위를 막는다. 여름에는 알몸에다 한 자 크기의 베로 앞뒤를 둘러서 형체만 가린다. _『삼국지』 읍루 전기

읍루족은 만주 북방에 살던 종족으로 여진족, 말갈족의 먼 조상이 된다. 이들은 여름에 거의 벌거벗고 겨울에는 몸에 돼지기름을 두텁게 발라서 생활했다고 한다. 그런가 하면 그 후예인 물길족에서는 오줌으로 세수를 하는 풍습이 있었다. 이것은 북방 민족 사이에 유행하던 것으로 오줌에 어떤 기운이 숨어 있다고 생각했기 때문이라 한다. 아마 따스한 물로 세수하려는 이유도 있었을 것이다. 그런데 1890년대에 한반도를 여행한 혼마 규스케도 이를 목격했다.

오줌은 더러운 것으로 알려졌지만 조선 사람은 이것을 더운물, 혹은 물처럼 생각하고 더럽다고 생각하지 않는다. 이것 또한 조선 사람이 불결한 인종이라는 사실을 보여주는 하나의 예증으로 삼을 만하다. 정말로 소변으로 얼굴을 씻는 것을 본 적이 있다. 이것을 두고 이르기를 피부를 윤기 있게 하기 때문이라고 했다. _혼마 규스케 책, 116쪽

고대 기록에는 눈에 띄는 것이 하나 더 있다. 만주에 살던 부여 사람들이 흰옷을 숭상했다는 대목이다.

국내에 있을 때에는 흰옷을 좋아한다. 흰옷에 큰 소매가 달린 두루마기와 바지를 입고, 가죽신을 신는다. _『삼국지』 부여 전기

외국에 나갈 때는 비단옷, 모직옷을 즐겨 입지만 일상적으로 국내 거주 시에는 흰색 옷을 좋아했다는 것이다. 당시에 무명도 없었으니 모시처럼 삼베로 흰옷을 만들거나 다른 재료를 사용하였을 터인데, 더러워지기 쉬워 오래 입기 어려운 흰옷을 좋아했다는 것은 여간한 일이 아니다. 에밀 부르다레의 기행문에서도 이런 점이 지적됐다.

백의를 민족의상으로 고른 것은 분명히 운이 없는 일이다. 옷을 거의 세탁해 입지 않는 듯한 빈민이나 행상은 그렇다 쳐도, 말끔하고 화려하게 순백색 옷을 보기 좋게 차려입은 계층도 마찬가지다. … 극동의 모든 민족이 헐렁하게 부푼 옷을 입긴 하나, 그들 사이에도 약간의 차이가 있다. 조선인의 백의는 중국인의 청의, 베트남의 흑의나 일본인의 다채색 '기모노'와 비슷한 점이 거의 없다. _에밀 부르다레 책, 34쪽

신라에서도 관복으로 흰색을 숭상하였고, 이런 흰옷 전통은 우리가 사는 이 시대까지 끊임없이 내려왔다. 오죽하면 우리 민족을 '백의민족'이라 부르겠는가? 홍명희가 '온돌과 백의'란 글을 『문장강화』에 썼을 정도로 흰옷은 온돌과 함께 한국 문화를 대표한다. 스리랑카 등에서는 사원에 들어갈 때에 맨발에 흰옷을 입는데, 이것은 만인 평등을 상징한다고 한다. 교황의 순백색 옷은 그리스도의 지상 대리자임을 상징한다. 그러나 우리의 흰옷이 무엇을 상징하는지는 알려지지 않았다. 중국 은나라 사람들이 흰색을 숭상하던 전통이 내려온 것이라는 조선시대의 설명이 있지만, 단지 추측일 뿐이다.

몽골에서는 국가별로 색깔을 인식하는데, 하늘색은 몽골이고, 노란색은 중국이고, 흰색은 한국이라고 한다. 또 인도를 여행하면서 이런 생각이 들었다. 그들은 자연이 단순하여 옷과 집을 화려하게 치장하는 데 비해서 우리는 자연 색깔이 찬란하여 옷이나 집은 오히려 수수하게 되었다는 생각이다. 영국에 머물면서 자동차 따위에 붉은색이 많은 이유를 깨달았다. 어디를 가나 나무와 잔디로 녹색 천지이니, 붉은색이 어울릴 수밖에 없는 것이다. 이렇게 생활문화는 자연과도 연관이 있다.

조선 말기 서양인의 기행문에 자주 나오는 것이 흰옷 물결이다.

서울은 한 가지 점을 제외하면 내가 본 도시 중에서 가장 음울한 도시이다. 한 가지 예외란 사람들이 입은 흰옷이다. … 멀리서 보면 푸르스름한 기운이 감도는 흰 겉옷은 확실히 거리를 환하게 만든다. _퍼시벌 로웰 책, 183쪽

코레아인들은 일반적으로 여름이나 겨울을 막론하고 옷을 따뜻하게 입는 편이다. 조끼, 외투, 오버코트 등 온통 흰색 일색으로 층층이 껴입는다. … 그러나 이 흰옷들도 자세히 보면 더 깨끗한 것도 있고 덜 깨끗한 것도 있어 그 흰 정도가 천차만별이며, … _아손 그렙스트 책, 124쪽

이 당시 러시아인은 한인을 가리켜 '백조'라 불렀다. 마치 백조처럼 싸울 줄도 모르고 인간의 피를 흘리게 할 수도 없는 존재로 본 것이다. 다음 목격담은 러시아인에 당한 슬픈 백조의 모습을 잘 묘사하고 있다.

아버지의 시신에 아들이 몸을 굽힌 순간 1킬로미터 거리에 있던 몇 명의 군인들 무리 쪽에서 총성이 울리고 이마에 관통상을 입은 아들은 자기 아버지의 시신 위로 쓰러졌다. 다른 두 명의 한국인은 도망쳤다. 조사 결과 밝혀진 것은, 군인들이 근시라 한국인들을 백조로 오인했다는 것이었고, 그것으로 수사는 중단되었다. 한인들은 나에게 다음과 같이 써달라고 부탁했다. 군인들이 한인들을 백조로 착각했다는 사실은 한인들이 스스로 증언한 것이며, 러시아 군인들을 석방하는 것에 아무런 이의를 제기할 의사가 없다고 했다. _가린-미하일롭스키 책, 185쪽

과연 조선 백자와 더불어 흰옷은 조선을 상징하였다.그림 4 임진왜란 때에는 왜병이 흰옷으로 위장해서 명나라 군사를 혼란스럽게 했을 정도다. 다음은 장운익이 선조에게 보고한 내용이다.

방금 직산의 전쟁터에서 돌아온 중국 병사가 "천안과 직산 사이에서 뜻

그림 4 울산 장날의 흰옷 물결(1930년대)

밖에 왜적 선봉이 모두 흰옷을 입고 들판을 덮어 오기에, 중국 병사들이 처음에는 조선인이라 생각하여 공격하지 않았습니다. 그런데 갑자기 왜적이 먼저 포를 쏘므로 중국 병사들이 일시에 말을 달려나가 서로 죽이며 한참 동안 교전했습니다. …"고 했습니다. _선조실록 30년(1597) 9월 9일

이보다 앞서 명나라 군대도 흰옷을 입어 마치 조선 군인인 것처럼 위장한 적이 있다.

정덕 연간1506~1521에 달자韃子, 여진족가 요동 애양보靉陽堡를 공격해왔다. 애양보의 관원이 "고려 군사 수천 명이 구원하러 와서 지금 성안에 있다"고 소리치고, 이어서 우리나라의 편전片箭과 같은 모양의 짧은 화살을 만들어 쏘게 하였다. 또 군인들이 흰옷을 입고 성에 올라가게 하여

우리나라 군사인 것처럼 보이게 하였다. 달자 무리가 흰옷을 보고는 의심하였지만, 화살을 주워보고 "과연 고려의 화살이라" 하고, 드디어 이끌고 돌아갔다. _『패관잡기』

여기서 고려는 조선을 이른다. 중국에서는 우리를 가리켜 고려라고 부르곤 했다. 또 편전은 조선에서 독특하게 발달한 작은 화살이다. 보통 화살의 절반 정도 크기이기에 애기살이라고도 한다. 흰옷과 편전을 이용하여 명나라 군대가 여진족의 침공을 막은 것을 보면, 이 두 가지는 그 당시 조선을 대표하는 고유한 상징물이었다고 할 수 있겠다.

그런데 고려와 조선에서 이런 복색을 바꾸려는 시도가 있어 이목을 끈다. 고려 공민왕 때에 우리나라의 지세를 보건대 검은색과 푸른색을 숭상해야 한다는 신하의 건의가 있었다. 이를 받아들여 관리는 검은 옷에 푸른 갓을 쓰게 하였다.

선조 39년1606에는 일본에 파견되는 사신의 흰옷을 벗어버리고 중국식으로 바꾸자는 건의가 있었다. 현종 때에는 흰옷을 입지 못하게 하는 조치를 내렸다.

조정의 관리와 선비들에게 검은 옷을 입게 하고 흰옷을 금지했다. 동방인은 자고로 흰 것을 숭상했으므로, 국법에 흰색을 금하는 법이 있으나 그대로 습속이 되어 바꾸지 못했다. 임금이 이를 바꾸려고 제도를 마련한 것이다. _현종실록 12년(1671) 1월 1일

영조는 오행사상에 따라 흰옷을 푸른 옷으로 바꾸도록 조치를 내렸다.

우참찬 이덕수가 상소하였는데, 대략 다음과 같다. "한 제안자가 '우리나라는 동쪽에 있는 나라인데, 동쪽은 시절로 말하면 봄에 해당하고 색으로 말하면 청색에 해당합니다. 그래서 풍속이 흰옷 입기를 좋아하지만 마땅히 흰옷을 금지하고 푸른 옷을 숭상하게 해야 합니다'고 하였고, 전하께서도 이미 그 말에 따라서 이를 시행하도록 한 지 여러 날이 되었습니다. 신은 그윽이 생각하건대, … 우리 동방의 풍속에 흰옷을 숭상한 것은 앞 시대의 역사책에 많이 기록되어 있고, 『수서』와 『송사』 및 명나라 동월의 기록에도 더욱 명백하게 나타납니다. 대체로 풍속이 이루어진 지 수천 년이 되었는데 지금에 와서 고친다는 것이 가능한 일인지 알 수 없으니, 신은 그만두는 것만 같지 못하다고 생각합니다" 하니, 임금이 답하기를 "마땅히 생각해보겠다"고 하였다.

그 이튿날 지시를 내려 말하기를, "우참찬이 상소한 말을 묵묵히 생각해 보았는데 그의 말은 지나치다고 할 만하다. … 우리나라에서 흰옷을 숭상해왔다는 것은 비록 옛 선비들이 한 말이지만, 숭상한다고 말한 정도에 불과한 것이다. 어찌 요즘처럼 심했겠는가? … 근래에 인심이 경박해져서 남색을 흰색으로 바꾸는 자가 장차 어지럽게 나타날 것이니, 전국에 깨우쳐 타이르도록 하라"고 하였다. _영조실록 14년(1738) 8월 16일

명나라 사신 동월이 조선에 왔다가 돌아가 『조선부朝鮮賦』를 지었고, 거기에 흰옷 얘기가 나온다. 영조의 이러한 지시는 제대로 먹혀들지 않았을 것이 틀림없다. 그다음 정조 때에도 흰옷 문제가 다시 불거졌기 때문이다.

좌의정 김이소 등에게 지시하기를, "창의氅衣를 푸른색으로 하자는 것과 소매가 넓은 폐단에 대해 영의정이 초기草記, 간략히 왕에게 아뢰는 문서에 첨부하여 보고한 일이 있었는데, 내가 생각하기에 대체로 창의 문제는 위에서 지시할 일이 아니라고 본다. 만일 법령으로 정했다가 준수하지 않아 실행 효과를 보지 못한다면 차라리 법령을 만들지 않는 편이 나을 것이다. …"고 하니, 김이소 등이 아뢰기를, "성상의 하교가 지당합니다. 창의도 관리 예복의 하나이면서 집에서 늘 입는 옷이기도 하여, 사람들이 푸른색과 흰색 두 벌을 갖추어서 관청에 갈 때는 푸른색을 입고 집에 있을 때는 흰색을 입습니다. 진실로 그 이유를 찾자면 대개 우리나라 풍속이 흰색을 숭상하기 때문인데, 지금 만약 흰색을 푸른색으로 바꾸면 예법에 부합될 뿐 아니라 번잡함도 덜 수 있을 것입니다. 신들이 당장 오늘부터 솔선하여 푸른 창의를 입겠습니다 …"고 하였다. _정조실록 17년(1793) 10월 20일

'창의'는 조선 후기에 벼슬아치들이 평상적으로 입던 웃옷이었다. 이를 두 가지 색으로 만들어 집과 바깥에서 각각 달리 입음으로써 규정과 전통에 모두 순응한 것을 알 수 있다.

단발령을 내린 지 10년 후인 1905년 10월에도 흰옷 금지령을 내려 모든 사람은 청색青·흑색墨·감청색紺·자주색紫의 짙은 옷을 입으라고 지시했다. 해가 바뀐 뒤에는 경찰이 흰옷 입은 사람을 잡아서 흑黑, 묵墨, 염색이란 글씨를 옷에 써서 입지 못하게 했다.조선일보 2010. 5. 28. 이 무렵에 포고문을 목격한 에밀 부르다레는 이렇게 적었다.

시내로 들어서는 서대문 아래에 걸린 현수막을 주민들이 유심히 지켜보고 있다. 민족의 관습에 진정한 혁명을 불러일으키는 내용이다. … 이 현수막은 시장의 공문을 서울 주민에게 고시한 것으로, 열흘 뒤부터는 더 이상 흰옷을 입지 말 것을 알리고 있다. 흰색이 눈에 너무 튀므로 상복으로나 입자는 것이었다.

그러나 이런 공지는 아무 효력이 없었다. 그 공지의 대상이 되었던 사람들 중 새 옷을 사 입을 여유가 있는 이는 거의 없기 때문이다. 어쨌든 회색 옷을 입은 사람들이 보이기는 했다. 백의민족의 옷도 머지않아 끝이 날지 모른다. 그날이 오면 근본적으로 달라질 것이다. _에밀 부르다레 책, 273~274쪽

그러나 그의 예상과는 달리 변하지 않았다. 온통 흰옷을 입은 군중이 모여 있는 3·1운동 사진을 보면, 흰옷은 쉽게 사라지지 않았던 것을 알 수 있다. 일제강점기에 비친 흰옷은 일본인에게 쓸쓸함과 애상을 연상시켰던 데에 비해 서양인에게는 축제와 쾌활함을 연상시켰다고 한다. 이와 함께 흰옷은 일본에 대한 저항 의지의 상징이기도 했다. 근대화란 이름으로 양복과 양장이 보급되자 이에 반발하여 전통 의복의 고수로 대응하였던 것이다.

그런가 하면 YWCA를 중심으로 '흰옷 염색하기'를 내세우며 생활 개선 운동을 벌였다. 전라남도에서 나온 색옷 권장 전단에는 "생활 개선은 우선 물든 옷 입는 것으로부터"라고 하였다. 흰옷은 더러워지기 쉽고 자주 빨래를 해야 하므로 비경제적이니 모두 물들인 옷을 입자고 하였다. 이 사진을 보면 '백의퇴산', '색복장려'란 표어가 보인다.그림 5

그림 5 일제강점기 흰옷 퇴치 운동

흰옷을 쫓아내고 색깔 있는 옷을 장려하자는 것이다. 이처럼 흰옷은 근대까지도 뿌리 깊게 내려와 한국인의 상징물이 되었다.

흔히 염색이 발달하지 못해서 흰옷을 입었다고 알려져 있다. 그리스 서민들도 흰옷을 즐겨 입었는데, 물감이 개발되면서 여러 가지 염색법이 유행하였다고 한다. 그렇지만 한반도에서 장기간 흰옷을 고수한 것은 그것만으로 설명이 부족하다. 굳이 색옷을 입으려 했다면 요즈음 개량 한복처럼 각종 염료를 개발했을 것이기 때문이다. 붉은 흙으로 관복에 물을 들이는 다음 기록만 보아도 그러하다.

> 이전 시대에는 사대부의 옷 색깔은 토홍土紅을 상등 빛깔로 삼았다. 대개 붉은 흙을 물에 담가서 찌꺼기는 걸러버리고 정제하여 준비한 다음에 아교를 타서 물들이는데, 그 빛이 눈이 부셨다. 우리나라 풍속에 토홍색 직령直領, 옷 종류이라는 것이 이것이다. _『송와잡설』

오히려 염색을 선호하지 않음으로써 염료가 발달하지 않았다고 하는

편이 옳을 것이다. 중국에서는 온갖 꽃을 따서 물을 들이는데, 우리나라에서는 쪽, 청대青黛, 갈매葛梅, 천지茜芝 등의 염료용 식물 몇 가지만 쓸 줄 알 뿐이란 지적이 그런 것이다.『임하필기』

삼한의 의복제도는 염색한다는 말을 듣지 못했고, 꽃무늬를 넣는 것을 금지하고 있다. … 옛날 풍속에 여자 옷은 흰 모시에 노랑 치마인데, 위로 왕실과 귀족으로부터 아래로 백성의 처첩에 이르기까지 한 모양이어서 구별이 없다 한다. _『고려도경』 부인

고려에서도 중국 옷이 들어오기 전까지 모든 여자들이 흰 모시옷을 입었다고 한다. 그러면서 염색을 하지 않았다고 지적하였다. 염색이 발달하지 않았다기보다는 염색을 선호하지 않았다는 것이 옳을 것이다. 조선시대에 사신으로 온 동월의 기록을 보면, 흰색을 숭상하여 궁전 앞에 치는 장막도 흰색 베를 사용하였고, 옷도 흰색의 굵은 베옷이 많다고 하였다. 그러니 역사 드라마나 영화에 여성들이 울긋불긋 화려한 옷을 입고 등장하는 것은 사실과 동떨어진 것이다. 컬러 시대에 흑백에 가까운 장면을 내보낼 수 없는 연출자의 고심은 이해가 되지만, 시청자의 역사관을 오도할 위험이 크다.

흰옷 전통은 지금 사라졌지만, 그 여파는 아직도 살아 있다. 우리나라 사람은 단순한 색인 원색 계통의 옷을 즐겨 입는다. 흰색이나 색동옷의 색감이 지금도 전해지고 있다. 이것은 일본 사람이 중간색 옷을 즐겨 입는 것과 대비된다. 옷 색깔의 배합에서 일본 사람보다 색감이 떨어진다는 얘기를 들은 적이 있다.

그림 6 수렵도(전 공민왕)

그런데 흰옷과 더불어 뿌리 깊은 전통을 보이는 것이 하나 더 있으니 여성의 치마와 저고리가 그것이다. 우리 옷의 역사를 보면, 외래문화가 들어올 때마다 크게 바뀌어왔다. 첫 변화는 신라 진덕여왕 2년648에 일어났다. 김춘추가 당나라에 갔다가 옷과 허리띠를 가져와 전통 복장을 당나라 복장으로 변경하였다. 문무왕 4년664에는 부인 의복도 바꾸어 복식제도가 중국과 동일하게 되었다고 한다. 치마와 저고리의 전통은 여기서 비롯된 듯하다.

고려 충렬왕 4년1278에는 원나라 영향을 받아 개체開剃 머리를 하였다. 개체는 머리의 가장자리를 깎고 정수리 부분의 머리만 남겨 길게 땋아 늘어뜨리는 것으로 변발이라고도 한다. 공민왕이 그렸다고 전해지는 「수렵도」에 머리 깎은 인물이 보인다.그림 6 머리 깎는 방식은 약간 다르지만 청나라 사람 머리를 생각하면 쉽게 이해될 것이다. 그러나 원나라에서 명나라로 교체되자 옷도 즉시 바뀌었다. 우왕 14년1388에는 명나라 사람들이 올 것이라고 해서 개체 머리와 몽골 옷을 금지하는 명령을 내렸다. 그 뒤 청나라가 들어섰을 때에도 만주족 복장이 우리에게 영향을 주었던 것은 물론이다.

여성이 남자 옷을 입는 풍습도 등장하였다. 당나라 측천무후가 권력을 잡았을 때에 사회적으로 여성의 지위가 높아지면서 여성이 남복을 입는 풍습이 생겨났다고 한다. 당나라 그림에는 여성이 남자 관복을 입은 모습이 보인다. 이 영향으로 발해 정효공주 무덤 벽화에서도 남장 여성이 등장한다. 공주의 시녀들이 모두 남자의 관복을 입고 서 있는 것이다. 고려 말에서 조선 초기까지도 이런 풍습이 보인다.

우왕이 서해도로 사냥 갔는데 숙녕옹주와 궁녀들이 모두 남복을 하고 따라갔다. _『고려사』 우왕 12년(1386) 2월

총신들을 각 도에 파견하여 관기로서 얼굴이 예쁘고 기예를 가진 자를 선발하고, 또 성 안의 관비와 무당 가운데 노래와 춤을 잘하는 자를 선발하여 궁중에 등록하게 하였다. 비단옷을 입히고 말총갓을 씌워서 따로 한 대열을 짓게 하였으며, 이것을 남장男粧이라 불렀다. _『고려사』 사룡蛇龍

원상의 딸에게 남복을 입혀서 임금 수레를 따르게 했다. _태조실록 7년(1398) 2월 29일

그런데 여성 옷은 외래문화의 영향에도 꿈쩍하지 않고 끊임없이 전통을 고수했다. 이는 고려에 온 송나라 사신이 놀랄 정도였다.

또한 송나라 사신 유규와 오식이 객관에 머물러 있을 때, 연회 자리에서 우리 옷차림으로 단장한 기생倡女을 보고 불러서 계단 위로 오르게 하고는, 넓은 소매 옷과 색실 허리띠 및 큰 치마를 가리키며 감탄해서 말했다. "이것이 모두 삼대三代의 복장인데, 아직도 여기서 입을 줄 생각지도 못했다." 그러니 지금고려의 부인 예복도 당나라의 것을 따른 것이지 않겠는가? _『삼국사기』 잡지, 색복色服

삼대는 중국 역사의 시작이요 이상시대인 하·은·주를 얘기하나 여기서는 오랜 옛날, 즉 송나라 이전의 당나라를 뜻한다. 우리나라 옷은 기본 구조가 상의와 하의로 나누어진 형태다. 이것은 유목 민족이나 추운 지방에 많이 보이는 형식으로서, 중국의 원피스 옷과 달랐다. 남자는 바지와 저고리를 입었고 여자는 치마와 저고리를 입었는데, 특히 여성 옷은 고대에 기본형이 만들어진 뒤에 외래 영향과 무관하게 현재까지 면면히 이어져 내려왔다. 조선 태종이 문신들을 불러서 직접 시험을 치를 때에 낸 문제 가운데에 다음과 같은 내용이 들어 있다.

왕은 이르노라. … 의관 규정은 모두 중국 제도를 따르는데 여자 옷만 오히려 옛 풍속을 따르고 있으니, 이것은 과연 다 고칠 수 없는 것인가? _태종실록 7년(1407) 4월 18일

그림 7 조선 전기 여인들(일본 약선사 소장 감로탱)

조선 초기의 문신인 허조1369~1439가 세종에게 한 말에 따르면, 태종이 이런 복식을 고치려고까지 했다가 그만둔 일이 있다.

옛날에 태종께서 우리나라 여자의 복장을 모두 중국 제도에 따르게 하려 했습니다. 이에 "전에 명나라 서울에 갈 때에 궐리闕里, 공자 고향를 지나다가 공자 가묘家廟를 들어가 보았는데, 그림 속 여자 복장이 우리나라와 다름이 없고 단지 머리 장식만 달랐습니다"고 아뢰었더니, 일이 마침내 시행되지 않았습니다. 중국의 예법이라고 어찌 다 따를 수 있겠습니까? _『동각잡기』 본조선원보록

이때는 명나라 수도가 북경으로 옮기기 전이라서 남경에 있을 때였다. 이곳으로 가다가 공자의 고향인 곡부에 들르게 되었던 모양이다.

공자가 세상을 떠난 뒤 그의 집에 사당을 세워서 가묘라 부르는데, 지금 공묘孔廟라 부르는 곳이 그곳이다. 이렇게 고대적이냐 아니냐가 혁파 여부의 판단 기준이 되었으니, 우리 전통 사회가 과거를 숭상하는 상고주의에 경도되어 있음을 여기서도 알 수 있다.

박제가1750~1805는 『북학의』에서 이런 여자 옷이 몽골 의복제도라고 지적하면서, "오늘날의 사대부들은 중국이 오랑캐 옷을 입는 것을 수치스러운 일로 간주하면서도 자기 집 안에 몽골 복장이 지배하여 금지할 수 없다는 사실을 눈치채지 못한다"고 했다. 그러나 이것은 근거가 없는 것으로 생각된다.

그림 8 조선 후기 아기 업은 여인(신윤복)

유구한 전통을 가진 치마와 저고리도 시대에 따라 형태가 달라졌는데, 특히 저고리의 길이가 크게 변하였다. 고구려 벽화에는 저고리가 엉덩이까지 내려올 정도로 길었고, 조선 초기까지도 그런 모습이 유지되었다. 선조 때인 1589년에 그려진 감로탱에 나오는 여인들의 복장만 봐도 그렇다.그림 7 그러다가 후기에 들어가면서 점점 길이가 짧아져 나중에는 젖가슴을 내놓을 정도가 되었다.그림 8

다음은 이익1681~1763이 비판한 말이다.

말세가 되어 부인 옷은 소매가 좁고 옷자락이 짧아져 요사한 귀신에게 입히는 것처럼 되었다. 나는 이를 싫어하지만 모두 그런 풍속이 되어버렸으니 어찌하겠는가? _『성호사설』 만물문, 부인복

그런가 하면 이덕무1741~1793는 다음과 같이 지적했다.

일찍이 어른들의 말을 들으니, 옛날에는 여자 옷을 넉넉하게 만들어서 시집올 때 입었던 옷을 죽어서 염할 때에도 쓸 수 있었다고 한다. 산 사람, 죽은 사람, 늙은 사람, 젊은 사람은 신체 크기가 같지 않으니, 그 옷이 작지 않았던 것을 알 수 있다. 그런데 지금은 그렇지가 않아서 새 옷을 시험 삼아 입어보았더니, 소매에 팔을 넣기가 몹시 어려웠고 한번 팔을 구부리니 솔기가 터졌다. 심지어 간신히 입고 나서 조금 있으면 팔에 혈기가 통하지 않아 부어올라서 벗기가 어려웠다. 그래서 소매를 째고 벗기까지 하니 어찌 그리도 요망스런가.

대개 요즘 유행하는 의복 단장은 모두 창기들의 아양 떠는 자태에서 생긴 것이다. 세상 남자들이 그 요사스러움에 빠져 잘못을 깨닫지 못하고, 자기 처와 첩에게 권하여 본받게 하고 서로 전하며 익히게 한 것이다. 오호라, 시와 예를 배우지 못해서 규중 부인들이 기생 복장을 하였구나. 부인들은 빨리 이를 고쳐야 한다. _『청장관전서』 부의婦儀

이처럼 부인들이 기생의 복장을 모방하면서 좀 더 섹시한 옷으로 변해갔던 것이다. 조선시대에 기생들은 예외적으로 옷사치를 인정받았다. 이들의 화려한 옷차림이 부인들의 선망이 되었고, 남편들도 이를 부추겼던 것 같다. 이리하여 치마는 속바지를 겹겹이 받쳐 입어서 점점

그림 9 여자 옷의 윤곽선 변천

풍성해진 반면에 저고리는 길이가 더욱 짧아지면서 입기도 힘들 정도로 좁아져 상박하후上薄下厚의 실루엣을 보이게 되었다.[그림 9] 저고리 길이가 19세기 초에 30센티미터 정도였다가, 말엽에 이르면 18센티미터 정도까지 줄어들었다고 한다.

2011년에 한 호텔에서 "한복과 트레이닝복을 입어선 입장할 수 없다"고 거부하여 논란이 인 적이 있다. 당시 한 한복 디자이너가 치마저고리를 입고 있었는데, 호텔 지배인이 "한복은 위험한 옷이다. 부피감이 있어 다른 사람에게 피해를 줄 수 있다"고 이유를 설명했다고 한다. 이를 전해들은 네티즌은 기모노 입고 그 호텔에 입장한 사진을 올리면서 크게 비난했고, 급기야 호텔 사장이 직접 찾아가 사과하는 일이 벌어졌다. 우리 문화를 대하는 우리의 자화상을 보는 듯하다.

깃털 꽂은 사람들

한 조선족 학자와 연변 지역을 답사할 때였다. 목이 말라 어느 한 집에 들어서면서 우리말로 "계십니까?" 하고 사람을 불렀다. 그에게 어찌 조선족 집인 걸 아느냐고 물었더니 집에 걸린 물건이나 분위기를 보면 안다고 했다. 이 조선족 학자는 용케 상대방이 한족인지, 만주족인지, 조선족인지를 구별해냈다. 고구려 수도에서는 조선족 가이드가 물어보지도 않고 조선족 행상을 찾아내서 물건을 팔아주었다. 만주족은 우리보다 얼굴이 조금 더 새까맣다고 알려주었으나 나는 도저히 구별이 되지

그림 1 수건 쓴 여성들(1960년대 초)

않았다.

발해 유적을 답사할 때에도 현지 학자가 조선족을 찾아내는 것을 보았다. 한 번은 머리에 빨래를 이고 강가로 가는 여인이었고, 또 한 번은 머리에 수건을 쓰고 물가에서 빨래하는 할머니였다. 머리에 빨래를 이거나 수건을 쓰는 것은 조선족밖에 없다는 설명이었다. 이런 일들을 겪으면서 우리는 다른 민족과 섞여 산 경험이 없어서 민족 구별에 익숙하지 못하다는 걸 깨달았다.

그림 2 나물 캐는 여인(윤용)

일본인은 횟집이나 작업장에서처럼 남자들이 일을 할 때에 수건을 동여매는 것을 볼 수 있다. 그러나 우리는 아주머니들이 머릿수건을 쓴다. 이전에는 일하는 여성들에게 수건은 필수품이었다. 이 사진은 1960년대 초에 건축 공사판에서 벽돌을 나르던 여성들 모습인데, 실은 갓 홀로되어 30대 초반의 나이에 그곳에서 일하던 어머니의 모습도 들어 있다.그림 1 진위 논쟁에 휩싸였던 박수근의 「빨래터」 그림에도 머리에 수건 쓴 여자가 보인다.

그런데 나물 캐는 여인을 그린 윤두서의 그림18세기 초이나 윤용의 그림18세기 중에서도 머리에 수건을 쓴 것이 눈에 들어왔다.그림 2 또 이덕무는 1768년에 황해도를 여행하면서 "연안 서쪽 여자들은 모두 푸른 머리 수건에 짙푸른 치마를 입는다"고 적었다.『청장관전서』 서해여언 이로써 머리에 수건을 쓰는 유래가 적어도 조선시대까지 올라가는 것을 알게 되었다.

캄보디아 앙코르와트에 갔을 때에 톤레사프 호수에 사는 수상족을 구경한 적이 있었다. 여기에는 베트남에서 온 사람들도 살고 있는데, '논non'이라 불리는 고깔모자를 쓴 사람이 베트남인이라서 캄보디아인과 구분된다는 말을 들었다. 우리의 머리 수건처럼 '논'은 베트남인의 트레이드 마크인 것이다.

외국에 나가면 저 사람은 한국 사람 같은데 하는 느낌이 드는 경우가 있다. 뭔가 이유를 댈 수는 없지만 행동거지와 표정 등에서 그런 생각을 갖게 한다. 일본 나라 지방을 여행하면서 우연히 마주친 여학생이 한국인처럼 보였는데 말을 건네지 못하고 지나쳤다. 얼마 뒤 지하철역에서 다시 조우하자마자 서로 한국말이 튀어나왔다. 일본어를 한 마디도 못하면서 혼자 일본을 여행하고 있던 한국 여학생이었다. 한번은 일본 규슈의 시골 전철역에서 일군의 남자들이 시끄럽게 떠들며 올라오기에 경상도 사람들로 생각했는데, 알고 보니 일본인들이었다. 말투만 보면 비슷하게 느껴질 때가 있다. 이처럼 오해를 하는 경우도 물론 있기는 하다.

100년 전으로 올라가면 이국땅에서 한인을 보기란 쉽지 않았겠지만, 흰옷은 이국땅에서 한인의 지표였다.

고국을 떠나 아무리 먼 나라로 이주해도 한민족은 항상 흰옷 차림을 하고 있다. 헤이룽 강가에 채소밭이라도 하나 보이고, 밀가루라도 뒤집어쓴 듯이 흰옷을 입은 농부를 보게 되면, 그 사람은 틀림없는 조선인이다. 블라디보스토크에서도 중국인의 어두운 색 겉옷과 러시아인의 누빈 외투들 사이에 한민족의 경쾌한 흰 의복은 눈에 띈다. _조르주 뒤크로 책, 78쪽

청나라에 사신으로 갔던 기록을 보면, 중국에서는 오로지 검은색을 숭상하고, 가난하고 천한 사람이 푸른 옷을 흔히 입는다고 하였다.『계산기정』 대개 부자가 아니면 진하게 물을 들일 수가 없기 때문이라 한다.

그런데 고대로 거슬러 올라가면 또 다른 한인의 표지가 있다. 아메리카 인디언 사진을 보면 머리에 깃털을 꽂은 모습이 인상적이다. 이것은 전쟁 영웅에게 붙여주는 것이라고 한다. 중앙아메리카를 정복한 유럽인은 금을 찾았지만, 그곳의 아즈텍인은 화려한 깃털을 귀하게 여기고 금의 가치는 알지 못했다. 잉카가 아마존 산록 지대의 부족들로부터 받은 공물 가운데 금과 희귀한 새마코 앵무새 깃털이 가장 귀한 것으로 여겨졌다. 금과 깃털로 짠 창카이 직물도 있었다. 또 5천 명이 넘는 후궁을 두었던 잉카의 지배자 아타우알파의 머리에도 깃털들이 꽂혀 있었다.

유럽 스코틀랜드에서는 멧도요새를 처음 잡은 사람이 깃털을 뽑아 모자에 달았다고 한다. 영어에 "a feather in your cap"이란 말이 있는데, 이것은 그 사람의 공적이나 명예를 의미한다. 얼마 전까지도 멋쟁이 신사는 중절모에 꿩 깃털 하나를 멋드러지게 꽂고 다녔다. 아마 이런 서양 전통이 들어온 것일 게다.

중국 신장성 우루무치에 있는 박물관에는 기원전 2000년에서 기원전 1450년 사이에 해당하는 초기 청동기시대 무덤에서 나온 미라가 전시되어 있는데, 머리에 쓴 모자에는 깃털이 생생하게 꽂혀 있었다.그림 3

그런데 이런 모습이 우리 고대사회에서도 보인다. 그렇지만 문헌 기

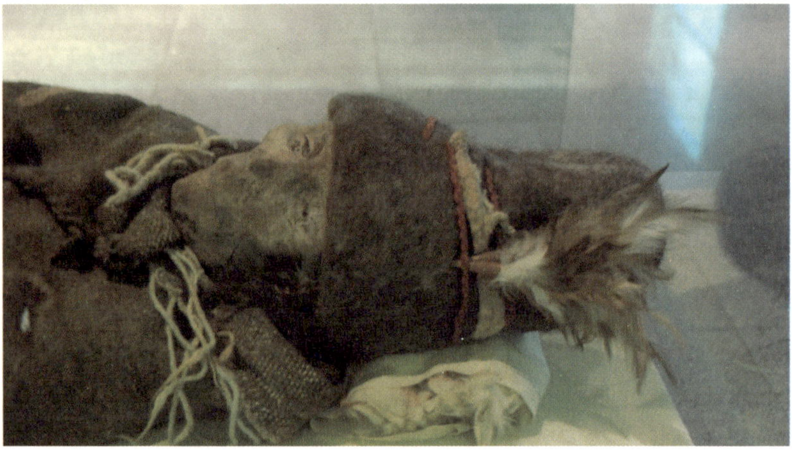

그림 3 깃털 꽂은 미라(2010. 8.)

록에는 별로 나타나지 않고, 그림에 많이 나타날 뿐이다. 그러기에 이번에는 역사 기록이 아니라 그림 여행을 해보아야 할 것 같다.

우선 처음으로 볼 것은 국립중앙박물관에 전시되어 있는 농경 그림의 청동기다. 우연히 대전의 한 고물상에서 구입한 것인데, 지금은 청동기 유물을 대표하고 있다. 전체 크기는 7.3센티미터 × 12.8센티미터 정도로서, 한쪽 면에 농사를 짓는 장면이 표현되어 있다. 이 그림은 그 일부로서 따비라는 농기구를 들고서 왼쪽 아래의 밭고랑에서 경작하고 있다.그림 4 그런데 이 농부의 옷차림을 보면, 윗도리는 입은 것 같은데 아랫도리는 가운데의 남근 모습으로 보아 벗고 있다. 고래로 땅은 여성으로 상징되어 왔다. 이리하여 음양의 조화를 통해 풍년을 기원하는 의식으로 남성이 옷을 벗고 경작을 하는 풍습이 우리나라에 있었다. 이는 나경裸耕이라 하는 것으로, 우리나라 관동 지방과 관북 지방에 전해져 왔다. 토질이 척박한 곳이라서 풍년을 비는 마음이 절실하여 이런 의식을 했던 것으로 여겨진다. 함경도에서 입춘 날 옷을 벗고 밭을 갈던 조선시대의 모습이 유희춘의 일기에 보인다.

그림 4 농경문 청동기 인물

> 북쪽 변경의 무지한 풍속에 매년 입춘 날이면 장정이 발가벗고 목우木牛를 몰게 하니, 이를 우경偶耕이라 한다. 이 때문에 추위에 몸을 상해서 큰 병을 얻곤 한다. 감사가 이를 엄금할 수가 있으리라 싶어 감사 박계현의 아버지인 참찬 박충원에게 편지를 보냈더니, 답하기를 "북방 풍속이 그와 같다면 아주 무도한 일입니다. 또 사람까지 상하니 매우 해괴한 일입니다. 마땅히 알려서 엄금하게 하겠습니다"고 하였다. _『미암일기』 1573. 12. 15.

또 하나 눈에 띄는 것이 있다. 머리 오른쪽으로 길다란 것이 뻗어 두 가닥으로 갈라지고 있으니, 이것은 깃털을 머리에 달고 있는 모습이다. 대전시 괴정동에서 출토된 것으로 전해지는 이 유물은 선사시대에 깃털을 꽂았던 풍습이 있었던 사실을 잘 보여준다.

그러한 풍습은 삼국시대에 와서도 그대로 계승되었다. 먼저, 고구려 벽화에서 그런 그림들을 많이 찾을 수 있으니, 쌍영총 벽화의 기마 인물이 그 한 예다.그림 5 이 사람은 머리에 관모를 쓰고 두 가닥의 깃털을

그림 5 쌍영총 기마 인물

꽂았다. 이런 관을 조우관鳥羽冠이라 부른다. 무용총 벽화에 나오는 유명한 호랑이 사냥 장면에도 조우관을 쓴 두 사람이 보이는데, 한 사람은 깃털 두 개를 꽂았고 다른 한 사람은 여러 가닥의 깃털을 꽂아서 조금 달리 표현되어 있다.

고구려 유적에서는 조우형으로 된 금동제 관冠 장식이 발굴되었는데, 이를 포함하여 굵은고리 귀걸이太環耳飾, 금동 신발 등은 중국이나 금 장식이 발달한 선비족에게서 발견되지 않는 우리의 독특한 장신구들이다. 이들은 백제나 신라에도 전파되어 한국 고대문화의 특색을 이룬다.

백제에도 조우관 전통이 있었을 것이나, 실물로 확인되지 않고 문헌 기록에만 나온다.

그 나라 의복의 경우 남자는 고구려와 거의 같다. 조회할 때나 제사 지낼 때에 관모 양쪽에 날개를 꽂지만, 전쟁 때에는 그러지 않는다. _『주서』 백제 전기

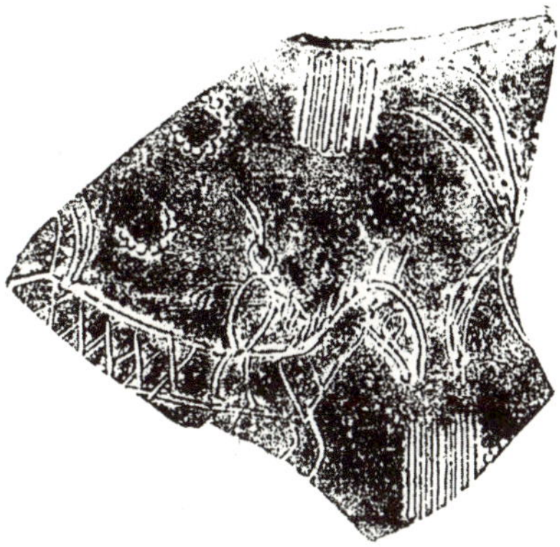

그림 6 신라 토기 인물상

10여 년 전에 국립중앙박물관 고고부장실을 들렀다가 탁자 위에 놓인 탁본 한 장이 눈에 들어왔다. 토기를 굽기 전에 선으로 스케치한 것인데, 말을 타고 있는 사람 머리에 두 가닥의 선이 나와 있었다. 이미 고인이 된 한영희 부장은 경주 출토품으로 5세기경으로 추정된다고 설명해주었다. 당시에는 신라 조우관이 알려져 있지 않았기 때문에 특별히 관심을 표명했더니 선물로 주었다. 이 그림이 바로 그 탁본이다.그림 6

그 뒤 경주 황룡사지에서 발굴된 전돌에서도 조우관 인물도를 찾을 수 있었다. 스케치하듯이 선으로 그린 것인데, 문인 한 사람과 그 뒤를 따르는 무인 두 사람이 표현되어 있다. 무인은 갑옷을 입고 있고, 문인은 머리에 뿔처럼 생긴 모자를 쓰고 있다.

신라에서 깃털을 꽂은 것은 닭을 숭상하기 때문이라 한다.

천축국 사람이 신라를 '구구타矩矩吒 예설라瞖說羅'라 일렀으니 '구구타'는 닭을 이르는 것이고, '예설라'는 귀하게 여긴다는 말이다. 그 나라에서는 서로 전해 말한다. "신라에서는 닭을 신으로 경외하고 높이 받들어서, 그 깃털을 꽂아서 관을 장식한다." _『삼국유사』 귀축제사歸竺諸師

그림 7 일본 고분 출토 조우관 인물도(1996. 1.)

구구타는 닭 울음소리인 꼬꼬댁을 가리키는 것 같다. 이처럼 삼국 모두에서 조우관이 확인된다. 그러면서 주변 국가에는 이런 풍습이 없었기에 고대 한국인의 징표처럼 되었다.

다음은 가야 사람에 대한 일본 측 기록이다.

스진천황 때에 이마에 뿔이 난 사람이 한 척의 배에 타고 월국 사반포에 도착했기 때문에 그곳을 각록角鹿이라 이름하였다. 그에게 "어느 나라 사람인가" 물으니, "의부 가야 국왕의 아들로, …" 하였다. _『일본서기』 스이닌천황 2년

일본에 건너간 가야 국왕의 아들을 두고 이마에 뿔이 난 사람이라고 적었다. 이 기록을 통해서 다음 사실이 연상된다. 뿔이 났다고 한 것으로 보아서, 깃털을 꽂기보다는 쇠뿔 같은 것을 매달았을 것이다. 신라

나 가야의 관모를 보면 새 날개나 쇠뿔 모양 장식이 달린 것을 볼 수 있다. 신라 김유신에게 내렸던 태대각간太大角干 벼슬에서 알 수 있듯이, 각간 벼슬은 혹시 뿔 장식을 달았기 때문이 아닌가 생각된다. 아무튼 가야에서도 깃털을 다는 풍습이 있었는지는 모르겠지만, 뿔 같은 것을 장식한 풍습은 분명히 있었던 것 같다. 더욱 중요한 것은 일본에서 그를 뿔이 난 사람이라고 할 정도로 생소하게 생각했다는 점이다.

그림 8 호류지 발견 인물도

1996년 2월에 일본 오사카 부립 센호쿠泉北고고자료관 전시실을 방문했다가 거기서도 조우관 인물을 만났다.그림 7 가난초河南町의 석실무덤에서 출토된 것이란 설명이 있었지만, 자세한 발견 경위는 알 수 없었다. 하지만 가운데 사람 머리에 깃털이 수직으로 꽂혀 있어, 한반도 계통의 인물임을 알 수 있었다.

1992년 국내 일간지에서는 일본에서 발견된 그림 하나를 소개하였다.그림 8 나라 지방의 호류지 금당에 있던 아미타여래상 대좌를 분해하는 과정에서 발견된 것으로, 7세기 중반에 해당한다고 한다. 그런데 이 인물의 머리에도 깃털로 장식된 모자가 씌워 있어서 한반도 계통의 인물임을 확인할 수 있다. 발견 당시 V 자 모양의 옷깃도 고려하여 고구려인으로 추정하였다. 호류지 금당벽화도 고구려 승려인 담징이 그린 것이니, 그 가능성은 더욱 커진다. 이 그림은 다카마쓰 고분 벽화보다 반세기나 올라가는 것이라서 일본에서 가장 오랜 인물화가 되었다.

그림 9 장회태자묘 동쪽 예빈도

중국에서도 고대 한국인의 활동 흔적이 보인다. 학계에서 가장 논란이 되었던 당나라 이현654~684의 무덤 벽화로 먼저 가보겠다. 이현은 중국 유일의 여자 황제였던 측천무후의 둘째 아들이다. 처음에 장회태자에 봉해졌지만 5년 뒤에 쫓겨나 지방에 거주했다. 그렇지만 정권을 잡은 측천무후가 그의 반란을 두려워해서 강제로 자살하게 만들었다. 권력을 위해서 자식마저 죽인 것이다. 706년에 그의 무덤을 지금의 자리로 옮겼다.

2002년 중국 시안西安을 답사할 때에 근교의 건릉에 배장되어 있는 그의 무덤에 가보았다. 무덤 안으로 들어가는 통로 양쪽에 6명씩 그려진 손님맞이 그림이 있는데, 동쪽 벽에 문제의 인물이 보인다. 머리에 뿔 달린 사람이다.그림 9 앞의 세 사람은 홍로시의 관리로서 외빈 접대를 담당했다. 뒤의 세 사람은 외국에서 온 사신들인데, 첫 번째는 이목구

비로 보아 서양에서 온 사람인 것을 금방 알 수 있고, 맨 뒤는 털모자를 쓰고 있는 것으로 보아서 북방의 추운 나라에서 왔음을 짐작할 수 있다. 그런데 그 사이에 있는 사람은 복장과 머리 장식으로 보아 한반도에서 간 사신이 분명하다.

그동안 학계에서는 신라 사신이냐 고구려 사신이냐를 두고 논쟁을 해왔다. 신라 사신으로 보는 견해는 이 그림이 조문객을 표현한 것이고 무덤을 만든 시기도 고구려가 멸망한 뒤라는 이유를 들고 있고, 고구려 사신으로 보는 견해는 장회태자가 고구려 멸망 전, 즉 생전에 외국 사신을 접견하던 모습을 그린 것이라는 이유를 들고 있다. 아직도 결론이 나지 않은 상태지만, 한반도에서 파견된 사신인 것만은 분명하다.

이 사신은 머리 장식만 특징적인 것이 아니라, 거추장스러울 정도로 넓은 소매에 펑퍼짐한 옷차림을 하고 있기도 하다. 활동성과 실용성이 배제된 느낌이다. 이것은 우리나라 고대 복식의 특색이기도 한데, 조선시대까지도 그런 전통이 내려왔다. 땅에 끌릴 정도로 기다란 옷자락, 넓은 소매 등은 이따금 중국인들의 웃음거리가 될 정도였다. 더구나 전쟁이 일어나자 비실용적인 관료 복장이 문제가 되지 않을 리가 없었다. 그러기에 선조는 다음과 같이 지시했다.

중국인들은 매번 펑퍼짐한 겉옷과 큰 소매, 머리에 쓴 큰 모자를 웃음거리로 삼았고, 원외랑 유황상은 심지어 이를 개혁하라는 공문까지 보내왔다. 이제 중국 제도를 따라서 상하 관리의 관복 이외에 군복과 속옷은 모두 소매를 좁게 하고, 금군禁軍, 궁궐 및 왕 호위 담당 군사 이하 공·사 노비는 모두 작은 모자를 쓰고 … _선조실록, 26년(1593) 6월 1일

그림 10 고려국 모습을 조각해 넣은 당나라 은합

간편해야 할 무사들도 넓은 소매에 품이 큰 옷을 입어 선조가 개혁을 명한 적도 있다. 이런 모습은 근대에 서양인의 눈에도 독특하게 보여서 '부피가 큰 옷', '높다란 갓'으로 표현되었다.

역시 시안에서 발굴된 은제 합도 주목된다. 높이 5센티미터, 직경 7.5센티미터, 무게 121그램밖에 되지 않는 아주 작은 은합인데, 뚜껑을 7개 구획으로 나누어 7개국 모습을 조각해 넣었다. 그중 하나가 '고려국' 사람들이다.그림 10 왼쪽에 높은 사람이 앉아 있고, 그 앞으로 4명이 서 있어 무언가 회의를 하는 듯한 모습이다. 역시 긴 옷에 소매가 넓은 옷을 입고 있을 뿐 아니라, 머리에는 토끼의 두 귀 같은 깃털을 꽂았다. 은합에 고려국이라 쓰여 있으니 고구려 사람들일 것이다.

시안보다 서쪽에 있는 둔황으로 가도 고대 한국인을 만날 수 있다. 둔황 석굴 가운데 220호와 335호 등의 벽화 그림에 깃털 꽂은 사람들이 등장하기 때문이다. 335호를 예로 들겠다. 이 그림은 유마 거사가 아플 때에 국왕과 대신들이 문병하였다는 『유마힐경』을 표현한 것으로, 중국 황제를 비롯하여 그 아래 대신 및 외국 왕과 사절들이 나타나 있다. 그러한 외국 사절도 가운데 머리에 조우관을 쓴 인물 두 사람이 끼어 있는 것을 볼 수 있다.그림 11 깃털 두 개를 꽂은 조우관 양쪽으로 흰 끈이 나와서 턱 아래에서 묶었고, 끈 사이로 귀가 드러나 있다. 옷차림은 이현묘에 보이는 조우관 인물과 비슷하다. 이 벽화의 연대가 686년이니 고구려 멸망 직후의 그림이다.

그림 11 둔황 335호 석굴 벽화

중국에는 이러한 사례가 몇 개 더 보인다. 그런데 고대 한국인의 활동 흔적이 일본과 중국을 넘어서 중앙아시아에서까지 나타나는 것이 주목된다. 중앙아시아에서 큰 세력을 떨쳤던 소그드인의 유적지에서도 그 흔적이 발견되기 때문이다. 소그드인들은 경제활동에 뛰어나 실크로드를 이용하여 동서양의 교역을 담당하였다. 그래서 중국에서는 소그드인의 자취가 많이 나타난다. 당나라에서 반란을 일으켰던 안녹산의 아버지도 소그드인이었다.

현재 우즈베키스탄에 속하는 사마르칸드에 아프라시압 궁전지가 있는데, 이것은 소그드인이 세운 강국康國의 유적지다. 이 궁전지 벽화에는 7세기 후반 바르후만 왕이 사절들을 맞이하는 모습이 그려져 있고, 그 가운데에도 머리에 두 가닥의 깃털을 꽂고 허리에는 둥근 고리가 달

그림 12 아프라시압 궁전지 사절도

린 큰 칼을 찬 사람이 두 명 등장한다.그림 12 이들은 종래에 신라 사절로 보기도 했지만, 지금은 고구려 사절로 보는 견해가 우세하다. 고구려는 수·당의 압력에 대응하기 위해서 내륙아시아 세력들과 연계를 맺었다. 지금 몽골의 돌궐 비문에도 고구려 사절이 파견된 기록이 있는 것은 그 때문이다. 최근에 발굴된 발해 왕릉에서도 고구려 조우관과 아주 유사한 금제 관장식이 출토되어 고구려 조우관 전통이 발해까지 지속된 것이 밝혀졌다.

지금까지 본 것처럼 고대 삼국인과 가야인을 하나로 묶어주는 패션이 바로 머리 깃털이었다. 다음은 당시 중국인에게 비친 고구려인의 이미지를 잘 보여준다.

> 술자리가 무르익었을 때에 희롱하여 "공의 얼굴이 고구려인과 같다"고 하니, 양재사가 흔연히 일어나 비단을 잘라 두건 위에 붙이고 자주색 포를 뒤집어쓰고 고려춤을 절조에 맞추어 추니, 참석자들이 모두 비웃었다. _『신당서』 양재사 전기

측천무후의 총신이 고관들을 초청하여 베푼 연회에서 발생했던 일이다.

그러면 왜 깃털을 꽂았을까? 앞에서 인디언 전사를 언급했는데, 그

그림 13 농경문 청동기 새

그림 14 Franco–Cantabrian 동굴 벽화

러한 문화가 우리 땅에도 있었을 수 있다. 다른 이유도 생각해볼 수 있다. 고대에 새는 중요한 존재였다. 샤머니즘에서 새는 하늘과 지상을 연결하는 매개자로 이해된다. 삼한에서는 장례 시에 큰 깃털을 함께 묻어 죽은 자가 하늘로 날아갈 수 있기를 기도했다. 박혁거세, 김알지 등 고대 건국자들이 알에서 태어난 것으로 묘사되어 있을 정도로, 고대 신화에 새와 관련된 내용이 상당수 나온다. 지금도 무당 집에 세워둔 장대에 새를 달거나, 동구 밖에 세워둔 솟대에도 새를 올려놓는다. 앞에서 언급한 농경문 청동기에도 나무에 앉아 있는 새가 표현되어 있고,[그림 13] 유럽의 후기 구석기 동굴 벽화에도 쓰러진 사람 옆에 나무에 앉은 새 한 마리가 표현되어 있다.[그림 14]

그러나 이러한 깃털 장식도 중국 복식제도를 받아들이면서 점차 사라지게 되었다. 공식적으로는 648년에 김춘추의 건의를 받아들여 당나라 제도로 바꾼 것이 계기가 되었다. 그러나 그 이전에 이미 이러한 변

그림 15 염립본(閻立本, 601?~673)이 그린 왕회도

화가 나타났고, 이에 따라 하나둘씩 자취를 감추게 되었다. 현재 타이완 고궁박물원에 소장되어 있는 「왕회도王會圖」란 그림에 등장하는 삼국 사신 가운데 고구려 사신만 깃털을 꽂은 것으로 그려져 있는 것은 고구려에서 가장 늦게 개혁된 사실을 반영한다.그림 15

그렇지만 조선시대에도 그 전통이 희미하게나마 살아남아 있었다. 중국 사신 동월은 "천한 사람은 푸른 적삼을 입고 정수리에 깃털을 꽂는다"고 하였다. 왜인의 침략으로 임금이 피난을 떠날 때에 이효언李孝彦이 했던 언행에서 볼 수 있듯이 무관도 머리에 깃털을 꽂았다.

아무도 앞에서 어가御駕, 임금 수레를 인도하려 하지 않았다. 이효언은 선전

관으로서 혼자서 앞으로 나섰다. 이홍로가 내게 "우리들은 군관이니 앞서서 어가를 인도하는 게 옳겠소" 하므로, 나도 그렇게 생각하여 앞으로 나섰다.

이홍로가 말 위에서 이효언에게 "오늘 앞서 인도하는데 깃털을 꽂지 않을 수 없소" 말하고, 의기양양하여 만족하게 여기는 것 같았다. _『기재사초』 임진잡사

다음 의논을 보면 군사와 관련해서는 임금도 깃털을 꽂은 것을 알 수 있다.

예조가 아뢰었다. "우리나라 우립羽笠, 깃털 꽂은 모자 제도를 중국 사람들이 몹시 비웃습니다. 대개 깃털을 꽂는 것은 오랑캐 풍속에서 나온 것이니, 중원 사람들은 하인이나 천민들만 털모자氈笠 위에 깃털 한 개를 달 뿐입니다. … 내일 성을 순행하실 때에는 깃털을 꽂지 마시고, … 이 뒤로부터는 일상 규정으로 삼으소서."

이에 전교하였다. "백 리만 가도 풍속이 다른 법인데 깃털을 꽂는 제도는 유래가 오래되었으니 고칠 필요가 없다. 비웃더라도 상관없다. …" _선조실록 30년(1597) 9월 6일

2008년 10월에 부산박물관에서 '오래된 만남 한국과 일본' 특별전을 관람하면서 조선통신사 일행이 모자에 깃털 같은 것을 두 개씩 꽂은 그림을 발견하고 무척 기뻤다.그림 16 선조의 지시에서 짐작할 수 있듯이 그런 전통이 사라지지 않은 것이다.

그림 16 고로센도 병풍에 보이는 깃털 꽂은 조선통신사

지금까지 깃털을 따라 여행하였다. 새 숭배 관념은 세계에 보편적인 것인데, 유독 삼국과 가야인 사이에서만 깃털 모자가 특징적으로 나타나는 이유는 알 길이 없다. 그렇지만 고대 한국인과 타국인을 가르는 주요한 기준이 될 수 있을 정도로 독특한 옷차림이었던 것이 분명하다. 이런 점에서 삼국민이 고대 한국인으로서 점차 동질성을 형성해가던 모습을 엿볼 수 있다.

끼니와 상물리기

서양에서는 아이 주먹만한 작은 사과를 파는데, 우리 같으면 상품 가치가 없다고 버릴 크기이다. 이에 비해서 우리는 큼지막한 사과를 먹음직스럽게 생각한다. 서양인은 혼자 단번에 먹을 수 있는 크기를 선호하지만, 우리는 큰 것을 잘라서 공동으로 나눠먹는 것을 좋아하기 때문일 것이다. 식습관이 과일의 크기마저 달라지게 한다는 생각이 들었다.

옛날에는 몇 끼니를 먹었을까 궁금하다. 이는 계절이나 신분에 따라 다양했을 것이다. 대개 농번기 때는 힘을 써야 하기에 세 끼를 먹었고, 농한기 때는 두 끼를 먹었다. 점심을 더 먹은 것이다.그림 1 하루 두 끼는 최소한의 식사였고, 여유가 있으면 한 끼나 그 이상을 더 먹었던 것으로 보인다.

조선 세종 때의 기록을 보면, 하루 식사를 흔히 조석朝夕이라고 하듯이 보통 아침과 저녁 두 끼를 먹은 것으로 이해된다.

집안사람이 궁핍하다고 하면 신유정이 정색하여 말하기를 "가난한 사람이나 부유한 사람이나 모두 하루에 두 끼 먹는다고 속담에 말하지 않았는가? 걸인이 죽어도 남는 옷은 있다고 하니, 굶어 죽지 않은 것만으

그림 1 농민의 점심(김준근)

로도 만족해야 한다"고 했다. _세종실록 8년(1426) 6월 11일

즉시 경상도감사와 경차관에게 "대개 사람은 하루에 두 번 먹지 않으면 굶주리는 것이다. 이치가 꼭 그럴진대 하물며 3, 4일 동안 식량이 떨어진 사람은 목숨이 얕은 물과 같으니, 만약 제때에 진휼하지 않는다면 목숨이 경각에 달리게 된다. …"고 지시했다. _세종실록 18년(1436) 12월 28일

경차관이란 민정 시찰을 위해 임시로 지방에 보내는 벼슬을 가리킨다. 두 글에서 알 수 있듯이 시간을 거슬러 올라가면 두 끼 식사가 기본이었다. 명종 3년[1548]에도 하루 두 끼를 먹지 않으면 주리는 것이라 했

는데, 기본적인 상황은 근대까지도 크게 변하지 않았던 듯하다.

아주 가난한 사람들은 단지 하루 두 끼의 식사로 만족해야 했고, 여유가 있는 사람은 세 끼나 네 끼를 들었다. _이사벨라 버드 비숍 책, 184쪽

그러나 지금처럼 식사 때가 일정하지는 않았고, 신분과 경제 형편에 따라 다양했을 것임은 충분히 짐작할 수 있다. 관리는 평민보다 여러 번 먹었을 것이 분명하다.

우리나라 사람은 많이 먹고 마시는데, 만일 한 끼라도 굶으면 배가 고파 어쩔 줄 모른다. … 우리나라 사람으로 관직에 있는 자는 조반早飯·조반朝飯·주반晝飯을 먹으며 무시로 모여 술을 마신다. 또 종들을 들볶아 풍성하게 음식을 차려오게 하고, 조금이라도 어긋나면 반드시 매질을 한다. _『용재총화』 권9

다음은 임진왜란 때 선조의 식사에 관한 언급이다.

유희춘이 아뢰기를 "엎드려 듣건대, 아침 식사를 드시지 않고 정오에 이르렀다고 하니, 놀랍고 근심스러움을 이기지 못하겠습니다. 대개 사람이 저녁 식사는 거를 수 있으나 아침과 점심은 거를 수 없는 것입니다. 새벽에 흰죽을 들면 위장의 기운을 편하게 해서 진액을 내게 하는데, 이것이 양생하는 경험처방이니, 엎드려 빌건대 이를 시행하소서" 하였다. _선조실록 6년(1573) 1월 21일

이 글의 주인공인 유희춘1513~1577이 쓴 일기책 『미암일기』1567~1577에도 점심을 먹은 얘기가 종종 나온다. 일기는 특별한 일을 적은 것이라고 한다면 점심 먹은 일이 자주 있지 않다는 것을 의미할 수도 있지만, 이 일기에서는 일상적인 것처럼 느껴진다. 이보다 약간 늦은 임진왜란 때의 일기 『쇄미록』에서도 조석을 먹은 기록이 나오는가 하면 점심을 든 사례도 종종 보이고, 노인이었던 어머니에게는 세 끼 식사를 올렸다. 또 조선 후기 박지원도 만년에 큰아들에게 보낸 편지에서 세 끼를 들었다고 하였다.

나는 세 끼 밥, 세 끼 잠 모두 잘 먹고 잘 잔다. _박지원 책, 48쪽

세 끼 잠은 낮잠을 포함한 말일 게다. 기근이 들면 한 끼 식사도 제대로 하기 어려웠던 반면에, 부역에 나가거나 일을 할 때에는 세 끼 이상을 들기도 하였다. 참고로 고대 로마에서는 하루 세 끼가 일반적이었다고 한다.

로마인들 가운데 하루에 네 끼는 거나하게 먹어야 한다고 주장하는 사람들도 있었지만, 여러 글들을 보면 보통 하루에 세 끼를 먹었다. 그런데 더 옛날 공화국 시절에서 제국 시절로 오는 동안 끼니 이름에도 다소 변화가 있었다. 한밤중에 먹는 야참이 있었을 때는 보통 점심jentaculum, 저녁cena, 야참vespema을 먹었다. 그러던 것이 오늘날 우리들처럼 아침, 점심, 저녁으로 바뀐다. _제롬 카르코피노 책, 444~445쪽

그림 2 당나라 때의 점심 음식

그렇지만 르네상스기 영국에서는 아침 겸 점심을 먹고 일찍 저녁 식사를 하여 하루에 두 끼를 먹었다고 한다.

동양에서 점심이란 말은 이미 당나라 때에 등장하는데, 이때는 지금의 간식과 같은 말로서 주로 새벽참을 가리켰다. 중국 신장성의 건조지대에서 발견된 당나라 무덤에서 점심으로 무엇을 먹었는지를 보여주는 실물이 확인된 적이 있다.그림 2 그러던 것이 우리나라에 와서는 오찬의 의미로 쓰이게 되었다고 한다. 아마 낮에 간단히 먹었기 때문에 그렇게 붙여진 것 같다. 그렇지만 시간이 흐를수록 끼니 수는 늘어났고, 아침은 간단히 죽을 먹고 점심은 많이 먹게 되었다.

지금 사람들은 일찍 일어나서 흰죽을 먹는 것을 조반早飯이라 하고, 한낮에 든든하게 먹는 것을 점심이라 한다. 부귀한 집에서는 하루에도 일

그림 3 고대 이집트 부조의 우유 짜기

곱 차례를 먹기도 하는데, 술과 고기가 흘러넘치고 진귀하고 색다른 음식을 서로 높게 쌓으니, 하루 소비량으로 백 사람을 먹일 수 있다. _『성호사설』 인사문, 식소食少

2004년 2월에 이집트 카이로 공항에서 산 고대 이집트 생활사에 관한 책을 비행기에서 훑어보다가 눈길을 사로잡는 그림 하나를 발견했다. 송아지를 어미소 발에 매놓고 젖을 짜는 장면을 부조로 표현한 것이다. 어미소는 자기 자식에게 젖을 먹이지 못해서 눈물을 흘리고 있었다.그림 3

11왕조 때 것이라 하니 기원전 20세기에 해당하는데, 무려 4천 년 가까운 세월을 뛰어넘어 18세기 조영석이 그린 「우유 짜기」가 연상되었다.그림 4 우유를 짜는 데에는 갓을 쓴 선비 네 사람이 동원되었다. 한 사

그림 4 우유 짜기(조영석)

람은 송아지를 잡고, 다른 두 사람은 어미소의 머리와 다리를 붙들고, 또 한 사람은 젖을 짜고 있다. 두 그림에 모두 보이는 송아지는 어미 젖을 내게 하는 유인물이다. 동서와 고금을 막론하고 인간 생활의 모습이 이처럼 동일하게 나타날 수도 있다는 생각을 하였다.

우유를 먹는 풍습은 고려시대에 원나라 영향을 받으면서 시작되었고, 조선시대에도 아주 특별한 보양식품으로 왕실에서 주로 이용하였다. 이를 위해서 젖 짜는 소를 특별히 길렀다.

충청도 감사에게 "청주의 국고에 있는 묵은 쌀·콩으로 젖소를 사서 날마다 우유를 받아 양녕대군에게 먹이도록 하라"고 지시했다. _세종실록 5년(1423) 4월 4일

내의원에서 전례에 따라 우유를 올렸다. 하루는 임금이 암소 뒤에 작은 송아지가 따라가는 것을 보고 아주 측은히 생각하여 왕에게 바치는 낙

죽을 정지하도록 명령하였다. _영조실록 25년(1749) 10월 6일

낙죽酪粥은 우유와 쌀을 넣고 끓여서 소금으로 간을 맞춘 죽이다. 『미암일기』에도 낙죽을 보내온 얘기가 가끔 나오는데, 특별한 음식이란 느낌을 받는다. 영조가 송아지를 바라보는 마음은 앞의 두 그림에서도 그대로 읽혀진다. 이런 비슷한 일은 숙종의 고사에서도 보인다. 그는 우유를 짤 때 송아지가 우는 것을 보고 낙죽을 먹지 않았다고 한다. 이런 마음은 성종이 8도 관찰사와 절도사에 유시한 말에서도 느낄 수 있다.

또 세조께서는 시냇물에 독을 풀어 고기 잡는 것은 어진 정치에 어긋난다고 하시어 엄금하도록 유시했다. 그런데 지금 이를 거행하지 않고 있으니, 담당 관청이 법을 소홀히 하면 날마다 법령을 만든다 해도 무슨 실익이 있겠는가? _성종실록 3년(1472) 3월 11일

이처럼 물고기 잡이에도 어진 것과 어질지 않은 것을 구별했다. 물고기 얘기가 나왔으니 지금 우리처럼 회를 먹었는지도 궁금하다. 원래 '회'는 육달 월月, 즉 육肉이 붙어 있는 데에서 짐작할 수 있듯이 생선이 아닌 쇠고기였다. "인구에 회자膾炙된다"는 말은 중국 고대에 일상적으로 먹던 '육회'와 '고기 꼬치구이'처럼 사람 입에 자주 오르내린다는 뜻이다. 그러면 우리가 지금 즐기는 생선회는 근대에 일본 영향을 받은 것인가? 그렇지는 않다. 조선시대에는 육회와 구별하기 위해서 생선회는 회鱠라는 글자를 쓰기도 했다고 하지만 보통은 지금처럼 회膾로 썼다. 강·바다에서 생산된 모래는 사沙이고 풍화되어 생긴 모래는 사砂인

데, 지금은 크게 구별하지 않고 쓰는 것과 마찬가지다.

『쇄미록』의 주인공은 이따금 천렵을 해서 생선회를 먹었다.

> 또 회를 쳐서 먹으려 했으나, 겨자가 없고 술도 없어서 그러지 못하니 한탄스럽다. _『쇄미록』 1597. 4. 26.

> 여러 사람이 낚은 물고기를 세어보니 300여 마리나 되었다. 회를 치고 탕을 끓이기도 하여 상하가 함께 나누어 먹었다. _『쇄미록』 1598. 4. 2.

이 당시에도 생선회는 겨자와 함께 먹었고 술도 곁들였다. 지금과 별반 다르지 않았겠지만, 당시에는 고추가 없었으니 매운탕은 아니었을 것이다.

우리 민족은 유목문화권이 아니기 때문에 우유를 먹는 것은 아주 예외적인 것이었다. 반면에 개고기는 우리 민족 식생활의 한 특징을 이룬다.그림 5 우리말에 개와 관련된 속담이 많을 정도로 아주 친근했다. 만주에 가면 알겠지만 개고기 집은 주로 조선족 식당이다. 한족도 개고기를 먹지만 조선족만큼 좋아하지는 않는다. 반면에 만주족은 아예 먹지 않는다. 그의 조상인 누르하치가 싸우다가 피신하여 산속에 쓰러져 있을 때에 마침 산불이 나서 목숨을 부지하기 어려웠는데, 이때 개가 그를 구해주었기 때문이란다.

우리 민족이 개고기를 좋아하는 유래는 아주 오래된 것 같다. 2005년에 발굴된 창녕 비봉리 신석기시대 패총 유적에서 개 두개골이 발굴되었다.그림 6 1994년에 발굴했던 경주 황남동 유적도 통일신라시대에

그림 5(위) 일제강점기 개장국 집
그림 6(아래) 패총 출토 개 두개골(2005. 4.)

사람들이 개고기를 먹었던 사실을 보여주었다. 두개골 뒤쪽에 날이 있는 도구로 절단한 면이 발견되어 식용으로 사용되었음을 증언해주었다. 이 유적이 만들어진 8~9세기는 불교가 한참 융성하던 시기였다. 불가에서는 "개도 부처의 본성이 있다"고 하여 개고기를 먹지 않는 것으로 알려져 있다. 그런 시대에 경주 사람들이 개고기를 먹었던 것이다.

조선시대에 오면 개고기 요리는 개장국, 보신탕이라 하여 여름철 보양식으로 크게 유행했다. 심지어 1795년 혜경궁 홍씨의 회갑연 잔치에서도 개고기 찜이 올랐다. 효종 때에 국상 중인데도 개고기를 먹은 일이 불거졌을 때에 사관은 "나라의 풍속에 여름이 되면 개고기를 삶거나 구워서 먹는데, 이를 가장家獐이라 한다"고 적었다. 가장은 '집 노루'란 의미이니, 개고기란 말 대신에 은유적으로 돌려서 표현한 것이다.

다음은 개장국 집에서 반란을 모의한 일을 전하는 것이다.

> 7월 28일에 대궐 밖 개 잡는 집에 가서 강용휘와 신이 개장국을 사 먹고 함께 대궐에 들어갔는데, 별감 강계창과 나인 강월혜를 불러 귀에 대고 한참 얘기를 했습니다. … 이튿날 개 잡는 집에서 서로 만났는데 보니 그의 한쪽 발은 물에 넘어져 아직도 젖어 있었습니다. _정조실록 1년(1777) 8월 11일

정조가 직접 심문했을 때에 주모자 전흥문이 답변한 말이다. 궁궐 가까이에 개장국 집이 있었던 모양이다. 육개장이라고 하는 것도 쇠고기를 찢어서 마치 개장국처럼 끓였다고 해서 붙인 이름이다. 지금은 보신탕 대신에 사철탕이란 말을 주로 쓰는데, 그 역사는 오래되지 않았다. 1988년 서울올림픽을 앞두고 서구에서 개고기 먹는 것을 자꾸 거론하자 보신탕을 금지했고, 그에 따라 궁여지책으로 사철탕이란 애매한 이름을 붙여서 음성적으로 판매하면서 비롯된 것이다. 한철 먹던 보양식이 사철 먹는 음식처럼 된 것이다.

개고기 식용 논쟁은 동물 보호냐 식용 문화의 차이냐를 두고 늘 시끄럽게 벌어진다. 중국이나 한국, 베트남은 개고기를 좋아하는 나라에 속

한다. 베트남에서는 개고기가 "행운을 가져다준다"고 믿을 정도이다. 이와 반대로 미국, 프랑스, 독일, 필리핀, 홍콩 등은 동물 보호단체의 강한 반발로 개고기를 법적으로 엄격하게 금지하고 있다. 만주족은 개고기를 먹지 않는다. 그래서 청나라에 사신으로 다녀오면서 쓴 기록에 개고기를 먹지 않는다는 말이 종종 등장한다. 스위스나 뉴질랜드에는 개고기 판매가 금지되어 있지만, 먹는 것은 문제를 삼지 않아 중간적 성격을 띠고 있다. 조선일보 2014. 6. 23.

음식에 따라붙는 것이 향신료다. 여기서 후추에 대한 말을 하나 얘기해보겠다. 후추는 열대성 식물로서 중국에서는 호胡에서 전래된 초椒라고 하여 붙인 것으로서, 고추苦椒나 산초山椒, 천초川椒, 초피나무처럼 향신료로 쓰였다. 그러나 처음에는 향신료보다는 약재로 사용되었다. 위를 튼튼하게 해주고, 더위에 효험이 있는 것으로 알려져 있었다.

의영고를 시켜 후추 10말을 내려보내 상하 군인들에게 두루 지급해서 더위에 쓰도록 하라. _명종실록 11년(1556) 6월 15일

의영고는 궁중 물품을 담당하던 관청이다. 후추는 고려시대에 전래된 것으로 생각되는데, 신안 앞바다에서 1970년대에 발견된 14세기 초의 중국 선박에도 후추가 들어 있어 당시에 중요 교역품이었음을 짐작할 수 있다. 그림 7 조선시대에는 주로 일본을 통해서 후추를 들여왔고, 다시 중국으로 되팔기도 하였다.

정언 남곤이 질정관으로 명나라 수도에서 돌아와서 아뢰기를 "후추는

그림 7 신안선 출토 후추(2008. 3.)

무역에 이익이 많아서 명나라 수도에 가는 사람들은 반드시 많이 가져갑니다. 또 살짝 끼워가기에 편리하여 서장관도 미처 찾아내지 못합니다. 후추는 우리나라 산물이 아니므로 엄금하여 가져가지 못하게 하기를 청합니다. …"고 하였다. _연산군일기 2년(1496) 11월 30일

유희춘의 외조부인 최부가 지은 『표해록』에는 명나라에 표류했을 때에 그곳 사람이 후추를 요구한 것을 볼 수 있다.

또 북쪽 산을 가리키며 말했습니다. "이 산에 샘이 있으니, 그대들은 물을 길어 밥을 지어 먹을 수 있소. 만약 후추가 있으면 나에게 두세 냥을 보내시오." 이에 신이 대답했습니다. "우리나라는 후추가 생산되지 않아서 처음부터 가져오지 않았소." _『표해록』 성종 19년(1488) 윤1월 16일

조선에서도 이를 재배해보려고 했는지 성종 13년1482 일본에 후추 씨

를 요구한 적도 있다.

이처럼 외국 산물로 귀한 것이었기에 임진왜란과 관련하여 흥미로운 에피소드 하나가 전해진다.

> 서울에 도착하자 잔치를 베풀어 접대하였는데 예조판서가 주관하였다. 술자리가 무르익자 다치바나 야스히로가 후추를 잔칫상 위에 흩어놓으니 기생과 악공들이 서로 빼앗으려고 뒤죽박죽이었다. 야스히로가 자기가 묵는 숙소로 돌아가 탄식하면서 통역관들에게 "너희 나라는 망한다. 기강이 이미 무너졌으니 망하지 않는 것을 어찌 기대할 수 있겠느냐?"라고 하였다. _『재조번방지』 권1

이것은 유성룡이 지은 『징비록』에 나오는 것을 재인용한 것이다. 야스히로는 일본 사신으로 임진왜란을 일으키기 전에 조선을 염탐하러 왔던 인물이다. 지방을 거쳐 올라오면서도 허술한 모습을 보아온 터에 이처럼 궁궐에서의 기강마저 흐트러진 것을 보고 전쟁에 대한 자신감을 가지게 되었다고 한다. 음식에도 이처럼 역사가 배어 있다.

지금 중국에 가보면 모든 음식이 기름으로 튀긴 것이라서 오래 먹기가 힘들다. 우리도 그러한데 제대로 먹지 못했던 북한 사람이 중국에 가면 얼마나 힘이 들지 짐작이 된다. 중국에서 들은 얘기지만, 북한 사람이 연변에 와서 음식을 먹으면 1~2주는 설사만 한다고 한다. 그러다가 조금씩 익숙해지면서 살이 붙기 시작한다는 것이다. 그런데 기름으로 볶거나 튀긴 요리는 한나라 때에는 없었다고 한다. 당시에는 젓갈류를 사용하였고, 생선이나 크게 썬 고기, 회 종류를 먹었다. 진시황의 시체를 비밀리에 운반할 때에 썩는 냄새를 가리기 위해서 발효시킨 생선을 함께 실었다고 한다. 따라서 현재 일본 사람이 즐기는 음식들이 2천여 년 전의 중국과 공통된 것이 많다고 일본학자 하야시 미나오가 지적하였다. 우리 음식과 일본 음식은 고대적인 모습을 그대로 간직한 채 내려온 반면에 수많은 이민족이 뒤섞여온 중국은 크게 변한 것 같다.

중국 여행을 하다 보면 중국 음식이 입맛에 맞지 않아 고추장부터 시작해서 각종 음식을 싸간다. 적어도 얼큰한 컵라면 몇 개 정도는 가져간다. 같은 매운 맛이라 해도 중국과 우리는 다르다. 중국은 마라麻辣라고 해서 마비되는 듯이 아린 매운 맛을 좋아하고, 우리는 달짝지근한 매운 맛을 좋아한다.

조선시대에 중국에 사신으로 갈 때에도 음식을 싸가는 일이 벌어졌다.

왕이 이르기를 "사신으로 가면서 양식과 반찬을 풍성하게 갖추기를 집에 있을 때와 다름없이 하고, 심지어 소금이나 장 따위까지도 모두 실어간다고 한다. 다른 물건을 가지고 가는 것도 이럴 것으로 생각되니 이것도 폐단의 하나다"고 하니, 김이소가 아뢰기를 "소금과 장 따위는 저 나라에 있는 것이 입에 맞지 않아 먹을 수가 없습니다" 하였다.

왕이 이르기를 "저 나라의 음식이 비록 식성에 맞지 않는다고 해도 어찌 먹지 못할 정도이겠는가. 부귀한 집안의 자제여서 먹을 수 없다고 한다면 이런 사람은 뽑아 보낼 필요가 없다. 이는 사치한 습관이 점점 심해진 결과이니, 옛사람이 이런 경우를 당했다면 이처럼 과장하지는 않았을 것이다. 지금부터 사신 갈 때에 잡물을 싣고 가는 것을 일체 금지하도록 하라"고 하였다. _정조실록 18년(1794) 10월 15일

밥해 먹을 쌀과 반찬, 소금, 장 따위까지도 싸가는 것을 보다 못해 정조가 엄명을 내렸다. 다른 글에 보면, 부유한 자제들이 이 때문에 가기가 어렵다고 하면 차라리 역관으로 하여금 사신 임무를 수행하게 하라고 지시한 일도 있다. 물론 조선에 온 중국 사신도 음식 때문에 고생했을 것이다. 지금 중국 관광객들은 우리나라에 와서 음식이 맵고 양도 적은 데다 차가운 반찬이 주종을 이루어 힘들어한다고 한다.

다음은 선조가 중국 사신 영접과 관련하여 지시한 말이다.

사람의 식성은 같은 나라의 사람이라도 서로 같을 수 없는 법인데, 하물며 우리나라와 중국이 어찌 다르지 않겠는가? 중국 사신에게 올리는 음식물은 반드시 먹을 수 있는 것으로 해야 한다. 우리 상차림은 푸짐한 것만 예의로 생각하고, 날것과 익히는 것에 대해서는 전혀 주의를 기울이지 않아서 비린내까지 풍기게 한다. 중국 사신이 돌아보지도 않을 것이 분명한데 더구나 젓가락을 대겠는가? 내가 중국 장수를 살펴보니 모두가 우리나라의 반찬을 먹지 않다가 내가 젓가락을 들면 마지못해 대는 척만 하니, 서로 접대하는 것이 도리어 불경스러운 듯하였다. _선조실록 39년(1606) 1월 23일

이와 비슷한 얘기가 『어우야담』1621에도 나온다.

지난번에 십만 중국 군사가 우리나라에 오랫동안 머물렀는데, 풍속의 다름을 서로 비난하며 비웃었다. 우리나라 사람은 회를 즐겨 먹지만 중국인은 대부분 침을 뱉으며 더럽게 여겼다. … 우리나라 사람이 밤에

어두운 방에 앉아 있었다. 중국인이 문 밖에서 들어와 냄새를 맡으면서 "분명히 고려인이 있군" 하였으니, 이는 비린내가 난다는 말이다. 우리나라 사람은 물고기를 많이 먹어서, 비록 스스로는 냄새를 맡지 못해도 반드시 비린내가 나기 때문이다. _『어우야담』 의식

우리나라 음식이 중국 음식과 달리 날것이 많기 때문이다. 이와 비슷하게 지금 우리에게서는 마늘 냄새가 난다고 한다. 이 때문에 재일교포들이 일본인에게 따돌림을 받곤 했었다. 그렇지만 지금 한류의 영향으로 김치 인기가 높아지면서 그런 냄새 문제는 사라졌다고 한다.

이처럼 먹는 것은 항상 중요한 일이다. 인조가 광해군을 몰아내고 반정에 성공하자마자 군사들에게 취한 조처는 음식을 주어 위로하는 호궤犒饋였다.

왕이 "장수와 병졸들에게 시상하는 것은 조용히 조사하여 처리하는 것이 마땅하지만, 호궤는 빨리하지 않을 수 없다"고 이르니, 김류가 "장수와 병졸은 등급을 나누어 시상하고 호궤도 빨리해야 하겠지만, 술과 음식을 마련하기가 어려우니 담당 관청으로 하여금 간략히 장만하여 시행하게 하소서" 하고 아뢰었다. _인조실록 1년(1623) 3월 15일

옛날에 아버지나 할아버지 밥상에는 뭔가 하나둘 반찬이 더 올라가는 것을 보았을 것이다. 그래서 윗사람이 식사를 하다가 남기기를 고대한 적도 있다. 밥상이라고 부르는 소반은 한 사람에 하나씩 차려지는 게 원칙이었다. 윗사람이 모두 먹어치우는 것은 예의에 어긋나는 일

이었고, 아랫사람은 남은 것으로 식사를 하고자 대기하고 있었다. 이런 상물림도 우리 음식 문화의 한 특징을 이룬다.

병조에서 "모든 관리가 대궐 안에서 밥을 먹고는 남은 밥을 종에게 주는데, 이 때문에 그릇을 잃게 되고 주인과 종이 같은 그릇에 먹는 것도 적절하지 못합니다. 지금부터 종들은 각각 자기 그릇을 가져와서 남은 밥을 받도록 할 것입니다"고 아뢰니, 그대로 따랐다. _세종실록 4년(1422) 1월 18일

잔치가 끝나면 음식을 싸가는 것은 궁궐에서나 민가에서나 마찬가지였다.

의정부에서 "… 비옵건대 옛 제도와 중국의 예절에 따라 크고 작은 잔치가 끝나면 종실과 문신·무신들이 북향하여 앉아서 남은 반찬을 각자 푸른 보로 싸가도록 하소서. 또 모든 공식 잔치에서 남은 음식도 종에게 주도록 하소서" 하고 아뢰니, 그대로 따랐다. _세종실록 25년(1443) 1월 27일

잔치가 끝나기만을 기다리는 아랫사람들은 애가 탔을 것이다. 이에 따라 가끔 사달이 나기도 했다. 다음은 사헌부에서 책임을 맡은 관리를 처벌하라고 건의하는 내용이다.

어제 중국 사신이 한강에서 유람할 때에 제천정 옛터에서의 접대 술자리가 끝나자, 상을 거두는 곳에 하인들이 난입하여 남은 음식을 다투어 움켜쥐는 바람에 기물이 낭자하게 흩어져 보기에 매우 놀라웠습니다.

도감의 차지낭청과 의금부의 해당 낭청을 모두 추궁하소서. _광해군일기 1년(1609) 5월 2일

이런 일은 중국에 간 사신들에게서도 벌어졌다. 하사받은 음식을 먹기도 전에 중국 하인배들이 다투어 탈취해 가는 일이 종종 일어나 사신 일행을 당혹하게 만들었다.

중종 22년1527에 동궁의 생일날 쥐를 태워 저주했던 '작서의 변'이 일어났을 때 심문 내용 가운데에도 퇴선退膳 이야기가 나온다. 이 사건에 연루되어 죽임을 당한 경빈 박씨의 심문 내용이다.

경빈의 진술에는 "소첩이 지난 3월 초하룻날 오후 거처하는 방에서 귀인과 함께 점심을 먹었습니다. … 대청 서남쪽 분합문 밖에 앉아 있는데, 다른 나인들이 퇴선을 나누어 먹기 위해 안씨·돈일·천이금·효덕 등을 시켜 동침실 동쪽 모퉁이에 있는 빈 그릇을 대청으로 가져오게 했습니다. 퇴선을 나누어 먹으려 할 즈음에 그대로 앉아 있기가 미안해서 동침실로 갔습니다 …" 하였다. _중종실록 22년(1527) 4월 3일

이 퇴선은 물린 수라상을 의미한다. 이를 받아서 궁궐의 시녀들이 나누어 먹었던 것을 알 수 있다. 그뿐 아니라 왕의 수라상은 총애하는 신하들에게 물려주기도 했다.

왕이 술을 내려주시고 퇴선도 주셨다. 미시未時, 오후 1~3시에 일을 끝내고 물러났다. 또 경연청에서 부수라副水剌를 하사받아 여러 신하들이 먹고

파했다. _『미암일기』 1574. 5. 1.

부수라는 수라에 딸려 나오는 두 번째 수라를 가리킨다. 다음은 조금 특별한 사례다.

임금이 수라상을 밀어 이광좌에게 주니 그는 동료 신하들과 나누어 먹기를 청했다. 임금이 "경이 먼저 먹고 난 다음에 우의정에게 주고, 또 나머지를 싸서 좌의정에게 전해주라. 경들이 이 밥을 먹으면 어찌 차마 잊겠는가? 그릇을 자손들에게 나누어주어라. 그리하여 오늘 음식을 하사하고 그릇을 나눈 일을 알게 하여 대대로 내 자손을 보필하게 하라"고 일렀다. _영조실록 13년(1737) 8월 14일

영조가 수라상의 음식과 그릇을 신하에게 나누어주어 일종의 맹약을 하였다. 음식의 공유가 유대감을 강화해주는 역할을 하였던 것이다. 이처럼 밥상을 아랫사람에게 물려주는 것은 공동체 성격이 강한 우리나라에서 독특한 음식 문화를 이루었다.

과식과 쇠고기

중국을 여행한 사람이면 각종 요리가 엄청나게 나오는 것을 보고 놀란 일이 있을 것이다. 식탁에 모두 얹지도 못해서 2층, 3층으로 쌓기도 한다. 20년 전에는 잔뜩 배불리 먹고 남는 것을 그냥 버리고 나왔는데, 이제는 남은 음식을 집에 싸가는 모습을 종종 볼 수 있다.

반면에 보통 때는 아주 적게 먹기도 한다. 2007년 노동절에 중국의 원자바오 총리가 노동자들과 함께한 점심은 쌀죽 한 공기와 만두 두 개였다고 한다.그림 1 우리도 진수성찬을 차릴 때가 있는가 하면 소식을 하는 경우도 있지만, 다이어트를 한다면 몰라도 평상시에 이처럼 적게 먹

그림 1 중국 총리의 점심 식사

지는 않는다. 옛날 기록에는 우리가 대식가였다고 한다.

> 조선 사람들의 또 하나의 큰 결점은 폭식이다. 이 점에 있어서는 부자와 가난한 사람, 양반과 상민 사이에 조그마한 차이도 없다. 많이 먹는 것은 영예스러운 일이고, 식사의 큰 공은 회식자에게 내는 요리의 질에 있는 것이 아니라 그 양에 있다. 그러므로 식사 중에는 거의 이야기를 하지 않는다. 왜냐하면 말 한 마디 하면 그때마다 한두 술씩 잃어버리게 될 것이기 때문이다.
>
> 어릴 때부터 밥통에 할 수 있는 한의 모든 탄력성을 주는 데 전심한다. 흔히 어머니들이 무릎 위에 어린아이를 올려놓고 밥이나 그 밖의 음식을 마구 먹이고, 배가 넉넉히 팽팽한가 보기 위하여 때때로 숟가락 자루로 배를 두드려보고, 그 이상 부풀게 하는 것이 물리적으로 불가능하게 되어야만 먹이는 것을 그친다. _샤를르 달레 책, 234쪽

중국 사람은 혀로 먹고, 일본 사람은 눈으로 먹고, 한국 사람은 배로 먹는다는 말이 있을 정도로 한국인은 자타가 공인하는 대식가였다. 우리는 배가 불러야만 다 먹은 것이다. 다음은 임진왜란 때에 기근에 시달리는 사람들을 구휼하는 문제를 왕에게 아뢴 부분이다.

> 대개 우리나라 사람은 평소에 많이 먹을 수 있는 습성을 가졌는데, 지금 먹는 것은 단지 물에 불어 썩은 조 3홉뿐이니 하루하루 지날수록 텅 빈 창자가 상해갈 것입니다. 또 삼동의 혹한이 늦봄까지도 이어지니, 계속 죽어가는 형세를 모면하기 어렵습니다. _선조실록 27년(1594) 3월 4일

조선 후기 이덕무1741~1793의 기록에는 남자 한 끼의 식사량이 쌀 7홉이고, 일생 동안 먹는 평균은 5홉이라고 하였다.

한 사람이 아침과 저녁에 각각 5홉씩 먹는다면 합해서 한 되가 된다. 1개월이 30일이니 서 말이 되고, 1년 12개월이면 36말이 되는데 섬으로 계산하면 2섬 6말이 된다. … 우리나라 남자가 먹는 것은 7홉을 기준으로 한다. 그러나 어렸을 때와 아주 늙었을 때에는 7홉을 다 먹지 못한다. 그러므로 지금 평균해서 한 끼에 5홉을 기준으로 삼는다. _『청장관전서』 앙엽기 5

1섬은 15말이다. 7홉은 약 420밀리리터로 지금 먹는 양의 세 배 정도가 된다고 하니 어느 정도인지 짐작할 수 있다. 샤를르 달레는 "노동자 한 사람의 보통 식사 분량은 쌀 약 1리터인데, 그것을 익히면 한 사발이 잔뜩 된다"고 하였다. 그러면서 "그러나 그것이 그들을 배부르게 하기에는 넉넉지 못하고, 그들 중의 많은 사람이 그렇게 할 수 있는 때에는 쉽사리 서너 사람 몫을 먹는다. 어떤 사람들은 아홉이나 열 사람 몫까지 먹어도 아무 탈이 없다고 한다"고도 하였다.

옛날 밥그릇은 무척 큰 데다가 일꾼들은 여기에 고봉으로 수북하게 퍼 담았던 기억이 있는데, 심지어 그것을 몇 그릇씩 먹었다고 한다. 지금 사용하는 밥그릇에 비해서 조선시대 밥그릇이 얼마나 큰지는 토지박물관의 비교 전시품에서 느낄 수 있다.그림 2 실은 1960~70년대까지도 조선시대와 다를 바 없는 밥그릇을 사용했다.

한 도자기 업체에서 공개한 자료에 따르면, 밥공기 용량이 1940년

그림 2 조선시대(좌)와 현재(우)의 밥그릇(2008. 1.)

대 680밀리리터에서 1950년대 670밀리리터, 1960~70년대 560밀리리터로 조금씩 줄다가 1980년대 들어서 390밀리리터로 급격히 줄었다고 한다. 1990년대에는 370밀리리터, 2000년대 들어서는 290밀리리터가 되었다. 현재 가정이나 식당에서 사용하는 것은 290밀리리터 짜리라고 한다. 70여 년 만에 밥 먹는 양이 60퍼센트 가까이 줄어든 것이다.조선일보 2012. 12. 18. 점차 소식하는 사회 분위기가 확산된 결과일 것이며, 밥 대신에 빵을 먹는 서양식 식생활의 보급 때문이기도 하다. 다른 한편으로는 반찬이 다양하고 풍성해지면서 줄어든 밥을 보충해주었을 것이다.

조선 후기 이익1681~1763은 과식에 대해서 다음과 같이 지적하였다.

우리나라 사람들이 많이 먹기에 힘쓰는 것은 천하에서 으뜸이다. 근래에 표류하여 유구국오키나와에 간 사람이 있었는데, 그곳 백성들이 웃으면서 "너희 풍속은 항상 큰 사발과 쇠순갈로 밥을 떠서 잔뜩 먹으니 어찌 가난하지 않겠는가?" 하였다. 대개 전에 우리나라에 표류해 온 적이 있어 우리 풍속을 이미 잘 알고 있었던 것이다. _『성호사설』 인사문, 식소食少

조선 선조 때에 조헌이 왕에게 상소한 글에서도 중국보다 음식을 풍성하게 장만한다는 지적이 있다.

넷째, 음식과 연회에 관한 일입니다. 신이 적이 보건대 중원 사람은 절약하지 않는 경우가 없었습니다. 집에서 마련하는 관리의 음식은 그릇 몇 개에 불과하였고, 개인 집의 음식은 더욱 검소하였습니다. … 그런데 우리나라 풍속은 오로지 풍성한 음식과 과도한 음주에 힘써서, 재물이 바닥나도 걱정할 줄 모르고 백성이 곤궁해도 구제할 줄 모릅니다. 또 위에서 명령해도 따를 줄 모른 채 자연물산을 쓸데없이 소모하고 나라의 근본인 백성을 해치는 일이 끝이 없습니다. _선조수정실록 7년(1574) 11월 1일

현실 비판을 위해 언급한 것이어서 과장이 있겠지만, 중국과 다른 우리나라의 과식과 과음을 상상할 수 있다. 일본에서 돌아온 사신이 왕에게 보고한 대화를 통해서도 우리가 일본보다 많이 먹었던 것을 짐작할 수 있다.

임금이 이르기를 "사람은 많고 땅이 좁으면 백성 가운데 반드시 빌어먹는 자가 많을 것이다" 하니, 윤순지가 아뢰기를, "연로에서 보니 쌀로 밥을 짓는 자가 없고, 가마를 메는 왜인까지도 하루종일 먹는 것이라곤 삶은 토란 서너 개뿐이었습니다" 하였다. _인조실록 21년(1643) 11월 21일

고대로 거슬러 올라가면 신라의 태종무열왕이 자타가 공인한 대식가였다.

왕은 하루에 쌀 서 말과 꿩 아홉 마리를 들었는데, 경신년660에 백제를 멸망시킨 후로 점심은 그만두고 조석만 들었다. 그러나 하루를 계산해 보면 쌀 여섯 말, 술 여섯 말, 꿩 열 마리였다. _『삼국유사』 태종춘추공

조선 초기 동시대에 살았던 이사철1405~1456과 홍일동?~1464도 대식가로 유명했다.

문안공 이사철은 몸집이 커서 음식을 남보다 많이 먹었다. 항상 큰 그릇으로 밥 한 그릇, 찐 닭 두 마리와 술 한 병을 먹었다. 등에 종기가 나서 거의 죽게 되었는데, 의원이 구운 고기와 독한 술을 금해야 한다고 말하니, 공이 "먹지 않고 사는 것보다 차라리 먹고 죽는 것이 낫다"고 하였다. 여전히 술을 마시고 고기를 먹었으나 마침내 병이 나았다. 사람들이 "부귀를 누리는 사람은 음식 먹는 것도 보통 사람과 다르다"고 하였다.

공이 젊어서 친구들과 삼각산 절에서 놀 때에 각각 술 한 병씩을 차고 왔으나 술잔이 없었다. 그때 권지 선생이 새로 만든 말 가죽신을 신었었는데, 문안공이 먼저 그 신에 술을 따라 마시자 다른 사람들도 차례로 마셨다. 서로 보며 크게 웃고 "가죽신 술잔은 우리가 처음 사용하기 시작했으니, 이 또한 좋지 않은가?" 하였다. 뒤에 문안공이 귀하게 되어 권지에게 "오늘 금 술잔의 술맛이 산에서 놀 때의 가죽신 술잔보다 못하구려" 하였다. _『필원잡기』

공이 일찍이 진관사에 놀러 갔을 때에 떡 한 그릇, 국수 세 그릇, 밥 세

그릇, 두부국수 아홉 그릇을 먹었고, 산 밑에 이르러 또 삶은 닭 두 마리, 생선국 세 그릇, 물고기 회 한 쟁반, 술 40여 잔을 먹었다. 세조가 이를 듣고 장하게 여겼다. 그러나 보통 때에는 밥을 먹지 않고 미숫가루와 독한 술을 먹을 뿐이었다. 뒤에 홍주에서 폭음하다가 죽으니 사람들은 그의 배가 썩어서 죽었는가 의심하였다. _『필원잡기』; 『연려실기술』 세조조고사본말, 세조조 명신, 홍일동 재인용

서양 역사를 보면, 그리스와 로마 문화에서는 절제가 최상의 미덕이었다. 이와 대조적으로 게르만 문화와 켈트 문화에서는 '대식가'를 긍정적으로 보았으며, 엄청난 폭식과 폭음의 태도야말로 동료들에 비해 '동물적인' 우월성을 가진 것으로 여겼다고 한다. 무열왕의 이미지도 그런 관념에서 유래한 것으로 보인다.

샤를르 달레가 우리나라에서 목격한 과식과 과음 현상은 산물이 풍부했기 때문이 결코 아니었다. 정반대로 언제 굶어 죽을지 모르는 절박한 상황이 많아서 기회가 되면 잔뜩 먹어두었던 것이다. 기아에 굶주리는 것은 중국이나 우리나 별반 차이가 없을 터인데, 음식 문화의 모습은 전혀 다른 방향으로 나타나서 흥미롭다. 중국에서는 음식이 다양하게 개발되었던 데에 비해서 우리는 밥 위주로 전개되었던 것이다.

중국 요리의 종류가 많고 훌륭한 이유는 다른 것에도 있다. 영양 부족, 한발, 기근을 자주 만나는 오랜 전통의 향촌 농민의 식사가 그 기반으로 되었기 때문에 여러 가지 야채나 먹을 수 있는 곤충 또는 내장에 이르기까지 먹을 수 있는 것은 무엇이나 교묘하게 머리를 짜내 식사에 이

용하였다. … 또 식사에 대한 종교적 금기 사항이 전혀 없었기 때문이기도 하다. _자크 제르네 책, 140쪽

그림 3 커다란 밥그릇이 특징인 서민 식사(김홍도)

이러한 중국과 다르게 우리는 유독 밥에 집착하였다. 조선시대 그림을 보면 커다란 밥그릇에 반찬은 겨우 한두 개에 불과하다. 그림 3 유구국 사람이 지적한 큰 사발은 아마 이런 것일 듯하다. 오른쪽 위에는 동이에 담긴 술을 큰 사발에 따라서 마시고 있다. 크기로 보아서 막걸리 한 대접인 것 같다.

우리 식사는 밥, 국, 김치가 기본이다. 특히 식단에서 밥이 차지하는 비중은 절대적이다. 중국인은 요리를 먹고 나중에 요깃거리로 밥을 약간 먹는 데에 비해서, 우리는 밥을 먹기 위해서 반찬이 있는 셈이다. 반찬은 그야말로 부차적이며, 그나마 아주 짜서 그 자체를 먹기 위한 것이기보다는 밥의 간을 맞추기 위한 것이었다. 짠지 맛을 아는 사람은 이 말에 수긍할 것이다. 다음은 유희춘1513~1577이 직산현감의 대접을 받았을 때 쓴 일기다.

나는 그의 막幕에 들어가 차를 마시고 점심을 들었다. … 다만 반찬이 너무 짜서 우습다. _『미암일기』 1567. 11. 19.

시장기는 밥으로 때우는 것이다. 보리밥이나 잡곡밥이 아니라 쌀밥이면 금상첨화가 된다. 이것저것 배불리 먹어도 곡기가 들어가야 먹은 것 같다는 사람들이 많다. 이처럼 우리가 반찬보다 주식에 집착하다 보니 다양한 요리가 개발되지 않았다.

조선시대에는 밀가루마저 귀해서 쉽게 먹을 수 있는 음식이 아니었다. 고려시대에도 밀이 적어 외국에서 사 오기 때문에 아주 비싸서 큰 잔치가 아니면 쓰지 못한다고 했다. 그 역할을 대신한 것이 메밀이었다. 이처럼 우리나라는 음식 재료마저 다양하지 않았다. 그래서 앞에서 언급하였듯이 '쌀밥과 생선국' 또는 '쌀밥과 고깃국'이 한국 음식을 대표하게 되었다.

우리나라 사람이 쌀밥과 함께 유난히 집착한 것이 쇠고기다. 한국인의 외골수 성향을 여기서도 읽을 수 있다. 미국과 FTA 협상을 벌일 때에도 쌀 시장 개방과 함께 크게 논란이 되었던 것이 쇠고기 수입이었다. 미국에 가면 쇠고기와 돼지고기 가격이 비슷하다. 최근 뉴스를 보니 쇠고기 값이 한국의 5분의 1에 불과하다고 한다. 그러니 한국에서는 비싸서 사먹지 못하던 쇠고기만 먹게 되고, 돼지고기는 거들떠보지도 않는다. 이전에는 정육점에서 쇠고기 한두 근 잘라 사서 신문지에 둘둘 말아가면 큰 선물이 되었다.

그런데 이런 습관은 조선 초기에도 마찬가지였던 것 같다.

명 황제가 내시 구아를 불러 말하기를, "조선인은 돼지고기를 먹지 않으니, 광록시로 하여금 쇠고기와 양고기를 공급하도록 하라"고 하였다.

_태종실록 17년(1417) 윤5월 8일

도승지 조서강이 왕을 호종해 온 대신들과 함께 의논하여 아뢰기를, "우리나라 사람은 돼지고기를 즐기지 않습니다. 보통 사람도 그러한데 어찌 궁궐 안에서 쓸 수가 있겠습니까 …" 하였다. _세종실록 25년(1443) 3월 4일

우리나라 사람이 돼지고기를 즐기지 않는 것은 명나라 황제도 알고 있을 정도였다. 숙종 때에 송시열이 쇠고기 선호 문제를 지적한 대목도 보인다.

소 돌림병牛疫이 있은 뒤로 남은 것이 많지 않은데도 소 잡기를 그치지 않습니다. 우리나라 풍속이 쇠고기를 가장 맛있어하여, 이를 먹지 못하면 살 수 없을 것처럼 여깁니다. _숙종실록 9년(1683) 1월 28일

조선 후기에 박제가1750~1805는 이런 쇠고기 편식 문제를 비판했다.

어떤 사람은 우리나라에 다른 가축이 없어서 소 도살을 금지하면 먹을 고기가 없다고 하지만 그렇지 않다. 소 도살을 금지한 뒤에 백성들은 다른 가축 사육에 힘을 쏟게 되어 돼지와 양이 번성하게 될 것이다. … 어떤 사람은 돼지와 양이 우리 습성에 맞지 않아 병이 생길까 걱정이라고 하는데 이 또한 그렇지 않다. 음식은 자꾸 먹으면 습성이 되는 것이요. 중국 사람들이 돼지나 양을 먹는다고 어찌 모두 병이 들겠는가? _『북학의』 내편, 우牛

양은 제사 지내는 데 사용할 뿐이었다. 지금은 국내에도 양고기 요리

가 제법 알려져 있지만, 아직도 양고기를 잘 먹지 못하는 사람이 많다.

중국을 여행해보면 쇠고기보다는 돼지고기가 주된 음식 재료인 것을 알 수 있다. 19세기 초에 청나라에 갔던 사신의 일기를 보면, 양고기와 돼지고기가 가장 널리 쓰이고, 쇠고기도 시장에 나오기는 하지만 먹는 사람이 적다고 했다. 중국 송나라 때에 항주 시내에서 대량으로 소비된 2대 식품은 쌀과 돼지고기였고, 그 다음으로 소금에 절인 물고기였다고 한다.

몇 년 전에 중국 학자를 안내하면서 서울에서 설렁탕으로 유명한 집으로 안내했다가 낭패를 본 일이 있었다. 알고 보니 쇠고기를 전혀 먹지 못했다. 이처럼 쇠고기를 먹지 않는 중국인이 있으니 식성을 미리 알아야 한다는 말을 나중에야 들었다. 최근에는 중국 전한시대 황제릉 주변에 설치된 갱도에서 수백 점의 돼지 토제품이 출토되어 중국이 돼지를 얼마나 중시했는지를 알 수 있게 했다.그림 4

집을 의미하는 '가家' 자를 잘 보면 지붕宀 아래에 돼지豕가 들어가 있는 것을 볼 수 있다. 이것은 집과 돼지가 밀접했음을 의미한다. 돼지는 비계가 두터워 뱀이 물어뜯어도 죽지 않고, 오히려 돼지가 뱀을 잡아먹는다고 한다. 그래서 돼지를 집 둘레에 키우면서 그 가운데에서 잠을 자는 주거 형태를 이루었다. 돼지는 이처럼 정착 농경민에게 친숙한 동물이었다.

2000년 가을에 고구려 수도인 중국 랴오닝성 환런을 방문했을 때에 담장 한가운데에 건물을 세우고 마당은 돼지우리로 삼은 집을 목격하였다. 건물은 마당에서 사다리를 타고 올라가도록 되어 있었다. 돼지우리 안에 건물이 있는 것이다. 이것이 고대 집의 모습이었기에 사진을

그림 4 전한 양릉(陽陵) K13A구역에서 발굴된 돼지상들

찍으려 했으나 다른 일행의 독촉으로 그냥 지나친 것을 지금도 아쉽게 생각하고 있다. 나중에 가보니 그 집은 사라지고 말았다. 또 중국의 한나라 때 돼지우리 모형을 보면, 계단으로 올라가는 변소가 옆에 딸려 있는 것을 볼 수 있어,그림 5 제주도 똥돼지우리를 연상하게 한다. 제주도 돼지우리는 고대적인 모습으로 전해져 오는 것 같다.

역사 기록을 보면 유목민은 양과 말, 농경민은 소와 말이 주된 재산이었다. 통일신라시대에 작성된 민정문서를 보면 집집마다 숫자를 파악했던 가축은 소와 말이었다. 고구려 벽화에도 마구간과 외양간이 그려져 있는데, 말은 주로 타는 데에 이용했고 소는 수레를 끄는 데에 이용하였다. 말은 이동수단이요 군사력이 되었기에 유목민과 농경민 모두에게 중요하였다. 따라서 유목민의 특색은 양에서 찾을 수 있고, 농경민의 특색은 소에서 찾을 수 있다. 여기에 돼지를 농경민의 중요한 특징으로 추가할 수 있다.

농경민도 양을 키우고 고기를 먹고 유목민도 소를 키웠던 데에 비해서, 돼지는 유목민과 상극이었다. 수백만의 유대인과 수억의 회교도들은 지금도 돼지를 불결한 동물로 여긴다. 성경이나 코란에 공통적으로 돼지를 금기 식품으로 삼는 것도 이 때문이다. 예수가 귀신 들린 사람에게서 나오게 한 귀신이 다시 들어간 곳도 돼지떼다. 2000년에 이슬람 국가인 인도네시아에서 일본 회사 조미료가 전량 회수되고 회사 간부들이 체포되는 사건이 있었다. 단지 돼지고기에서 추출한 효소를 썼기 때문이었다고 한다. 2014년에는 말레이시아에서 유통되는 초콜릿에 돼지 DNA가 검출되어서 발칵 뒤집힌 적이 있다. 또 2012년에는 무슬림을 순대 작업장에 배치하는 것은 인권 침해라는 국내 국가인권위원회의 결정이 내려지기도 했다.

그림 5 중국 후한 때의 돼지우리와 변소

이집트에서도 돼지는 부정한 짐승으로 생각한다. 반면에 뉴기니아와 남태평양 멜라네시아 군도는 돼지를 숭배하는 대표적인 곳이다. 이것은 유목 지역과 농경 지역의 차이를 보여준다. 중국을 여행하면서 쇠고기 만두를 먹을 수 있는 음식점은 회족回族 반점이라고 한다. 회족은 아라비아 계통이므로 돼지고기를 먹지 않기 때문이다.

2008년 가을에 서울대 박물관에서 몽골 청동기전이 열렸을 때에 우리는 외국 손님을 잘 대접한다고 비싼 쇠고기 메뉴를 선택했다. 그런데 의외로 돼지고기가 좋다고 하였다. 알고 보니 얼마 전부터 몽골에서

그림 6 몽골의 돼지(2009. 8.)

돼지고기를 먹기 시작했는데, 돼지고기가 귀하기 때문에 쇠고기보다 더 비싸다는 것이었다. 2009년 8월에 다시 방문한 몽골은 한류 분위기가 역력했다. 사람들은 삼겹살과 된장찌개를 좋아하고 해장국으로 김치찌개나 라면 국물을 먹는다고 한다. 뤈이라 불리는 시골 식당 뒤편에서 돼지우리를 볼 수 있었다.그림 6 몽골 사람들이 돼지고기를 먹기 시작한 것이 혹시 중국 영향이 아닌가 했더니, 사실은 돼지를 키우고 삼겹살 먹는 것을 한국인에게서 배웠다고 한다. 유목국가이기는 하지만 회교국은 아니기에 돼지고기 음식과 같은 농경민의 문화가 스며들어 가고 있었다.

이렇게 문화적 차이가 나타나게 된 원인에 대해서는 인류학 연구가 잘 설명해준다.

돼지는 원래 숲 지대와 그늘진 강둑에서 사는 동물이다. … 특히 곡식을 주로 먹기 때문에 인간과 직접 경쟁하는 경쟁자일 수밖에 없다. … 더 큰 약점은 실용될 수 있는 젖이 없고 원거리를 몰고 다니기가 무척 어렵다는 점이다. … 신체 구조상 덥고 건조한 기후는 잘 견뎌내지 못한다. … 보호막 역할을 하는 털도 없고, 땀을 흘려 체온조절도 할 수 없는 까닭에, 돼지는 외부의 습기를 이용하여 피부를 습하게 해야 한다. 그래서 돼지는 깨끗한 진흙 속을 뒹굴어 체온을 조절한다. 그러나 깨끗한 진흙이 없을 경우 자기의 배설물로라도 피부를 습하게 하려 한다. 섭씨 29도 이하일 경우, 돼지는 우리 안의 잠자리와 식사 자리에는 배설하지 않는다. 그러나 기온이 섭씨 29도를 넘어가면 어디나 가리지 않고 배설을 한다. _마빈 해리스 책 1997, 49~50쪽

털이 성긴 돼지가죽은 태양광선을 거의 막아주지 못한다. 그래서 돼지에게는 인공적인 그늘을 만들어주어야 하고, 뒹굴 수 있도록 따로 물을 준비해주어야 한다. 또 인간 자신이 먹을 수 있는 곡식이나 다른 식물성 식품을 먹여야만 한다. 돼지의 분뇨는 가뜩이나 부족한 건조지역의 식수원을 오염시킨다. 돼지는 쟁기를 끌지도 못하고, 그 털로 옷감을 만들기에도 적당하지 않고, 젖을 짜서 쓸 수도 없다. 그러니 살아 있을 때에는 경제적 쓸모가 없다. 기생충 때문에 고기를 날로 먹을 수 없고, 쉽게 상해서 보존성도 떨어진다. "여름철 돼지고기는 잘 먹어야 본전이다"는 말이 있듯이 상해서 배탈 나기 쉬운 음식이다. 또 무리를 이루어 데리고 다니기도 어렵고, 다리가 짧아서 원거리를 이동하기도 힘들다. 그러니 한 가지로 다양한 것을 얻어야 하는 유목민의 습성에는

맞지 않는다.

유목민에게는 풀을 뜯어먹으면서 살아 있을 때에나 죽었을 때에 각종 재료를 제공해주는 소, 양, 염소와 같은 되새김 동물이 적격이다. 성경에도 발굽이 갈라지고 되새김질하는 짐승을 먹으라고 하면서, 돼지는 굽이 갈라져 있으나 되새김질을 하지 못하기에 먹지 말라고 하였다. 따라서 유적지에서 돼지 사육과 관련된 증거가 발굴되면, 그 주인공들은 농경정착민이었다고 판단할 수 있다.

우리 역사서에도 초기부터 돼지가 많이 등장한다. 먼저 고구려 주몽 전설에 돼지가 나온다. 어머니 유화가 알을 낳아 개와 돼지에게 주니 먹지 않았고 길에 버리니 소와 말이 피해갔다고 한다. 부여국에서는 가축 이름으로 관직명을 삼아서 마가馬加, 우가牛加, 저가豬加, 구가狗加 등이 있었다. 이 두 자료를 보아도 말과 소, 돼지와 개를 주로 사육하였음을 알 수 있다. 우리 고유의 놀이인 윷놀이에서 사용되는 도·개·걸·윷·모란 말도 본래 가축 이름을 딴 것으로, 도는 돼지, 개는 개, 걸은 양, 윷은 소, 모는 말을 가리킨다고 한다. 삼한의 하나인 마한 사람들도 소와 돼지를 잘 기른다고 하였다. 지금도 고사를 지낼 때에 돼지머리를 올리고, 돼지꿈은 복의 상징으로 간주되는 것은 이런 전통에서 나왔을 것이다.

그런데 최근에 유적에서 발굴된 동물 뼈를 분석한 결과를 보면, 상황이 좀 다르게 나타난다. 개는 신석기시대 중기에 이미 가축화됐고, 소와 말은 초기 철기시대 무렵에 가축화됐으나, 돼지의 경우에는 통일신라시대까지 사육 증거가 잘 보이지 않는다고 한다. 이렇게 되면, 돼지는 훨씬 나중에 기르기 시작한 것처럼 보인다. 이렇게 문헌과 고고의 증거가 상충되지만, 현재로서는 문헌 기록을 따라야 할 것 같다.

돼지의 고기 생산성은 다음 언급처럼 소보다 훨씬 높다.

> 돼지는 모든 포유류 가축 중에서 가장 신속하고도 효과적으로 식물을 고기로 전환하는 능력을 갖고 있다. 한 마리의 돼지는 일생 동안 그 먹이 속의 에너지 가운데 35퍼센트를 고기로 전환할 수 있다. 이에 비해 양은 13퍼센트, 소는 겨우 6.5퍼센트이다. 새끼 돼지가 살이 1파운드 찌는 데 먹이가 3파운드 내지 5파운드 드는 데 비해, 송아지는 1파운드가 늘려면 먹이를 10파운드나 먹어야 한다.
>
> 소는 한 마리의 송아지를 낳는 데 9개월이 걸리고 현대의 조건 아래서도 생후 4개월이 지나야 400파운드가 나간다. 그러나 암퇘지는 4개월도 채 안 되는 수태 기간이 지나면 여덟 마리 이상의 새끼를 낳고 이 새끼돼지는 6개월이 지나면 400파운드가 나간다. _마빈 해리스 책 1992, 77쪽

자연히 소가 돼지보다 귀할 수밖에 없다. 동네 잔치에서 보통은 돼지를 잡았고 아주 특별한 경우에는 소를 잡았다. 이처럼 다산성과 생산성의 상징이요 농경민족의 지표인 돼지가 서유기에 나오는 저팔계처럼 중국에서는 우대를 받았는데 우리나라에서는 선호되지 않았던 이유는 명확하지 않다. 추측건대 중국에서는 경제성이 높은 돼지를 좋아한 데에 비해서, 우리는 먹기 어려운 식료품에 더욱 더 집착한 결과가 아닌가 생각된다. 과거에 금서로 지목되면 베스트셀러가 되었던 것과 비슷하다. 다양한 부식을 개발하기보다 쌀밥에 집착했던 것과 같은 원리이기도 하다.

신라 지증왕 때에 처음으로 소를 사용하여 농사를 지었다고 한다. 이

리하여 소는 농경의 주요 수단이 되었다. 수레를 끄는 일뿐 아니라 밭 갈고 논 가는 일에도 동원되었다. 이에 따라 소는 살아 있을 때에도 귀하신 몸이었다. 죽어야만 쓸모가 있는 돼지와는 달랐다. 그래서 소는 함부로 도살하지 못하게 했다. 더구나 고려는 불교 국가였으니 살생을 금지하였다. 농경을 중시했던 조선에서도 소 도살은 금기 사항이었다.

첨지중추부사 정술조가 상소하기를, "… 소·술·소나무 세 가지에 대한 금지법은 국가에 항상 있는 법입니다. …" 하였다. _정조실록 6년(1782) 6월 2일

이렇게 되니 아주 특별한 기회가 아니면 쇠고기를 먹기 어려웠다. 그러면 그럴수록 쇠고기에 대한 열망은 더욱 커졌던 것이 아닌가 한다. 지금 불고기가 한국 고유의 음식 문화가 된 것도 이러한 쇠고기 편애와 무관하지 않을 것이다.그림 7 일본에서는 전통적으로 쇠고기를 구워 먹지 않았는데, 우리 식생활의 영향을 받아서 지금 야키니쿠燒肉가 유행한다.

이리하여 전통적으로 고기 하면 쇠고기를 떠올린다. 그런데 지금 북한에서는 돼지고기를 의미한다고 한다. 쇠고기는 아예 구경할 수 없기 때문이라고 한다. 남한에서도 식생활이 변하면서 삼겹살이 국민의 고기로 자리 잡게 되었고, 조만간 돼지고기가 쇠고기 자리를 차지할 것이다. 우리 집만 봐도 어른은 쇠고기를 좋아하는 반면에 아이들은 삼겹살을 좋아하여 세대 간 변화가 드러난다. 2005년 한국인이 1인당 소비한 고기를 보면, 돼지고기가 17.4킬로그램으로 쇠고기 6.6킬로그램, 닭고기 7.4킬로그램을 훨씬 앞서는데, 돼지고기 가운데는 삼겹살이 대부분을 차지한다. 이렇게 삼겹살만 편애하다 보니 다른 부위도 먹자는 운동

그림 7 고기 구워 먹기(성협)

까지 벌어지고 있을 정도이다. 온갖 부위를 다 먹는 쇠고기와 대비된다.

삼겹살은 원래 세겹살이라 했는데, 지금은 모두 표준어가 되었다. 한글로만 결합된 세겹살이 더 자연스런 조합인데도, 늦게 등장한 삼겹살이 세겹살을 누르고 대표어가 되었다. 세겹살이란 말은 1931년에 처음 등장하고, 삼겹살은 1959년에 처음 신문에 나타난다고 한다.조선일보 2014. 10. 8.

1970년대까지는 고기를 오래 보관하기 어려워서 양념에 잰 불고기나 돼지갈비를 많이 먹다가 1980년대에 냉장고가 널리 보급되면서 생고기를 직접 구워 먹는 문화가 등장하였다. 그 뒤로 불고기와 같은 양념 고기의 인기는 시들해지고, 생고기에서도 비싼 쇠고기 대신에 값싼 삼겹살이 서민들의 사랑을 받게 되었다.

또 삼겹살은 1980년대 초에 돼지고기를 본격적으로 해외에 수출하면서 지방이 많아 외국에서 싫어하는 삼겹살을 내수로 돌려 판촉을 한 것이 계기가 되어 비로소 대중적 먹거리가 되었다고 한다. 소주와 궁합이 맞는 안주가 되었고, 작업장에서 몸에 쌓인 먼지를 제거하는 데에 특효라는 속설도 삼겹살 유행에 한몫을 하였다. 1997년 외환 위기를 겪은 뒤로는 저렴하게 먹을 수 있는 서민의 고기로 확고히 자리 잡았다. 내 기억으로도 삼겹살은 1990년대부터 먹기 시작했던 것 같다.

과음과 금주령

우리나라에서 성행하는 음주 습관에 술잔 돌리는 것이 있다. 한 서양인이 술자리에서 술잔을 돌리라는 말을 듣고 잔을 빙글빙글 돌리라는 말로 잘못 알아들었다고 한다. 포항에서는 정을 나누는 게 아니라 병을 나누는 것이라 하여 '술잔 안 돌리기' 운동을 펼쳤다.

여기에 각종 폭탄주 제조법이 발달할 정도로 폭탄주까지도 한국을 대표하는 음주 문화가 되었다. 한 외국인은 폭탄주 문화를 "모두가 함께 즐길 수 있고, 서로 모르는 사람들이 단번에 친구가 될 수 있는 독특한 음주 문화"라고 평가했다고 하지만, 술 마신 뒤의 고통은 경험해보지 않으면 알 수 없다.

저녁마다 대리운전 광고가 쏟아져 나오는 것도 한국적인 현상일 것이다. 음주운전 단속이 강화되면서 불과 십여 년 사이에 폭발적으로 대리운전이 증가했다. 온돌 문화가 아파트의 확산에 따라 보완책으로 찜질방을 발달시켰듯이, 음주 문화가 자가용의 보급이란 강적을 만나자 자구책으로 대리운전을 낳았다. 이렇게 해서 우리 사회에 대리운전이란 독특한 문화가 탄생하게 되었다.

정부에서 2010년에 만 19세 이상 23만 명을 대상으로 한 지역사회

제주도엔 골초, 강원도엔 술고래 많아

복지부, 성인 23만명 조사

남성 흡연율, 음주율 각각 1위

다이어트 시도는 서울이 최고

호남 거주자는 대체로 '건강 성적표'가 우량하지만 강원·제주·영남 지역은 그렇지 못한 것으로 나타났다. 보건복지부와 질병관리본부는 전국 보건소를 통해 만 19세 이상 23만 명을 대상으로 조사한 '2010년 지역사회 건강조사' 결과를 발표했다. 시역별로 주민들의 건강 특성을 파악하기 위한 것으로 일종의 '건강 성적표'다.

조사 결과 지난해 성인 남성 흡연율은 제주(50.7%)와 강원(50.5%) 지역이 높았다. 시·군·구별로는 경북 의성군(62.4%)과 강원도 태백시(61.3%)가 최고였다.

'술고래'라 할 수 있는 고위험 음주율(남자 7잔, 여자 5잔 이상 주2회 음주)도 강원(19.6%)과 경남(19.3%)·제주(19.1%) 지역이 높았다. 경남 합천군(2.6%), 전남 영암군(5.1%)은 음주율이 낮아 강원 속초시(24.5%), 삼척시(23.8%)와 큰 차이를 보였다.

음주와 흡연율이 높은 지역에는 뚱뚱한 사람도 많았다. 강원과 제주는 비만율(체질량지수 25 이상)이 각각 27%와 26.9%였다. 이 지역은 '주 5일 이상, 1회 30분 이상' 걷는 비율도 전국 평균을 밑돌았다. 체중을 줄이거나 유지하기 위해 노력한 사람은 서울(56%)과 제주(55.2%), 울산(55%) 지역에 많았다.

질병관리본부 김윤아 책임연구원은 "강원이나 제주 지역은 자연 경관이 좋지만 사람들이 대부분 차량을 이용하기 때문에 걸을 기회가 줄어든다"고 설명했다. 스트레스나 우울감은 인천·대전·서울 등 도시 주민들이 더 많이 느끼는 것으로 나타났다.

박유미 기자 yumip@joongang.co.kr

남성 흡연율 단위:%

제주	50.7
강원	50.5
인천	50.1
울산	48.8
경북	48.7

음주율 단위:%

강원	19.6
경남	19.3
제주	19.1
충북	18.2
부산	17.2

※남자 7잔, 여자 5잔 이상으로 주 2회 이상 기준

그림 1 지역별 흡연과 음주 조사 기사(중앙일보 2010. 4. 1.)

건강 조사 결과를 발표했다.그림 1 성인 남성의 흡연율은 제주50.7퍼센트, 강원50.5퍼센트이 높았고, 고위험 음주율남자 7잔, 여자 5잔 이상, 주 2회도 강원19.6퍼센트, 경남19.3퍼센트, 제주19.1퍼센트가 높았다. 결과적으로 제주도는 골초, 강원도엔 술고래가 많았다고 한다. 음주와 흡연률이 높은 지역은 비만율도 높았다고 한다.

과식에는 과음이 따르게 마련이다. 바다처럼 엄청난 주량을 가진 이들이 모여서 술을 마신 일에 대한 기록이다.

희곡 이지연1777~1841, 춘산 김홍근1788~1842, 상서 버슬에 있던 조봉진1777~1838과 홍기섭1776~1831은 모두 술을 좋아하는 성품이라서 돌아가며 술자리를 마련했다. 둘러앉아 두건과 버선을 벗어놓고, 각각 한 모퉁이를 등지고 앉아 잔을 돌리고 안주를 바꿔가며 밤새도록 그치지 않았다. 아침 해가 떠오르려고 할 때에야 함께 죽을 마시고는 흩어졌다. 술자리가 끝나도록 주고받는 말이 없었으므로 비난하는 말을 듣지 않았다.

그중에서 이공은 더욱 주량에 한도가 없었다. 젊었을 때 과거에 합격하였는데, 응시하기 전날에도 절친한 친구와 밤이 새도록 술을 마셨다. 날이 밝아 그 친구가 대궐에 갔다가 저녁에 돌아와 보니 그는 아직도 취하여 일어나지 못하였다. 공과 같은 사람은 '바다 같은 주량'이라고 일컬을 만하다. _『임하필기』 춘명일사春明逸史

샤를르 달레는 1874년에 출간된 저서에서 다음과 같이 지적하였다.

하나의 과도는 또 하나의 과도를 빚어내는 것이어서, 과식에는 자연 과음이 따르게 된다. 그러므로 음주벽은 이 나라에서 매우 명예로운 일로 되어 있으며, 만약에 누가 정신을 잃도록 술을 마셔도 그를 탓하는 사람은 아무도 없다. _샤를르 달레 책, 235쪽

지금도 술 먹고 벌어진 실수에 대해서는 관대한 문화를 가지고 있다. 근본 원인을 사람이 아니라 술에 돌린다. 술이 사람을 먹었지 사람이 술을 먹은 게 아니라고 생각하는 것이다. 죄를 지은 음주자를 거의 사람 취급하지 않는 서양 관념과 대비된다.

중국의 음주 습관도 우리와 다르지 않다. 안후이성의 한 간부는 "술을 마시는 게 고통스럽지만 술을 잘 마시면 간부들과 동료들이 높게 평가해준다"며 '주품酒品이 인품', '주량이 업무 능력'이란 말이 있다고도 했다.동아일보 2014. 8. 13. 지방 한 소도시에서는 여성 공무원의 구인 공고에 '고량주 최소 500밀리리터 이상'이란 조건까지 내걸렸다. 과음으로 다치거나 숨지면 온갖 방법을 동원해서 공무상 재해로 인정하거나 심지어 열사烈士로 지정해주는 일도 있다고 한다.

그러나 최근에 국내에서 아동 성범죄자에 대한 처벌 문제가 불거지면서 음주에 대한 관대함이 도마에 올랐다. 술 먹고 저지른 범죄에 대해서 죄를 경감할 것이 아니라 더 엄하게 처벌해야 한다는 여론이 일었다. 또 대학 신입생 환영회에서 과도한 음주 강요로 학생이 숨지는 사태가 발생하곤 하여, 술에 너그러운 우리 문화에 대해서 다시 생각하게 되었다. 마침내 2012년 9월에 보건복지부에서 대학, 공원, 해수욕장 등에서의 음주를 금지하고, 술 광고에 경고 문구 표기를 의무화하는 등 음주 정책의 대전환을 꾀했으나, 성공 여부는 미지수이다.

다음은 종묘에서 술에 취했던 오도일을 대제학으로 잘못 기용했다고 상소한 것에 대해서 숙종이 답한 말이다. 여기서 전통적인 음주관을 엿볼 수 있다.

술로 실수한 것이 아주 나쁜 것인 줄 나는 모르겠고, 문형文衡으로 그가 맞지 않다는 것도 나는 모르겠다. _숙종실록 23년(1697) 윤3월 22일

오히려 술을 마시지 못하는 사람이 부끄러워 했다. 조선 후기의 문신이요 역사가인 홍석주1774~1842도 그러했다.

한만유1746~1812가 춘첩春帖, 입춘 날 대궐 기둥에 붙이던 글씨을 채점하고 집으로 돌아오는 길에 술 향기를 맡고 별안간 인가에 들어가 술을 사 실컷 마셨는데, 대작할 사람이 없었다. 마침 연소한 선비 한 사람이 밖에서 들어오니 바로 연천 홍석주였다. 한공이 함께 마시고자 하니 홍공이 술을 마시지 못한다고 대답하였다. 이에 한공이 졸렬한 사람이라고 책망하였는

데, 홍공은 평생 그날의 부끄러움에 대하여 말했다. 두 공이 한 분은 잘 마시고 한 분은 못 마셨지만, 모두 기록할 만한 일이다. _『임하필기』 춘명일사

지금도 술을 마시지 못하면 사내가 술도 못 마신다고 타박을 하여, 억지로 마시게 할 정도이다. 우리는 손님이 오면 으레 술상을 내온다. 임진왜란이 일어나기 직전에 쓴 일기의 한 구절을 보면, 낯선 사람이 와도 술상을 차리는 풍습을 볼 수 있다.

처음에 잘 곳을 찾았으나 인가가 몹시 드물어서 도적이 무서워 밤을 무릅쓰고 여산군 전원前院에 도착하니 밤이 이미 깊었다. 행인들이 집마다 가득 차서 묵을 곳이 없더니 마침 집 하나가 비어 있는데 집 주인이 손님을 맞아 술을 낸다. 술자리가 파할 무렵 미련한 종놈이 갑자기 들어와 술에 취한 주인과 서로 다투어 큰 싸움이 벌어지게 되었다. 내 종을 엄하게 꾸짖고 취한 주인을 잘 달래서 간신히 싸움을 말리고 나서 딴 집으로 옮기려 했으나 밤이 깊어서 부득이 거기에서 잤다. _『쇄미록』 1591. 12.

이처럼 술만 마시면 잦아지는 것이 싸움이요 술주정이다. 다음은 영조가 한 말이다.

임금이 이르기를, "… 근래에 술을 금한 후로 마을과 거리에서 서로 욕하고 싸우는 일이 없어졌다고 하는데, 믿을 수 있는가?" 하니, 병조판서 홍상한이 말하기를, "추조秋曹, 형조와 경조京兆, 한성부에 서로 싸워 소송하는 일이 영원히 그쳐서 곤장을 칠 일이 없을 정도로 형벌을 거의 쓰지 않게

되었으니, 이것은 금주령의 빠른 효과입니다" 하였다. _영조실록 32년(1756) 4월 4일

그림 2 안압지 출토 주사위

우리 민족은 고래로 음주와 가무를 즐겼다. 한반도 동쪽에 살던 예족은 10월의 하늘 제사 때마다 주야로 음주와 가무를 즐겼고, 마한도 5월 파종 후에 음주가무를 역시 주야로 쉬지 않고 하였으며, 변한도 음주가무를 좋아했다. 이처럼 한반도 북쪽에서 남쪽에 이르기까지 음주가무를 좋아했기에, 아예 『후한서』에서는 "동이족은 모두 토착민으로서, 술 마시고 노래하며 춤추기를 좋아한다"고 총괄적으로 서술하였다. 이런 전통이 있기에 일본인이 개발한 가라오케를 더 즐기고 크게 유행시킨 것이 우리가 아닌가. 가무는 음주에 항상 따라붙게 되어 있어서 노래방을 찾은 손님들은 술을 찾게 마련이다.

1977년 경주 안압지를 발굴할 때에 흥미로운 유물이 하나 출토되었다.그림 2 참나무로 만든 14면체 주사위인데, 면마다 글씨가 새겨져 있었다. 주사위를 굴린 사람이 글의 지시에 따라 어떤 행동을 하게 되어 있는데, 그 내용은 대체로 다음과 같다.

술 석 잔 한 번에 마시기

더러운 것을 버리지 않기

시 한 수 읊기

소리 없이 춤추기

팔뚝을 구부린 채 다 마시기

여러 사람이 코 때리기

스스로 괴래만노래 이름? 부르기

덤벼드는 사람이 있어도 가만있기

월경 한 곡 부르기

스스로 노래 부르고 스스로 마시기

누구에게나 마음대로 노래 청하기

술을 다 마시고 크게 웃기

술 두 잔이면 쏟아버리기

얼굴을 간질여도 꼼짝 않기

궁궐 안에 만든 연못에서 발견되었고 술 마시는 내용이 많은 것으로 보아서 주연을 열 때에 사용하던 놀이기구인 것 같다. 그런데 현재 경주박물관에 전시되어 있는 이 유물은 복제품이다. 발굴 직후에 습기를 제거하기 위해서 특별히 제작된 전기 오븐에 넣어 서서히 말렸는데, 온도 조절기가 불량해서 화재가 나 완전히 재로 변해버렸다고 한다. 1천 년 이상 지하에 있다가 세상 구경을 하자마자 사라져버린 것이다.

우리나라 술은 크게 탁주, 청주, 소주의 세 가지로 나뉜다. 탁주는 농사짓는 농민들이 주로 마셔서 농주農酒라고 하거나, 막 걸러서 마신다고 해서 막걸리, 흰색이라 해서 백주白酒라고 하였다. 최근에 외국에서 서민의 술인 막걸리가 인기를 얻고 있다고 하니 참으로 고무적인 일이다. 청주는 맑게 걸러낸 술로서 약주藥酒라고도 불렀다. 흔히 정종이라고 부르는 일본식 청주와 우리 청주는 만드는 방식에서 다소 차이가 있다고 한다. 증류주인 소주는 포도주와 함께 고려시대에 원나라에서 전래된 술이다.

다음은 포도주에 관한 고려시대 기록이다.

무진일에 원경 등이 원나라에서 돌아왔는데 황제가 왕에게 포도주를 하사하였다. _『고려사』 충렬왕 11년(1285) 8월

술을 증류하는 방법은 멀리 아라비아에서 몽골을 거쳐 소개된 것이다. 아라비아어로 아락이라 하고 원나라에서는 아라길, 만주어로 알키, 평안북도에서는 아랑, 개성에서는 아락으로 비슷하게 부르는 것은 이 때문이다. 아랑주는 소주를 고고 난 찌꺼기로 만든 것으로 질이 낮고 독한 소주를 가리킨다고 한다. 또 원나라 군대가 일본을 정벌하기 위해 주둔했던 안동에서 전통주라고 하는 안동소주가 나온 것도 그 배경을 이해할 수 있을 것이다.

학생들과 술자리를 할 때면 소주의 한자가 어떻게 되는지 묻곤 했었다. 소주병에는 술 주酒가 아닌 다른 글자가 쓰여 있기 때문이다. 이름하여 소주 주酎라 하니, 진한 술 또는 세 번 거른 술이란 뜻이다. 지금은 상표에 한자가 아주 작게 쓰여 있어 찾아보기가 힘들어졌다. 그런데 이것은 일본식 단어이다. 우리는 원래 소주燒酒라고 썼는데, 1909년 일본인 주도 아래 주세법이 만들어지면서 이 단어가 처음 도입되어 지금에 이른 것이라 한다. 아직 일제의 침략 흔적이 우리 사회에 남아 있는 것이다. 또 소주에 이슬 로露 자 이름을 붙이고, 요새는 한글로 된 '참이

슬'이란 상표가 나오기까지 한 것은 소주를 증류하여 맺힌 방울을 연상하면 이해할 수 있을 것이다.

우리나라 술은 오래 보관하기가 어렵다. 막걸리의 보존 기간은 4~5일 정도이고 오래되면 산화되어 맛을 잃어버린다. 다음은 1880년대에 여행한 프랑스인이 쓴 우리나라 술에 대한 품평이다.

조선의 술은 대개 붉거나 흰색으로, 쌀이나 밀 또는 그 밖의 곡물로 빚어내며, 발효하기 전 단계에 불붙은 숯을 집어넣음으로써 맑은 빛깔을 낸다. 그것은 질적인 면에서 중국이나 일본의 술을 저만치 따돌릴 만한데, 입천장에 착착 달라붙는 그 부드러운 맛이 흡사 우리의 포도주를 연상시켰다. 비록 알콜 도수가 좀 높기는 하지만 너무도 맛이 좋아서 친구들을 위해 프랑스에도 좀 가지고 가고 싶었다. 그러나 운반할 수 있게 포장된 것도 아니었고, 결정적으로 장시간 보관이 불가능하기 때문에 아쉽지만 포기해야 했다. _샤를 바라 책, 182쪽

이 술은 막걸리가 아니고 청주일 것이다. 막걸리가 시어버리면 설탕을 타서 먹었던 기억도 있다. 집에 오래 두지 못하니, 필요할 때마다 술 파는 집에 가서 주전자로 사다 마시곤 했다. 그런 심부름을 한 번쯤은 해보았을 것이고, 가져오는 도중에 주전자에 입을 대고 맛을 본 경험도 있을 것이다. 아니면 명절 때 술을 거르고 남은 지게미를 먹고 취한 적도 있을 것이다. 옛날에는 어려서부터 그렇게 술을 배웠다.

왕은 특별히 신하들에게 술을 내리기도 했다. 이를 선온宣醞이라 한다. 유희춘이 선조와 저녁 공부를 한 뒤에 왕이 내린 술을 마셨던 경험

은 흥미롭다.

말씀이 끝난 뒤에 신 등이 물러나 자리에 엎드려 있으니, 내시들이 구리 쟁반에 안주와 과일을 담아서 여섯 신하 앞에다 놓았다. 승전색이 선온을 가지고 와서 은 종지로 술을 따라주는데, 그 종지가 해바라기꽃 둘을 담을 만하였다. 희춘이 애써 마시는데 겨우 절반을 마시고 물러나 그 아래에 앉고, 다섯 신하들도 다 받아 마시고 선온을 끝냈다. 그런 다음 술잔을 세 번 더 돌린 뒤에 마쳤다.

예법으로는 안주와 과일을 많이 품고 나와야 하는데, 희춘은 크게 취해 몸을 가누기 어려워서 겨우 4분의 1을 집어 소매에 넣고 땅에 엎드려 나왔다. 섬돌을 내려와 뜰을 걷다가 다시 남쪽 계단을 오르는데, 취하고 약하여 힘들었지만 넘어질 듯하면서도 다행히 쓰러지지 않았다. 궁전 문을 나서니 서리들이 좌우에서 부축해줘 겨우 내약방에 이르러 꺼꾸러지고 말았다. 다시 서리들에 업혀서 홍문관 방에 들어갔으나 두통이 그치지 않았다. 그렇지만 술 하사가 영예로운 은총이기에 토하지도 못하고 끝까지 참다가 이내 잠이 들어버렸다. _『미암일기』 1573. 2. 4.

주인공이 술에 약한 것이 분명하다. 그렇지만 왕이 내리신 술이니 토하지 않고 참는 모습이 눈에 선하다. 중종이 왕세자의 선생들인 서연관에 내린 잔치 장면을 보면, 아직 파하기도 전에 이미 취하여 하인들의 부축을 받고 자리를 뜨는 사람들이 잘 묘사되어 있다.그림 3 유희춘도 이런 식으로 부축을 받아 나왔을 것이다.

술을 파는 주막은 양반보다 하층민이 많이 드나드는 곳이었다. 다음

그림 3 술 취해 부축하고

은 일제강점기 술집을 묘사한 부분이다.

조선인의 술집은 조선인의 생명이라 부를 만하다. 주옥酒屋 즉 '술집'은 집 뒤편에 긴 장대를 세우고, 그 끝에 기름종이를 발라 대충 만든 장방형 제등提燈을 낮이고 저녁이고 높이 매달아둔다. 저녁에는 밀랍 초에 불을 붙인다. 이 술집은 술을 파는 것으로서, 단골은 거의 하등 사회 조선인을 대상으로 하기 때문에, 양반은 결코 보통 술집에 출입하지 않는다. … 술은 조선 잔으로 안주 포함하여 한 잔에 5전이라 하므로 제법 싼 가격인데, 두세 잔 마시면 배가 나오므로 근래에 일본인·조선인 노동자 출입이 많다. _나이토 론쇼 책, 241쪽

술집에는 초롱을 걸어놓기도 하고, 종이 장식을 막대기에 매달기도 하고, 심지어 술 거르는 데 쓰는 체를 걸어놓기도 했다. 중국과 조선의 술집을 비교한 글에서 이 사실을 확인할 수 있다.

대개 중국의 이름 있는 사대부들은 기생집娼樓이나 술집酒肆을 꺼려하지 않고 기정旗亭의 고사처럼 여긴다. 해질녘이나 경사스러운 날에는 매번 수레와 말이 구름처럼 모여든다. 술 한 잔에 시 한 수를 읊으며 서화도 품평하여 그 시구를 남겨두는데, 날마다 그렇게 한다. 술집에서는 뛰어난 작품을 팔아서 부자가 된 사람이 많다. 이처럼 해야만 바야흐로 풍류와 술의 흥치가 있다고 하겠으니, 우리나라 술집과는 다르다.

우리나라 술집은 체와 등을 장대 끝에 달고 매주가賣酒家, 술 파는 집 세 글자를 써놓는다. 그 안으로 들어가면 질그릇 술 항아리가 있는데, 사기 술잔으로 멍석을 편 화롯가에서 청주와 탁주를 가리지 않고 서서 몇 잔을 마시고는 주머니를 뒤져 돈을 치르고 나간다. 혹은 연거푸 10여 잔을 기울이고는 취하여 욕지거리를 하고 싸움질을 하여 취향醉鄕, 술집이 전쟁터로 바뀌니, 이것이 무슨 취미인가? 그러므로 사대부라 부르는 사람들은 절대로 발길을 들여놓지 않는다.

대개 중국 사람들은 아주 작은 술잔으로 조금씩 마신다. 한 번 술잔을 권하면서 손님과 주인이 수없이 절하며, 술로 인한 실수도 없다. 우리나라 사람이 큰 술잔으로 마구 마시는 것을 보고 모두 혀를 내두른다. 나는 술을 마시지 못하건만 주량이 적지 않다는 이름을 얻었으니, 도리어 우스운 일이다. _『심전고』 유관잡록留館雜錄

이 글은 1828년에 쓰인 청나라 기행문이다. 기정은 감시나 지휘 등의 목적으로 저잣거리에 세운 누각으로 위에 깃발을 세워두었다. 그런데 당나라 시인 왕창령 등 3인이 함께 기정에 가서 술을 마신 일이 있어서 술집의 별칭으로도 사용된다.

19세기 말쯤에 술집에는 목로木爐술집, 내외內外술집, 사발막걸리집, 모주집, 색주가가 있었다고 한다. 목로주점은 서서 마시는 선술집이고, 내외주점은 행세하던 집 노과부가 생계에 쪼들려 건넌방이나 뒷방을 치우고 넌지시 파는 술집이고, 사발막걸리집은 사발로 막걸리를 파는 간이 목로주점이고, 모주집은 술 찌꺼기를 다시 걸러서 만든 술을 파는 집이고, 색주가는 여자가 술을 따르고 노래를 부르고 매음까지도 하는 집이다. 이 가운데 조선 후기로 거슬러 올라갈 수 있는 것이 목로주점과 색주가라고 한다.

다음은 1901년부터 4년간 한반도에 머물렀던 프랑스인이 묘사한 내외술집 모습이다.

"내원 술집"내외주점들도 작대기 끝에 걸어놓은 버들개지 소쿠리 덕에 알아볼 수 있다. 하지만 초롱은 없다. 이 술집들은 더욱 '엄선'된 곳이다. 이 내외주점의 특징은 그 안주인 여자가 (정숙한 여성에게 허용된 직업으로서) 모습을 보이지 않는다는 점이다. 보통 집 입구에 있는 방에서 돗자리와 방석이 손님을 맞이하고, 하인을 불러 술과 음식을 주문하면 하인이 안으로 들어가 그것을 나른다. _에밀 부르다레 책, 79쪽

평양 기생 66명에 대해서 짤막하게 논평한 책인 『녹파잡기』에는 늙

그림 4
예천 삼강 주막집(2008. 1.)

은 기생이 목로주점에서 술을 파는 얘기가 나온다.

취련은 아주 통통하고 몸집이 크지만 검무를 출 때는 물 찬 제비처럼 민첩했다. 이제는 늙어서 연광정 앞길에서 목로주점을 한다. _『녹파잡기』 61쪽

얼마 전에 경상북도 예천 삼강에 우리 시대의 마지막 주막집이 있다고 해서 매스컴에서 화제가 된 적이 있다. 그래서 2008년 1월에 찾아가 보았더니 이미 주모 할머니는 돌아가시고 관광사업을 위해서 주막을 새로 고친 뒤였다.그림 4 옛 모습을 보지 못해서 아쉬웠다.

조선 후기 그림으로 주막집 장면이 몇 점 있다. 김홍도와 신윤복의 그림이 대표적인데, 여기서 신윤복의 그림을 보겠다.그림 5 철쭉꽃이 핀 담장 너머로 주모가 남색 치마를 입고 술을 막 따르려 하고, 그 왼쪽으로 사내아이가 손님을 바라보고 있다. 손님은 모두 다섯 명인데, 붉은 옷을 입은 사람은 이제 술을 마시고 젓가락으로 안주를 집으려 하고 있고 그 옆으로 두 사람이 서 있다. 그 너머로는 두 사람이 이제 술을 마

그림 5 조선 후기 주막(신윤복)

시려는지 약간 떨어져서 뭔가를 의논하고 있다. 야외에 설치된 허름한 부뚜막에는 솥 두 개가 걸려 있고 그 주위로 술잔과 안주 그릇이 놓여 있다. 그 안쪽 바닥에는 크고 작은 술 단지 두 개가 놓여 있고, 술을 따라두는 넙적한 그릇과 술 대접도 보인다. 여기서 주모는 국자에 술을 떠서 팔았음을 알 수 있다. 이런 광경은 김홍도, 김득신의 그림에서도 별반 다르지 않다.

그런데 이와 같은 주막집 풍경이 중국 한나라 때의 화상석 그림[그림 6]에서도 비슷하게 보여서 1,500년 이상 내려온 전통임을 상상할 수 있다. 화상석이란 돌에 그림을 새긴 것으로서 한나라 때에 유행하였다.

왼쪽 지붕이 있는 집에 받침대가 있고, 그 뒤쪽의 상인이 손님에게서 돈을 받고 있다. 오른손으로는 주발 같은 것을 손님에게 건네주고 있

그림 6 중국 화상석 그림

다. 받침대 위에는 접시가 두 개 있는 것으로 보아 먹고 마시는 곳으로 생각된다. 받침대 주변에는 몇 개의 단지가 있는데, 술을 담은 곳으로 생각된다. 이런 목로주점이 고대로부터 끊이지 않고 내려온 것을 알 수 있다. 기록에는 없지만 우리나라에서도 아마 고대로부터 이런 전통이 있지 않았을까 생각된다.

잔치나 축제가 벌어지면 길가에 임시로 좌판을 벌여놓고 술과 간단한 안주를 팔기도 했을 것이다. 이런 모습은 서울대학교박물관에 소장된 「대쾌도」 그림에서 찾아볼 수 있다.그림 7

조선시대에는 시장 주점에서 기생을 끼고 술을 마시기도 했던 모양이다. 다음은 이조좌랑으로 임명된 이정빈에 대한 인물평에 나오는 내용이다.

그림 7 대쾌도의 길거리 술집

또 주색에 빠져 김위·유영길·이성헌 등의 무리와 밤낮으로 술 마셨다. 인가의 곁채나 저자의 가게에서도 창녀를 끼고 제멋대로 술 마시는가 하면, 장소를 가리지 않고 잠을 자기도 하였는데, 윤백원이 항상 동참하였다. _명종실록 18년(1563) 7월 12일

술이 있으면 안주가 있게 마련이다. 안주按酒는 과거에 안주安酒라고도 썼으니 '술 마실 때에 속을 편하게 하는 음식'이란 뜻을 지니고 있다.

정현이 달아놓은 주석에, "… 술을 마시면 마땅히 안주가 있어야 속을 편하게 한다"고 하였다. 지금 세속에서 주효酒肴를 안주라고 말하는데, 한나라 시대부터 이미 있었던 말이다. _『성호사설』 시문문, 안주

다음은 정조 때에 안주에 대해서 채제공이 지적한 말이다.

비록 수십 년 전만 해도 술집의 안주는 김치와 자반 따위에 지나지 않았을 뿐입니다. 그런데 근래에 백성 습속이 점점 교묘해지면서 신기한 술 이름을 내놓기에 힘쓰고, 푸줏간의 쇠고기나 시장의 생선을 따질 것도 없이 태반이 술안주로 들어갑니다. 진수성찬과 맛있는 탕이 술 단지 사이에 어지러이 널려 있으니, 시정의 연소한 사람들이 특별히 술을 좋아하는 것이 아닌데도 오직 안주를 탐하느라 삼삼오오 손을 잡고 술을 사서 마십니다. 이 때문에 빚을 지고 신세를 망치는 사람이 부지기수니 통탄할 만합니다. 시장에서 반찬 값이 날로 뛰어 귀하게 되는 것도 바로 이 때문입니다. _『일성록』 정조 16년(1792) 9월 5일

영조 때의 엄한 금주령이 정조 때에 풀리자 이처럼 술과 안주가 발달하기 시작했다고 한다. 다음은 순조 때의 상소문에 거론된 모습이다.

아, 서울의 쌀은 모두 술 빚는 집에 들어가고, 저자의 생선과 고기는 모두 술집으로 들어가니, 근래에 물가가 오르고 민생이 궁핍해지는 것은 이 때문입니다. 본디 금주령이 백성을 동요시키는 단서가 되는 것을 알고 있으니, 일절 금지할 수는 없습니다. 그렇지만 거리에서 풍성한 안주에 크게 술판을 벌이는 데 이르러서는, 어찌 그렇게 낭비하는 대로 두어 끝없는 폐해를 끼치게 하겠습니까? _순조실록 3년(1803) 8월 9일

그렇지만 보통 사람들은 김치나 자반 정도에 만족했을 것이다. 1800

년대 말에도 주막에서 명태, 돼지고기, 김치뿐인 안주와 술을 팔았다고 한다. 흔히 안주로 빈대떡을 먹기도 하는데, 빈대떡의 재료인 녹두는 찬 성질이 있어서 술 마신 후에 열을 풀어주기 때문에 서로 궁합이 잘 맞는 것이다.

술은 국밥과 함께 먹기도 하였다. 조선시대에는 국밥을 탕반湯飯이라고도 했는데 탕반은 설렁탕, 장국밥, 곰탕을 함께 일컫는 말이었다. 시장이 서는 곳에는 술과 먹기 간편한 국밥을 팔았으니, 자연히 시장이 발달했던 서울 무교동이나 경기도 안성의 국밥이 유명해졌다.

음주가 있으면 금주령도 있게 마련이다. 술은 사람에게 유익하다고 하여 '백약의 으뜸'이라 했지만, 다른 한편으로 사람을 미치게 한다고 하여 광약狂藥이라고도 불렀다. 특히 가뭄과 기근이 들면 곡식 소비를 줄이기 위해서 금주령을 내렸다. 그러다가 비가 오거나 곡식이 익으면 금주령을 해제하였으니, 고려시대 말부터 이러한 기록이 자주 보인다. 금주령의 개폐 사례를 하나씩 보겠다.

사헌부에 지시하기를 "이달 18일부터 술을 금하니, 만일 이를 범한 자가 있거든 그 정상의 경중에 따라 차이가 있게 죄를 매기라" 하였으니, 날이 가물기 때문이다. _세종실록 13년(1431) 5월 14일

금주령을 폐지하였다.【이른 곡식이 이미 익었기 때문이다.】 _중종실록 4년(1509) 8월 6일

다음 기록은 술이 얼마나 쌀을 축내는지 잘 보여준다.

곡식을 허비하는 것으로 술보다 더 심한 것이 없으니, 술은 반드시 금지해야 할 대상이다. … 이제 서울과 큰 도시에는 양조장 수효가 끝이 없고, 큰 마을의 경우 한 양조장에서 1년에 쌀 수천 말을 소모하니, 이는 가난한 집의 10년 먹을거리에 해당한다. 또 시골 시장에는 술집이 3분의 1을 차지하니, 그 소모되는 쌀이 과연 얼마나 많겠는가? 만약 술을 일체 금지한다면 흉년이 들더라도 백성들이 굶주림을 면할 것이다.

_『성호사설』 인사문, 주금酒禁

이처럼 곡식을 축내기 때문에 조선시대에는 일시적인 금주령뿐 아니라 왕의 특별 지시로 금주령을 내리기도 하였다. 영조 19년1743 3월에 유복명이 상소한 내용을 보면, 태종과 세종, 숙종과 영조가 특별히 그런 조치를 내렸다고 한다.

태종은 즉위한 직후에, 금주령을 내려도 술 마시는 자가 그치지 않는 것은 자신이 끊지 않았기 때문이라 하여 술을 올리지 말라고 명령하자 나라 사람들이 감히 마시지 못했다고 한다. 태종 17년1417에는 수원부사 박강생이 감찰하러 온 사람들을 초청하여 염소를 잡고 술자리를 마련했다고 하여 문제가 되었다. 농사철에 금주령을 내렸는데 이를 어겼다는 것이다. 그는 이전에도 전력이 있었으니, 사헌부에서 올린 보고서에는 다음과 같이 적혀 있다.

박강생은 지난번에도 이웃 고을의 수령과 관할지를 벗어나 안양사에 모여서 소주를 강권하다가 김문을 죽게 하였는데 아직도 고치지 못하고 있습니다. _태종실록 17년(1417) 윤5월 22일

세종은 금주령을 내린 뒤에 솔선수범하여 예외적으로 허용하는 술도 거절했다.

세종이 가뭄을 걱정하여 전국에 금주령을 내리고, 약으로 마시는 술을 오랫동안 들이지 못하게 하였다. 의정 이직이 술을 들이자고 청하니, 임금이 "다른 사람들이 술 마시는 것을 금지하면서 나만 홀로 마시는 것이 옳겠는가?" 하였다. 재차 아뢰었으나 허락하지 않았다. _『동각잡기』 상

세종 때에는 술 마시는 것 자체가 아니라 취하도록 마시는 것을 금지한 적도 있다.

사헌부에서 아뢰기를, "연회에서 술을 거나하게 마시는 것을 엄중히 금지하고 있으나 밤을 이용하여 술자리를 벌이는 사람들이 흔히 있는데, 이것은 순찰하는 자가 체포하지 못하기 때문입니다. 지금부터 밤에 술을 마시다가 발각되면 곧 그날 그 지역을 순찰한 관리를 추궁하여 중죄로 다스리게 하소서" 하니, 그대로 따랐다. _세종실록 8년(1426) 1월 19일

성종 때에도 술 한 병 정도는 금하지 않았다.

임금이 대사헌 이서장에게 이르기를 "지금 바람이 계속 불고 비가 오지 않으니, 금주하지 않을 수 없다. 그러나 백성들이 술 한 병 정도 지니는 것은 금하지 말라"고 하였다. _성종실록 6년(1475) 4월 9일

그래서 중종 때에 박호는 "한 병의 술은 금지하지 않기 때문에, 심한 자는 죄를 받지 않으려 하여 술이 아무리 많아도 반드시 병으로 운반합니다"고 지적하였다. 이리하여 중종 22년1527 5월에는 병술마저 금지했다. 중종 36년1541에는 술을 빚는 데에 쓰이는 누룩도 매매하지 못하게 하였다.

금주령을 아주 엄격하게 지시한 왕은 영조였다. 그는 재위 기간 내내 엄하게 금주령을 시행하였다.

이때 임금이 엄한 법으로 술을 금지했으므로 이를 범한 사람이 종종 처형되었다. 또 이웃을 연좌시키는 법을 만들어서 한 집에서 금주령을 범하면 세 집이 같이 죄를 받게 하니, 백성들이 매우 두려워했고 뭇 신하들도 감히 간하지 못하였다. _영조실록 39년(1763) 11월 22일

이해에 일본에 사신으로 간 조엄1719~1777은 금주령 때문에 술을 모두 물리쳤다.『해사일기』 이보다 2년 뒤에 사신을 따라 청나라에 간 홍대용도 이 때문에 술을 마시지 못했다. 엄한 금주령이 내려졌던 영조 때에 엉뚱하게도 경모궁, 즉 사도세자가 그 피해를 입기도 했다.

그때는 금주가 엄한 때였다. 영묘께서는, '경모궁이 술을 먹었는가?' 의심하여 많이 노하시고 이처럼 명령하셨다. "세자에게 술 드린 이를 찾아내라." 경모궁께는 누가 술을 내주었는지 엄하게 물으셨다. 그러나 경모궁은 진실로 술을 잡수신 일이 없었다. … 그러나 금주하는 때에 동궁에게 술을 드렸다고 하여 희정이를 멀리 유배 보내고, 대신 이하를 불러서 보라고 하셨다. _『한중록』

단속이 엄하면 편법도 생겨나게 마련이다. 중종 24년1529 11월에 이임이 왕에게 아뢴 내용을 보면, 단속해보았자 세력 있는 사람들은 다 빠져나가고 못나고 가난한 백성만 잡혀온다고 지적하였다. 단속을 이유로 돈을 뜯어내는 폐단도 생겨났다.

우의정 김상로가 말하기를 "금주령 이후에 술집으로 이름난 곳이면 형조와 한성부의 구실아치들이 별도로 금란방禁亂房을 설치하여 날마다 돈을 징수하며 기존의 법처럼 여기고 있습니다. 그 외의 벌금 물리는 폐단은 일일이 들기 어렵습니다. …" 하였다. _영조실록 28년(1752) 12월 20일

관청의 벼슬아치들 아래서 일을 보던 구실아치들이 몰래 술을 파는 곳에 가서 돈을 뜯어내는 비리가 퍼졌던 모양이다. 그러기에 김상로가 두 관청의 폐단을 고치도록 건의하였고 영조가 이를 허락하였다. 이보다 앞서는 기록으로 다음과 같은 내용도 보인다.

또 아뢰기를, "금주령을 단단히 타일러 지시한 뒤로 술집으로 이름난 곳은 모두 술 빚는 일을 끊었습니다. 그러나 송교 근처 큰 술집 하나는 내자시에서 도장을 찍은 증서를 높이 걸어놓고 임금께 바치는 술이라 말하면서 법을 맡은 관청들이 손을 대지 못하게 하고 제 맘대로 매매하여 꺼리는 것이 없습니다. 내자시의 해당 관원을 먼저 파직하고 아전은 해당 관청을 시켜 가두고 죄를 주소서" 하니, 아뢴대로 윤허하였다. _영조실록 4년(1728) 9월 16일

금주령을 엄히 내리더라도 예외적인 사항은 있었다. 관리 가운데 왕의 간쟁을 맡은 사간원 관리는 음주가 허용되었다.

사간원은 간쟁을 직책으로 삼고, 다른 송사나 옥사獄事, 중범죄를 심리하고 판결하는 일은 없다. 이리하여 날마다 술 마시는 것을 일로 삼았다. … 혹시 금주령이 내리면, 사헌부의 관원은 술을 마시지 못해도 사간원의 관원은 평상시와 다름없이 마셨다. 사간원의 관원은 붉은 옷을 입은 하인을 앞세우고, 사헌부의 관원은 검은 옷을 입은 하인을 앞세웠는데, 금주령이 내리면 붉은 옷을 입은 하인이 크게 취하여 검은 옷을 입은 하인을 흉보며 "나는 밤낮으로 취해서 낯이 붉기 때문에 옷도 붉거니와, 너는 사헌부 관원처럼 재미없이 술도 마시지 못하여 안면이 항상 검은 빛이라서 옷도 검다"고 조롱하니, 듣는 사람들이 모두 웃었다. _『필원잡기』

다음과 같은 일도 예외로 하였다.

예조에 지시하기를 "… 환갑잔치, 혼인, 제사, 노인 봉양, 활쏘기, 노인 병 때문에 약으로 복용하는 경우와 병술을 가진 자 외에는 이전대로 내외에서 술을 금하도록 하라" 하였다. _성종실록 16년(1485) 9월 15일

이미 언급하였듯이 조선 전기에는 일반인도 술 한 병 정도는 허용했다. 그 밖에 특별한 일이 있을 경우에도 예외적으로 허용하였다. 그런데 여기에는 병 치료용으로 마시는 경우가 포함되어 있다. 술 마시길 좋아하는 사람들은 바로 이 점을 노렸다. 특히 상층부 사람들은 약으로

쓴다고 핑계 대면서 청주를 마셨다고 한다. 양반이 주로 마시던 청주를 '약주'라고 한 것은 이 때문이라고 한다.

이와 유사하게 소를 잡을 때도 빠져나갈 핑계를 댔다. 소를 잡지 못하는 금지령을 피하기 위해서 다리를 절어 쓸모 없는 소라고 한 것이다. 1843년 유만공이 지은 '세시풍요'에는 이를 풍자한 구절이 보인다. "시골 주막에 사치스런 안주 내놓으니欣看野店侈肴饌, 도처에 어찌하여 다리를 저는 소가 그리 많은가?倒處何多蹇脚牛"

기근과 식인

그림 1 미국 원조 밀가루 포대(2007. 7.)

1960년대까지 학교를 다녀본 사람이면 미국에서 원조한 옥수수 죽을 먹은 경험이 있을 것이다. 점심 무렵이 되면 양동이에 담아온 꿀꿀이 죽을 양은 도시락에 받아 훌훌 마셨다. 운이 좋은 날은 노릇하게 구운 옥수수 빵이 나오곤 했다. 성조기 안에 악수하는 장면이 그려진 원조물자 포대가 내 기억에 뚜렷이 남아 있다. 그 포대를 얼마 전 부산박물관 전시실에서 다시 만날 수 있었다.[그림 1] 그렇게 원조를 받던 우리나라가 마침내 2009년 11월에 원조하는 국가의 반열에 들게 되었다. 이러한 탈바꿈은 세계에서 유일하다고 한다.

한반도는 사계절이 뚜렷하다. 이것은 경치가 수려한 장점을 지녔으면서도 한편으로는 사람이 자연에 의존하여 살기 어려운 조건을 만들어주었다. 계절별로 획득할 수 있는 식량 자원이 고르지 않아서 겨울과 초봄에 극심한 식량난을 겪게 한다.[표] 사시사철 식량이 널려 있는 곳과 비교하면, 한반도에 정착한 선사시대 사람들은 악조건에서 악착같이

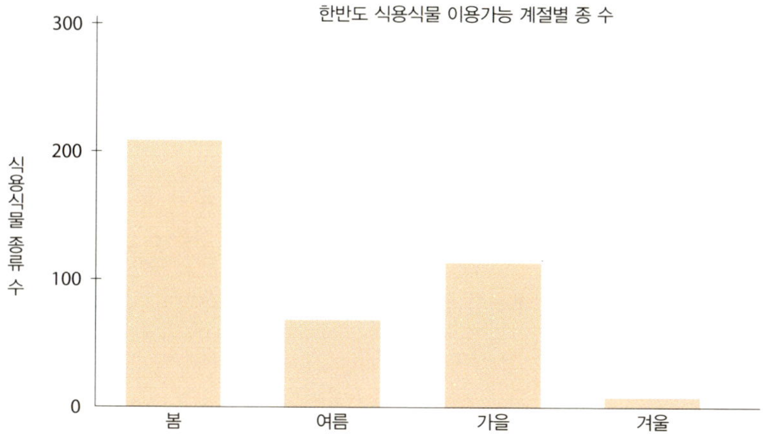

표. 계절별 식량 획득 기회의 차이(배기동 글에서)

사는 방법을 배워야만 했을 것이다.

보릿고개는 언제나 견디기 힘든 시기였다. 묵은 곡식은 떨어지고 아직 햇보리는 여물지 않은 때라 먹을 것을 구하기가 무척 어려웠다. 그래서 먹을거리를 찾아 산과 들로 헤매고 다녔다. 다음 자료는 그런 춘궁기의 모습을 엿볼 수 있게 해준다.

나물 캐는 사람들이 산과 들에 널려 있고, 나라의 창고에서 지급하는 말·되의 곡식을 선비 집안에서도 다투어 와서 얻으려 하니, 이는 민생의 어려움을 보여주는 것입니다. … 지금 양맥兩麥이 거의 익어가고 있는데, 굶주린 백성이 먼저 익은 이삭을 골라서 볶거나 쪄서 겨우 먹고 살아가니, 어찌 한 번 배불리 먹는 기쁨을 바랄 수 있겠습니까? _태종실록 9년(1409) 윤4월 22일

양맥인 보리나 밀이 익어갈 무렵 길가 밭에서 이삭을 잘라내 구워 먹었던 기억이 되살아난다. 밀은 오래 씹으면 약간 쫄깃해져서 마치 껌처럼 만들어졌던 기억도 있다. 다음은 춘궁기 백성들의 쌀독 상황을 엿볼 수 있는 자료다.

왕이 지시하기를 "한성부에서 아뢰기를 '성저10리城底十里에 사는 백성 300여 집이 바야흐로 양식이 다 떨어졌으니, 의창에 보관된 곡식으로 이를 구호하게 하소서'라고 하는데, 어찌하여 이에 이르도록 구휼하지 않았는가?" 하니, 좌승지 김종순이 "근래 저자에 쌀이 아주 흔한데, 성저 백성들이 어찌 식량이 떨어져 죽을 지경에 이른 자가 있겠습니까? 한성부에서 의창의 곡식을 풀려고 이와 같이 아뢰었을 뿐입니다"고 하였다.

임금이 환관 이존·신운을 시켜 민가에 가서 살펴보게 했더니, 이들이 돌아와서 "민가에서 가지고 있는 쌀이 한 말이나 7, 8되 정도 되는 곳이 6, 7호에 불과했습니다"고 아뢰니, 양곡을 내어 구호하게 하였다.

_세조실록 7년(1461) 3월 8일

성저10리란 도성 밖으로부터 10리 이내의 지역으로 도성 인접 지역을 가리킨다. 왕 측근이 실상을 제대로 보고하지 못하니 내시를 직접 보내서 현장을 파악하였다. 그나마 곡식으로 연명할 수 있는 곳은 다행일 것이다. 힘을 써야 하는 농사꾼은 먹는 것이 부실하면 안 되는데, 다음 자료도 참상을 느끼게 한다.

왕이 심열에게 "경이 직접 가서 진휼하였으므로 백성들의 사정을 소상히 알 것이니 모두 보고하라"고 이르니, 심열이 "신이 시골에서 혹 밥을 싼 광주리를 가져온 자가 있어 이를 가져다 보았더니 모두가 초식일 뿐 쌀 한 톨도 없었습니다. …"고 아뢰었다. _인조실록 7년(1629) 윤4월 19일

밥 광주리는 지금의 도시락이라 할 수 있을 것이다. 기근은 곡식이 익지 않은 것饑, 飢과 채소가 익지 않은 것饉을 의미한다. 굶주림은 인류의 역사와 함께했다. 우리 역사에서 기근에 대한 첫 기록은 백제사에 나타난다.

4년 봄과 여름에 가물어 기근이 들고 전염병이 돌았다. _『삼국사기』 백제 온조왕

온조왕 4년은 기원전 15년에 해당하지만, 이 연대를 그대로 믿을 수는 없다. 아무튼 고대 역사의 시작에서부터 현대까지 기근은 계속되었다. 지금도 아프리카의 기근 문제가 종종 뉴스를 장식하고 있을 정도다. 다음은 지방의 기근 상황을 조정에 보고한 통계다.

경상도에서 진휼장에 나온 굶주린 백성이 17만 9,865명이었고, 떠도는 거지가 1만 1,685명, 사망이 1,326명이었다. _영조실록 9년(1733) 5월 25일

전라감사 조현명이 상소하여 바닷가 백성의 참상을 논하기를 "흥양興陽, 전남 고흥 1읍은 원래 호구가 4만 명이었는데 죽은 사람이 2만여 명이니, 비록 임진년과 병자년의 전쟁이 참혹했었다 하나, 이보다 지나치지는

않았을 것입니다. 그 밖에 6읍에서도 닭과 개가 모두 멸종되었습니다. …"고 하였다. _영조실록 9년(1733) 10월 11일

보릿고개는 매년 겪는 것이지만 여기에 홍수나 가뭄까지 겹치게 되면 굶주림은 더욱 극심해진다. 더구나 세상을 잘못 만나 가렴주구까지 더하면 백성들은 살 길이 없게 된다. 그럴 경우 먹고살 만한 곳으로 떠돌아다니는 수밖에 없다.

이해에 평안도, 함길도, 강원도, 황해도 등에 기근이 심하여 백성들이 살 수 없었다. 전라도와 경상도에 풍년이 들었다는 말을 듣고 늙은이와 어린애를 이끌고 식량을 구하러 가는 사람들이 길에 끊이지 않아서 서북 지방의 인민이 거의 모두 남방으로 옮겨 가게 되었다. 이에 감사와 수령이 옮겨 가는 것을 금지하기를 청했으나, 임금이 듣지 않고 여러 도로 하여금 모두 진제소를 설치하여 진휼하고 그들이 가는 대로 맡겨 두게 하였다. 이리하여 떠도는 백성이 많기는 하였지만, 굶어 죽은 사람은 적었다. _세종실록 4년(1422) 윤12월 28일

기근이 심한 해는 양반도 소용이 없었다. 더구나 양반은 체면 때문에 구걸을 다닐 수 없었으니 더욱 고통스러웠을 것이다. 북한에서 기아가 극심할 때에 많이 굶어 죽은 사람들이 최하층민이 아니라 역시 체면 때문에 나서지 못한 선생 등 지식인층이라는 말을 들은 적이 있다.

신이 들으니, 어떤 부인이 혼자 살다가 굶어 죽게 되던 날 비통한 말을

벽에 쓰고 스스로 목숨을 끊었다고 합니다. 그리고 용궁龍宮, 경북 예천 등지를 다니는 행상이 어느 양반집에 들러 밥 지을 쌀을 주었는데, 시간이 지나도 밥을 주지 않아서 상인이 밥을 달라고 했답니다. 그랬더니, "굶은 지가 오래되어 아이들이 다투어 먹는데 차마 빼앗지 못해서 이미 다 없어졌습니다"고 하고 옷으로 보상하기를 청해서, 상인이 불쌍히 여겨 받지 않고 양식을 나누어주고 갔다고 합니다. 나중에 그 상인이 그 마을에 다시 갔을 때에 물어보았더니, 이미 굶어 죽었다고 하더랍니다. … 선비 집안은 감히 문밖에서 빌어먹을 수 없어 이 지경에 이르렀으니 참으로 불쌍합니다. _인조실록 17년(1639) 3월 25일

다급해지면 가족마저 버릴 수밖에 없었다. 때로는 자식을 팔기도 했다.

건복 44년627 8월에 서리가 내려 곡식이 죽으니, 다음 해 봄과 여름에 큰 기근이 들어 백성들이 자식을 팔아 끼니를 이었다. _『삼국사기』 검군 전기

힘에 부치면 처자를 버리고 도망쳤다.

이해에 전라도에서 곡식이 조금 익었으므로 여러 도의 주린 백성들이 모두 가서 얻어먹었다. 그런데 어린아이를 먹이지 못하여 길가에 버리거나 나무에 매놓고 가기도 하고, 남의 집에서 하룻밤 자기를 청하고서 버리고 갔으니, 어린 남녀가 모두 32명이나 되었다. 임금이 호조로 하여금 그 도에 공문을 보내어 급히 구휼하도록 했다. _세종실록 19년(1437) 1월 13일

임진왜란 중에는 사정이 더욱 급박했을 것이다.

어제 오는 길에 보니 7, 8세 되는 아이가 큰 소리로 통곡하고 있었고, 여인 하나는 길가에 앉아서 얼굴을 가리고 역시 슬피 울고 있었다. 괴이해서 물어보니 "지금 내 남편이 우리 모자를 버리고 갔다"고 했다. "왜 버리고 갔느냐?"고 물었더니, "세 사람이 떠돌면서 구걸했는데, 이제는 더 빌어먹을 곳이 없어서 장차 굶어 죽게 되어 내 남편이 우리 모자를 버리고 갔으니, 우리는 정녕 굶어 죽을 수밖에 없어서 우는 것이다"고 했다. _『쇄미록』 1593. 7. 15.

사람들이 서로 잡아먹는 것이 이에 이르러 더욱 심하여, 골육骨肉, 부모 형제 등 가까운 피붙이이 분리되어 길가는 사람 보듯 하였다. 내가 마침 성 안에 이르렀을 때에 목격한 일이다. 명나라 병사 한 사람이 취하고 배가 불러 지나가다가 길 가운데서 구토를 하자, 수많은 굶주린 백성이 일시에 달려들어 머리를 대고 주워 먹는데, 약한 자는 달려들지 못하고 물러서서 눈물만 흘렸다.

명나라 제독 유정이 굶어 죽은 송장이 길에 쌓인 것을 보고 참혹히 여겨 진제장을 동문 밖에 설치하니, 굶주린 백성이 구름처럼 모여들어 수많은 무리가 거기에 힘입어 조금 연명하다가 그 뒤에 모두 그 옆에서 죽었다. _『난중잡록』 1594. 5. 27.

이렇게 떠돌다 결국은 자살하거나 굶어 죽었다.

지금 경상도에 파견한 어사의 보고문을 보니, 의령 지방에 시체가 널려 있고 개들이 그 고기를 먹고 있다고 하니 지극히 참담하다. _명종실록 9년(1554) 3월 19일

근래에는 걸인이 아주 드물다. 모두 말하기를 몇 개월 안에 이미 다 굶어 죽었기 때문에 마을에서 구걸하는 자를 드물게 본다고 한다. 비록 먼 곳은 보지 못했지만, 이 고을 근처에는 길가에 굶어 죽은 자가 즐비하니 사람들의 말이 헛된 것은 아니다. _『쇄미록』 1594. 4. 3.

호서 지방에 흉년이 든 상황을 진달하기를 "동쪽 지역이 가장 심하여 백성들 가운데 소금물을 마시고 자살한 자도 있고, 혹 부부가 마주보고 목을 매어 죽은 자도 있습니다"고 하자, 임금이 크게 놀라고 측은하게 여겨 … _영조실록 33년(1757) 1월 4일

기근이 심할 때에는 조정에서 구호했다. 식량을 배급하기도 하였고, 구호소인 진제장賑濟場을 차려서 죽을 쑤어 먹였다. 쌀을 끓여서 간장으로 간을 맞추었고, 여기에 미역 등을 넣기도 했다. 성인에게 끼니마다 쌀 2홉, 노약자에게 1홉 5작 분량을 주도록 정해져 있었다. 노동하는 사람에게는 턱없이 모자라는 양이라서 조금씩 더 지급하기도 했다.

그런데 중간에 농간을 부려 떼어먹고 물을 더 넣어 희멀건 죽을 쑨 경우에는 더욱 힘들 수밖에 없었다. 다음은 담당 관리가 보고한 내용이다.

신이 이달 15일 남쪽 진제장에 달려가 보니, 도로의 굶주린 백성이 잇

달아 호소하기를 "죽이 물과 같고 겨와 쭉정이 등의 잡물을 섞었다"고 했습니다. 남은 죽을 보니 과연 호소하는 말과 같았고, 마당에서 미처 먹지 못한 사람들도 일시에 원통하다고 하기에 즉시 딴 죽을 마련하여 먹였습니다. _선조실록 26년(1593) 11월 13일

왕도 이런 사정을 알고 있어서 죽의 상태를 점검하라는 지시를 내리기도 했다.

지난번 설죽소設粥所, 죽 제공소에 별감을 보내서 굶주린 백성이 먹는 죽을 가져오게 했더니, 넣은 쌀 분량이 자못 넉넉하여 쌀알이 제법 많았다. 그런데 시종 이러한지 보려고 또 가져오게 했더니, 곡물량이 전보다 크게 미치지 못할 뿐 아니라 쌀알도 매우 드물었다. 계속 이리하면 설죽하는 본의와 다르게 되어 굶주린 백성이 결코 이에 힘입어 살아갈 수가 없을 것이다. 동·서의 설죽소에 이 뜻으로 각별히 신칙하도록 하라. _숙종실록 22년(1696) 1월 25일

진제장에서도 힘없는 백성들은 사대부 집 노비들에 밀려나는 경우가 있었다. 다음은 상평청에서 왕에게 건의한 말이다.

죽을 마련하여 구휼하는 것은 오로지 굶주린 백성을 위한 호구책인데, 지금 죽을 먹는 3,400명은 거의가 사대부 집의 노비이고 호소할 데 없는 가난한 백성은 약간 명에 불과하니 진실로 한심합니다. 가난한 선비가 자기 노비를 먹일 수 없어 굶주림에 허덕이는 우려가 있는 경우에

기민으로 올리는 것은 허용할 수 있지만, 관직에 있는 사대부의 노비까지 기민으로 등록하여 모두 죽을 받고 있습니다. 이것이 어찌 조정에서 진제장을 설치한 본래의 뜻이겠습니까? _현종개수실록 7년(1666) 3월 7일

오래 굶은 사람에게 뜨거운 죽을 주는 것은 금물이었다. 다음은 중국 호주에서 일어났던 사례를 언급한 내용이다.

예전에 호주 관가에서 죽을 쑤어서 굶주린 백성을 먹였는데, 죽이 가마에서 나와 아직도 뜨겁게 끓는 것이었다. 사람들이 배가 고파 뜨거운 죽을 급히 먹고서 나가다가 100보도 걷지 못하여 거꾸러져 죽었다. 비록 굶주림에 지쳤더라도 죽을 정도는 아니었는데, 뜨거운 죽을 먹은 자는 백에 한 사람도 살지 못했다. _세종실록 21년(1439) 3월 18일

이 때문에 수령이 직접 맛을 보아 점검을 한 뒤에 먹이도록 하였다.

기근이 심할 때에는 초근목피로 연명할 수밖에 없었다. 2007년 10월, 2차 남북정상회담 때에 북측에서 한 말이다. "기자 선생은 풀뿌리 먹어보았는지 모르겠지만, 우리는 두 차례 고난의 행군 기간 동안 풀뿌리 먹어가면서도 강철 같은 대오를 유지했다"고 했으니, 이런 사정이 옛날 얘기만은 아니다.

이러한 기근에 비상으로 먹는 음식물을 구황식물이라 한다. 우리나라에 자생하는 구황식물은 851종이고, 평소에 농촌에서 식용하는 것은 304종에 달한다고 한다. 소나무 껍질, 솔잎, 솔방울, 도라지, 칡, 도토리, 달래 등 각종 나물그림 2, 느릅나무 잎, 개암 등 다양했다.

그림 2 구황식물인 봄나물 캐기(윤두서)

왜인이 칡뿌리를 먹는다는 말을 듣고, 시험 삼아 칡뿌리를 채취하여 껍데기를 벗기고 말려서 가루로 만들어 쌀 싸라기와 섞어서 죽을 만들어 먹었더니 배를 채울 만했습니다. 솔방울도 가루로 만들어서 싸라기와 섞어 먹으면 아주 좋습니다. 신이 일찍이 이를 썼었는데 지금 이 방법으로 흉년을 구제하는 것이 좋겠습니다. _성종실록 16년(1485) 6월 19일

곧 군수를 지낸 남궁제를 진휼감독관으로 임명하여 솔잎으로 가루를 만들어서 솔잎가루 10홉에 쌀가루 1홉을 섞어 물에 타서 마시도록 하였지만, 사람은 많고 곡식은 적어서 살아난 사람이 얼마 안 되었다. _『재조번방지』 1593. 2.

오늘 아침엔 먹을 것이 없어서 송피와 도토리에 콩을 조금 섞어 쪄서 상하가 나누어 먹었다. 나만 홀로 7홉 쌀로 밥을 지어서 두 손자, 단녀와 함께 나누어 먹었으니 탄식한들 어찌 하겠는가. _『쇄미록』 1594. 2. 23.

저녁에는 마른 회화나무 잎에 콩과 보리를 조금 섞어 쪄서 처자들이 반 그릇씩 나누어 먹고 지내니 차마 볼 수가 없다. _같은 책 1594. 4. 10.

"똥구멍이 찢어지게 가난하다"는 말은 소나무 껍질이나 솔잎 따위의 식물성만 너무 먹어서 변비에 걸려 변을 보기 어려울 정도였던 사정을 반영하는 말이다. 임진왜란 때에는 백성들이 먹을 것을 구해서 이리저리 떠도니 군대도 유지하기 어려웠다.

간혹 보내오는 자가 있다 해도 모두 파리하여 얼굴색이 흙빛 같으니 10리만 행군해도 쓰러지는 자가 10명에 7, 8명이나 되었습니다. 남아 있는 군병도 모두가 느릅나무 껍질이나 소나무 껍질을 가루로 만들어 군량을 삼고 있었습니다. _선조실록 27년(1594) 3월 10일

소금도 중요한 구황 식품이었으니, 평시에 구황염을 미리 마련해두었다. 소금만 있으면 곡물이 없더라도 나물에 섞어서 연명할 수 있었기 때문이다. 소금 없이 나물만으로는 목에 넘어가지 않는다고 한다. 소금이 없을 때에는 해초를 달여서 먹었다. 소금의 중요성은 다음 자료에서도 알 수 있다.

근래에 오랫동안 송피를 섞어서 흰죽을 쑤어 상하가 같이 먹다 보니 소금도 계속해 쓸 수가 없게 되었다. 이제 소금 다섯 되를 얻어서 아침저녁으로 죽에 섞어 먹고 남은 것을 아랫집에 나누어주었다. 소금 없이 먹어야 하는 탄식이 근래에 더욱 심하니 생애가 애석하기만 하다. _『쇄미록』 1594. 2. 24.

심한 기근에는 흙까지 파먹었다.

임금이 황해도에 기근이 들어 인민들이 모두 흙을 파서 먹는다는 말을 듣고, 지인 박사분을 보내서 알아보게 했었다. 이때에 와서 박사분이 보고하기를 "해주 인민들이 흙을 파서 먹는 자가 무릇 30여 명이나 되었고, 장연현에서는 두 사람이 흙을 파서 먹다가 무너져 깔려 죽었다 하오나, 그렇게 대단한 기근은 아니었습니다"고 하였다. _세종실록 26년(1444) 4월 24일

어릴 때 장난 삼아 부드러운 흙을 먹어본 적이 있지만, 기근으로 파먹은 흙은 아마 전단토라고 부르는 하얀 흙일 것이다. 지금도 이 흙으로 묵이나 죽을 해 먹고, 술도 담가 먹는 사람들이 있다. 인터넷에 보니 흙 요리 전문점도 있다. 다음은 이익이 직접 맛을 본 진흙 떡 얘기다.

정산 지방 어느 골짜기에 이상한 흙이 매장되어 있는데, 주민들이 그 흙을 파다가 먹는다. 음식은 쌀가루 한 말에 흙 다섯 되를 섞어서 떡을 만든다고 한다. 한 사람이 가져와서 내게 보이는데, 복령처럼 하얗고 매우 끈적끈적했다. 씹어보니, 흙냄새가 조금 났지만 먹을 만한 것이었다. _『성호사설』 만물문, 토이土異

서양에서도 식량이 부족하면 흙을 섞어 먹었다고 한다.

843년 프랑스 농민의 예에서 보듯이 흙을 섞어 만든 '흉년기의 빵'은 결핍의 시대에 흔히 보게 되는 항구적인 요소이다. 라울 글라베르의 말에 의하면 1032~1033년의 기근 동안 "다른 곳에서는 결코 해보지 않

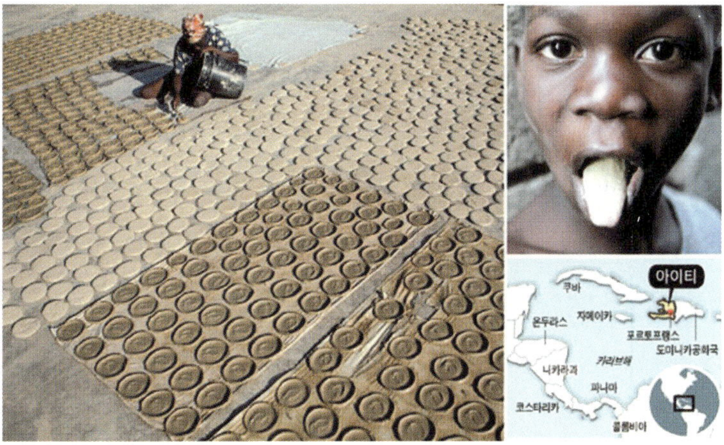

그림 3 아이티의 진흙 과자(2008. 1.)

았을 실험이 이루어졌다. 기아를 이기기 위해 많은 사람들이 진흙과 비슷한 흰모래를 구해서 약간의 밀가루와 밀기울을 섞어 빵 덩어리를 만들었다." 불행하게도 "그들의 노력은 헛된 것이었다. …" _맛시모 몬타나리 책, 85~86쪽

그러나 먼 옛날 얘기가 아니다. 지금도 아이티에서 진흙으로 과자를 구워서 먹는 기사를 보았다.그림 3 원재료 속에 철 성분이 많아 임산부들이 이를 보충하기 위해 진흙을 먹기는 했지만, 이제는 가뭄과 홍수, 내전 등으로 기아 상태에 직면한 국민들이 진흙과 소금, 식물성 쇼트닝을 섞어 만든 과자로 허기를 달래고 있다고 한다. 이런저런 것도 없으면 먹지 말아야 할 것도 먹어서 죽기까지 하였다.

특진관 정사룡이 아뢰기를 "영남 백성이 기근으로 먹을 것이 없어 목

화씨까지 먹었는데, 먹은 사람들은 모두 죽었다고 합니다. …"고 하였다. _명종실록 9년(1554) 2월 9일

면실유는 목화씨에서 짠 기름으로 지금 우리는 식용유로 사용하고 있다. 그런데 굶주린 사람들이 목화씨를 먹고 죽었다고 하니, 빈속에 너무 기름진 것을 먹어서 그런 것인지 모르겠다.

가장 처참한 일은 사람을 먹는 일이다. 우리는 옛날 얘기에서 식인의 풍습을 많이 들었다. 그러나 말이 그렇지 사실은 아니라고 생각해왔다. 조선시대에도 풍문으로 기록한 것이 많이 있다. 그러나 실록에 구체적인 정황을 묘사한 것을 보면 극단적인 경우에 인육도 먹었음이 분명하다.

4월 보름 때에 나무하는 아이 다섯 명이 동네 북쪽 산골에 갔다가 사람 고기를 구워 먹은 곳을 보고 와서 이야기하기에, 내가 동네 사람과 함께 나무하는 아이들을 데리고 가서 보니, 굽다 남은 머리와 다리가 아직도 있었습니다. 이달 23, 24일 사이에 나무하는 아이들이 또 말하기에 동네 사람 갑사甲士, 군인 김을경, 선군船軍, 배타는 군인 구사의와 함께 가 보았더니, 시체의 네 다리가 던져져 있었고 불기운이 남아 있었습니다. 동네에 선군 이우라는 자가 있는데, 하는 일도 없이 밤과 새벽으로 산속을 오가고, 남의 무덤을 파서 그 의복을 벗기기에 이 사람이 한 짓이라 의심했습니다. 그래서 그 집에 가서 수색하여 사람의 팔과 고기 두 덩어리를 얻었는데, 구워서 빛이 푸르스름하였고, 모두 사람 고기였습니다. _세종실록 29년(1447) 11월 17일

상주에 사는 정은춘이 한동네 사는 7, 8세 아이를 꾀어 산속에 들어가 배를 갈라 쓸개를 꺼내놓고 살점을 베어내 구워 먹으려다가 사건이 발각되어 갇혀 있으니, 그를 중죄인으로 심문하기를 급히 아뢰었다. _명종실록 19년(1564) 10월 15일

비변사가 아뢰기를 "근래에 서울의 진제장에서 사망하는 사람이 그 숫자를 헤아릴 수 없을 정도인데, 그 가운데 남부의 진제장에서 사망하는 사람이 더욱 많습니다. 날마다 끊임없이 도로에다 끌어내어 놓는데, 다른 굶주린 백성들이 그 시체를 베어내어 가지고 갑니다. …"고 하였다. _선조실록 26년(1593) 12월 9일

조정에서는 이런 사건이 벌어지면 극형에 처했지만, 전쟁 시에는 누구도 통제할 수가 없었다. 임진왜란 때인 1594년의 상황을 기록한 글이다.

갑오년 여름에는 큰 소의 값이 쌀 서 말에 불과했고, 가는 포목 값은 조 몇 되가 되지 못했으며, 진기한 보배도 팔 수 없었다. 사람들이 서로 죽여서 먹으니 여자와 어린아이는 감히 마음 놓고 나다니지 못했다. 굶어 죽은 사람들이 잇달았는데 굶주린 백성이 다투어 그 고기를 먹고, 심지어는 죽은 사람의 뼈를 발라 즙을 내어 마시기도 했는데, 이들도 발길을 돌리기도 전에 모두 죽었다. _『연려실기술』 선조조고사본말, 난중시사총록亂中時事摠錄

현종 때인 1670년과 이듬해에는 임진왜란 때보다 심하다고 할 정도

로 기근과 추위에 시달려 수많은 사람이 죽어나갔다. 이 와중에 실성한 것으로 보이는 여자가 자식을 삶아 먹은 사건이 조정에 보고되었다.

연산에 사는 개인 집 여종 순례가 깊은 골짜기에 살면서 다섯 살된 딸과 세 살된 아들을 죽여서 먹었습니다. 마을 사람들이 그 소식을 듣고 가서 사실인지를 물었더니 "아들딸이 병으로 죽었는데, 큰 병을 앓고 굶주리던 중에 삶아 먹었으나 죽여서 먹은 것은 아니다"고 하였다 합니다. _현종실록 12년(1671) 3월 21일

이런 글들을 읽으면 속이 메스껍고 거북하다. 그러나 역사적 진실인데 어찌하겠는가?

아메리카 아즈텍에서는 실제로 식인 의례가 있었다. 희생으로 바치는 사람의 심장을 꺼내어 태양신에게 바친 뒤에 몸은 요리해서 먹었다.그림 4 넓적다리는 최고 지배자에게 보내고, 나머지는 잘라서 귀족이나 친척에게 주고, 마지막은 사로잡아 온 사람 집에 가져가서 옥수수와 함께 끓여 먹는다. 이런 풍습이 그려진 그림이 제법 많이 전한다. 근대에도 비행기 추락 등으로 오지에 조난당한 사람들이 어쩔 수 없이 동료의 시신을 먹는 일이 이따금 벌어진다.

이렇게 전통시대에는 만성적인 굶주림에 시달리다 보니 최대의 소원은 기름진 음식을 배불리 먹는 것이었다. "기름진 것은 아름다운 것, 부유한 것 그리고 영양학적으로 좋은 상태의 상징"이었다. 이것은 동양이나 서양이나 마찬가지였다. 그런데 그런 생각이 불과 몇십 년 만에 정반대로 바뀌었으니, 다이어트 열풍이 그것이다. 우리나라에서는 아마

그림 4 식인 장면

1990년대에 들어 본격화된 것 같은데, 서양도 얼마 되지 않았다. 수천 년 내려온 관념이 순식간에 역전된 것이다.

> 날씬한 것이 건강에 좋다는 견해들까지 등장하면서 영양학적 혹은 미학적으로 '날씬함'의 이상은 20세기 전반에 유럽에서 널리 퍼졌다. 그러나 1950년대만 해도 광고에 나오는 여인들은 통통한 모습을 선호하는 전통적인 태도에 충실했다. 그러다가 20세기 마지막 2, 30년 동안에 가서 '날씬함'의 이데올로기가 완전히 승리를 얻게 된다. … 음식의 과잉 섭취에 대한 위험과 공포가 기근에 대한 위험과 공포를 대체했다.
>
> _맛시모 몬타나리 책, 263쪽

그림 5 옌볜의 다이어트 간판(2011. 10.)

1970년대까지 우량아 선발 대회가 있다가 사라진 것은 이런 추세를 반영한다. 당시의 우량아는 지금으로 보면 소아 비만에 해당할 것이다. 그런가 하면 1960년대에는 "육중한 체중! 부럽지 않습니까?" 하면서 살찌는 약을 팔았는데 격세지감을 느끼게 한다. 비만이 자랑거리에서 조롱거리로 바뀐 것이다. 그렇지만 북한에서는 아직도 지도자는 살이 있어야 한다는 생각을 가지고 있어서, 먹지 못하던 시절의 추억을 떠올리게 한다. 이는 김씨 3대의 세습을 비판하면서 중국에서 '곰 세 마리' 노래가 유행하는 빌미가 되기도 했다.

옌볜에 갔을 때에 한 간판을 보고 처음에 무슨 뜻인지 갸우뚱했다. "삼일에살까기"란 한글 간판이 붙어 있었는데,그림 5 함께 표기된 중국어를 보고서야 알게 되었다. "사흘 만에 살 빼기"란 말이었다. 이처럼 중국에도 지금 다이어트 바람이 불고 있으니, 그들의 눈에 비친 북한의 지도자가 어떨지 이해할 만하다.

따뜻한 아랫목

그림 1 파리의 굴뚝(2013. 5.)

낙엽이 떨어지고 찬바람이 불기 시작하면 따뜻한 아랫목이 생각나기 마련이다. 몸이 으슬으슬하거나 감기 기운이 있으면 더욱 그리워진다. 어릴 적만 해도 겨울에는 방 안 따뜻한 곳에 깔아둔 이불 밑에 밥을 넣어두어 보온을 하였고, 이불에 빙 둘러앉아 이야기꽃을 피우거나 놀이를 하면서 시간을 보냈다. 이런 추억은 바로 온돌이 있기에 한국인만이 가질 수 있는 것이다.

이에 비해서 서양에서는 벽난로를 사용하여 실내 공기를 데운다. 따라서 불을 땔 때에 실내에 연기가 퍼지는 것을 막는 것이 매우 중요하다. 유럽의 벽난로가 난방 전용인 데 비해서 러시아의 페치카는 난방과 함께 취사도 겸할 수 있는 시설이라 차이가 있다. 유럽 거리에서는 방마다 있는 벽난로에서 나온 굴뚝들이 장관을 이루며 솟아 있는 것을 목

그림 2 연해주 체르냐티노 유적의 온돌(2008. 7.)

격할 수 있다.[그림 1]

벽난로와 온돌의 구조적 차이 때문에 강의 시간에 이런 농담을 하게 된다. 서양에서 산타클로스가 굴뚝을 타고 들어와서 선물을 놓고 가는데, 우리나라에서는 부엌으로 나오게 되어 있어서 선물을 줄 수가 없다.

2008년 여름에 러시아 연해주에서 흥미로운 발굴이 있었다. 근대에 고려인이 살았던 온돌 건물지가 발굴된 것이다. 전년도에는 이곳에서 북옥저 온돌과 발해 온돌이 발굴되기도 했다. 연해주에서 활동했던 한인의 흔적이 선사시대부터 근대까지 확인된 것이다. 사진을 보면 아래쪽에 고려인의 온돌 건물지가 있고, 위쪽 가운데 둔덕 위에 발해인의 온돌, 그 왼쪽 아래에 북옥저인의 온돌이 있다.[그림 2] 이렇게 한국 문화를 대표하는 온돌이 동시에 함께 발견되어, 연해주 온돌의 역사를 더듬는 중요한 자료가 되었다.

온돌은 '데운 돌[堗, 突]'이란 뜻이고, 또 다른 이름인 구들도 '구운 돌'

에서 유래했다. '돌'은 본래 굴뚝을 가리키는데, 여기서 의미가 확장되어 '구들장 돌'까지 의미하게 되었다. 우리나라에서는 이처럼 '돌'이란 말을 주로 사용했지만 중국에서는 캉炕이란 말로 통일되어 있다.

온돌이 발달하면 좌식 생활이 중심이 된다. 외국인이 한국 온돌방에 들어가면 제대로 앉아 있지 못해서 고생을 하곤 한다. 반면에 우리는 의자에 앉아 있거나 오래 일어서 있는 것에 익숙하지 못하다. 다음은 예조에서 왕에게 아뢴 말이다.

2월 19일 아침 강의에 주상께서 "종묘 제사는 중국 예법에 따라 일을 맡은 신하가 서서 진행한다. 그런데 중국 사람은 서 있는 것에 익숙해서 종일토록 서 있더라도 힘들어하지 않지만, 우리나라 사람은 그렇지 못하다. 연로한 신하들이 오래 서 있을 수가 없어 땀이 흘러 옷을 적시기까지 한다. 비단 아랫사람만 그런 것이 아니라 위에 있는 사람도 감당할 수가 없다. …"고 하셨습니다. _선조실록 40년(1607) 5월 3일

중국에서는 처음에 좌식 생활을 하다가 후한 말기부터 입식 방식이 출현하여 송나라 때에 전면적으로 보급되었고, 실내 가구도 이에 상응하여 키가 낮은 것에서 높은 것으로 변했다고 한다. 온돌과 좌식의 보급에 따라 우리는 정반대의 길을 걷게 되었다. 천장과 바닥의 높이가 낮아지고, 이에 상응하여 가구의 키도 낮아졌다. 또 앉아서 생활하게 되니 식탁도 키가 낮은 소반으로 변했다. 「태평성시도」는 중국풍으로 그려졌지만, 실내에서 좌식으로 생활하고 소반으로 식사하고 있는 모습이 묘사되어 있는 것은 조선적 상황이 반영된 것이다.

우리나라 최초의 대단지 아파트는 1962년에 완공된 마포아파트이다. 아파트의 보급과 더불어 입식 생활로 전환하려는 시도가 있었지만, 지금은 아파트 안에서 좌식과 입식이 혼용되고 있다. 현관에서 신을 벗고 들어가 거실 바닥에 앉거나 소파에 걸터앉고, 방바닥에 자리를 깔거나 침대에 올라가 잠을 잔다.

아파트의 확산은 하중이 많이 나가는 온돌을 소멸시킬 가능성이 있었다. 그러나 쉽게 버릴 수 없는 생활문화이기에 이 위기는 보일러로 대체되면서 살아남을 수 있었다. 좌식 요소가 여전한 것은 이 때문이다. 최근에는 전기 패널을 사용한 온돌까지 등장했고, 아파트의 따스함에 성이 차지 않아서 찜질방이란 새로운 문화까지 탄생시켰다.

이러한 변화 과정에서 큰 솔이 달린 철사 줄을 둥글게 말아 어깨에 메고서 징을 치고 "뚫어!"를 외치면서 막힌 굴뚝과 고래를 뚫어주던 굴뚝 청소부가 사라졌다. 버스 안내양처럼 이제는 시대의 물결에 밀려서 역사 속으로 자취를 감추어버렸다.

온돌은 지금 한국 문화를 상징한다. 최근에 몽골 친톨고이 성 안에서 요나라 때의 주거지를 발굴했는데, 여기에서 온돌이 처음 발견되었다.그림 3 몽골에는 온돌이 없기에 아주 특이한 일이었다. 발굴에 참가했던 러시아와 몽골 학자들은, 멸망한 뒤에 강제로 이주된 발해 유민들이 만든 것으로 결론지었다. 이처럼 바닥을 데우는 온돌은 한민족의 독특한 난방시설이었다.

그렇지만 모두가 즐기는 문화가 된 것은 그리 오래되지 않았다. 16세기에만 해도 왕은 지금 생각하는 온돌방이 아니라 나무 침상에서 잠을 잤다.

그림 3 친톨고이 성의 쪽구들(2006. 8.)

아뢰기를, "4일 밤에 주상의 침실에 화재가 있었는데【침실은 온돌로서 침상 아래에 불을 담은 그릇을 넣어서 따스하게 한다. 이때 반드시 네모난 벽돌을 침상 아래에 깔아놓은 다음에 그릇을 넣어야 한다. 그런데 4일에 내시가 벽돌을 깔지 않고 한참 이글거리는 불을 넣고는 다시 살펴보지 아니하여 피어오른 불기운이 그릇을 뚫고 침상의 판자에 닿아 불이 붙었다. 밤 2경10~12시 사이에 이르러 불꽃과 연기가 치솟았으나 겨우 끌 수 있었는데, 만약 밤이 깊어서 끄지 못했다면 불이 크게 일어났을 것이다. … 】, 주상께서 놀라셨을 것이 염려되어 문안드립니다" 하니, 대답하기를, "지난밤 화재가 중하지는 않았으나 전에도 화재를 겪었으므로 약간 놀라기는 했다. 그러나 크게 놀라지는 않았다"고 하였다. _명종실록 18년(1563) 2월 5일

온돌은 우리 생활에서 매우 일상적이기 때문에 역사 기록에 별로 나

그림 4 중국 랴오닝성의 캉(2004. 8.)

오지 않는다. 먹고 마시고 잠자는 극히 평범한 일들이 기록에 제대로 남아 있지 않는 것과 마찬가지다. 그런데 마침 왕의 침실에 화재가 난 것이 계기가 되어 역사 기록자가 그 구조를 설명해주어서 16세기 왕의 침실을 이해하는 데에 중요한 자료가 되고 있다. 비록 '온돌'이라고 했지만 실제는 나무 침상이었고, 단지 그 아래에 화로를 넣어 따뜻하게 만들었을 뿐이다. 따라서 우리가 생각하는 지금의 온돌방은 아니었다.

지금의 온돌은 방 전체에 고래를 놓고 밖에서 불을 때는 형태로 되어 있다. 그러나 이런 구조가 나오기 전에는 방의 일부에만 고래를 설치하고 방 안에서 불을 때는 방식이었다. 만주 지방에 가면 지금도 이런 모습을 볼 수 있으니, 방 한쪽에 침상처럼 온돌이 별도로 설치되어 있다.그림 4 자연히 방 안에서 신을 벗고 온돌에 올라가게 되어 있다. 중국에서는 이를 '캉'이라 하는데, 우리말로는 '부분 온돌'이란 뜻으로 '쪽구들'이라 한다. 그 형태는 벽 한쪽에만 붙여 만드는 평면 '일一자형',

그림 5 춘천 송암동 통일신라시대 쪽구들(2008. 7.)

두 벽에 만드는 'ㄱ자형', 세 벽에 만드는 'ㄷ자형' 등이 있었다.그림 5 이에 비해서 지금과 같은 온돌은 '온구들'이라 부를 수 있다.

남한산성 안에 마련된 임금의 임시 거처는 인조 3년1625에 완공된 것인데, 근래의 발굴에 따르면 일자형에 외고래로 된 쪽구들 형식이었다. 같은 해에 만들어진 것으로 중국과 왕래하는 중요 사신들이 묵었던 고양의 벽제관터에서도 역시 ㄱ자형 쪽구들에 가까운 시설이 발굴되었다. 이로 보아 이 당시만 해도 상류층에는 지금과 같은 온구들이 없었다. 그러니 조선 전기의 궁중 사극에서는 온돌방을 설정할 수가 없다.

그러면 언제부터 온구들을 사용했는지 궁금해진다. 홍대용이 1765년 중국에 갔던 기행문에 다음과 같은 문구가 보인다.

주택 제도는 서울을 제외하고는 대체로 10 중 8, 9가 초가집이요 침실은 모두 온돌인데, 사면은 벽으로 되었고 창문을 설치하였으니 중국의 캉과는 다르다. _『담헌서』 건정동필담乾淨衕筆談 1765. 2. 15.

중국을 여행하면서 목격한 캉과는 다르다고 하였으니 늦어도 18세기에는 지금과 같은 온돌이 보급되어 있었다. 이보다 이른 것으로 다음 자료도 있다.

하물며 이제 불이 난 이유를 자세히 들어보니, 온돌을 만들면서 박한종이 강제로 하인을 시켜 지나치게 불을 많이 때도록 했습니다. 하인이 방 안에 화기가 있지 않나 의심하여 자물쇠를 열어서 보려고 했으나, 박한종이 듣지 않고 나갔으므로 불이 나게 되었다고 합니다. _명종실록 8년(1553) 9월 17일

이 기록은 방 밖에서 불을 땠다는 것을 보여준다. 이는 온구들이었다는 증거가 된다. 그러나 문헌으로는 더 이상 추적할 수가 없다. 다행히 유적 발굴이 이루어지면서 기록의 공백을 메울 수 있게 되었다.

경기도 양주시에는 조선 초기에 번창했던 회암사지가 있다. 천보산 아래에 버려지다시피 하였던 절터가 새롭게 각광을 받게 된 것은 1997년부터 발굴이 시작되면서였다. 그 범위가 엄청나서 발굴에만 몇 년이 걸렸는데, 여기서 출토된 다양하고 화려한 유물은 태조 이성계와 절친했던 무학대사의 위세를 한껏 자랑하고 있다. 무학대사, 태조 이성계, 그의 부인인 강씨와 아들 이방석의 이름이 차례로 새겨진 청동방울이 출토되었고, 이 절을 중창하였던 효령대군의 이름이 새겨진 막새기와도 나왔다. 그러나 그 영화도 오래가지 못하고 불교 탄압에 따라 16세

그림 6 양주 회암사지 온돌(2004. 6.)

기 후반에 잿더미로 변하여 땅속에 묻혀버렸다.

이 절터에서는 온돌이 여러 군데에서 발견되었다. 필자가 방문하였을 때에는 가정집에서 사용하는 것보다 더 큼지막하고 두툼한 판석으로 구들장을 만든 방을 목격할 수 있었다.그림 6 절방은 온종일 불을 때야 조금 기별이 오는 듯하지만 급기야는 점점 뜨거워져 여간해서 식을 줄을 모른다. 구들장이 두텁고 크니 한번 달궈지기가 좀처럼 쉽진 않지만, 일단 달궈지면 열기가 오래 지속되었다.

근래에 대전시 상대동에서 고려시대 마을이 발굴되었다. 건물지가 아주 많이 발견된 것에 비해서 온돌 시설은 별로 없었다. 그런데 극소수 건물에 온구들이 시설되어 있었다. 고려 중기쯤으로 추정되는 건물지였다. 쪽구들에서 온구들로 전환한 것이 이 무렵이었던 듯하다.

온돌이 확산되면서 제일 문제가 된 것은 다름 아닌 땔감이었다. 17세기에 일어난 논란을 보겠다.

이원익이 "신이 전에 듣건대, 이전 임금 때에 나인들이 모두 말하기를 '사대부 집의 노비들도 온돌에 거처하는데 나인으로서 마루방에 거처해서야 되겠는가' 하여 이로부터 대궐 안에 온돌이 많아졌다 하니, 도로 마루방으로 바꾸면 낭비를 줄일 수 있을 것입니다"고 아뢰니, 임금이 이르기를, "기인其人이 바치는 나무는 대궐 안에 쓰이는 곳이 많을 뿐만 아니라 선왕의 후궁과 아직 결혼하지 않은 왕자의 집에도 모두 나누어 보낸다. …"고 하였다. _인조실록 2년(1624) 3월 5일

참찬관 이경여가 "듣건대 선조 임금 때에는 대궐의 방에 온돌을 놓은 것이 아주 적었기 때문에 기인이 바치는 땔나무가 오늘날처럼 많지 않았습니다. …"고 아뢰었다. _인조실록 8년(1630) 1월 28일

정태화가 또 아뢰기를, "기인【땔나무와 숯을 공급하는 사람을 이른다.】의 공물 바치는 부역이 가장 힘들고 고통스럽습니다. 부녀자 처소의 온돌 숫자는 가볍게 의논할 수 없으나 각 관청에 진상하는 수량은 참작하여 줄이지 않을 수 없습니다" 하니, 영중추 이경석이 아뢰기를 "옛날 임금 때에는 한결같이 절약했다고 합니다. 그러므로 노인들이 전하는 말에 따르면 내간의 온돌은 단지 두서너 곳뿐이고, 나머지는 모두 마루방이었다고 합니다. 지난번 공조에서 올린 문서로 인하여 특별히 원자 궁궐에 있는 온돌의 수를 줄인 것은 참 아름다운 일입니다. 원자가 탄생한 초기부터 절약하는 것은 비용을 줄이는 일일 뿐만 아니라 복을 아끼는 것이기도 합니다" 하니, 임금이 그렇다고 하고 온돌 수를 줄이도록 명령하였다. _현종개수실록 3년(1662) 1월 16일

그림 7 땔감 나르기

온돌이 보편화되기 전에는 나무 판자를 깐 마루방에서 생활했던 것을 알 수 있다. 서울 종로구 공평동에서 발굴된 16세기 집에서는 마루방 위에 돗자리를 깔고 생활했던 흔적이 확인되었다. 그러다가 17세기에 들어서면서 사대부 노비나 궁궐 궁녀의 거처까지도 온돌을 사용할 정도로 널리 퍼지게 되었다고 한다. 결과적으로 땔나무 수요를 감당하기가 어렵게 되었고, 그에 따라 온돌의 사용은 사치하는 것으로 여겨 숫자를 줄이는 조치를 취하게 되었다.

도심에 비해 사찰에 일찍부터 온구들이 확산되었던 것도 땔나무의 공급이 중요한 원인이었던 것으로 생각된다. 주변의 산에서 손쉽게 나무를 구할 수 있었기 때문이다.그림 7

근대 사진에는 산들이 헐벗은 장면이 많이 보인다. 서양인의 견문기에도 그런 지적이 나타난다.

남산 꼭대기에서 내려다보면, 서울과 그 주변은 헐벗은 산림으로 암담하고 황폐한 모습이다. 오래된 화성암에서 예리하게 갈라져 나온 나무 하나 없는 산봉우리들은, 비바람에 마모되어 그 아래 평지에 평화롭게 뻗어 있는 서울을 위협하듯 사납게 내려다보고 있다. … 900년 동안 끊임없이 벌목을 했으니 원래 풍요로웠던 숲이 헐벗고 황폐화된 것은 전혀 놀랄 일이 아니다. 오늘날까지 강원도와 함경도에 뻗어 있는 넓은 산악 지대의 울창한 삼림으로 미루어보아, 지금은 예전의 화려하고 웅장했던 숲을 짐작만 할 따름이다. 조선인들은 추위가 혹독하고 긴 겨울뿐 아니라 여름에도 난방을 하기 때문에 상당히 많은 땔감이 필요하다.

_지그프리트 겐테 책, 202~203쪽

온돌 수가 급격히 늘면서 나무와 낙엽을 마구잡이로 긁어 들여 민둥산이 크게 늘어났다. 뒤에 인용할 『청성잡기』에서도 민둥산 문제를 언급했다. 이처럼 조선 후기에 온돌이 급속히 확산되면서 민둥산이 증가했고, 그에 따라 토사가 밀려와 개천을 메우는 문제가 발생했다. 실록에 숙종 무렵부터 민둥산 문제가 나타나는 것은 이 때문이다. 또 1760년에 청계천을 준설하기 위해서 준천사濬川司를 둔 것도 이런 역사적 배경이 있는 것이다.

민둥산이 늘어날수록 땔감은 더욱 구하기 어려웠을 것이다. 근대에 들어 서울에서 땔감이 무척 비쌌던 사실을 보여주는 증언이다.

땔감으로는 주로 건초, 나뭇가지, 마른 나뭇잎, 가축들의 배설물 등이 이용되고 가끔 장작을 사용하는 경우도 있었다. 하루에 아침저녁으로

그림 8
자연 보호 표어(2012. 10.)

두 번 불을 때는데, 적당한 연료가 부족한 탓에 연료비가 엄청나게 들어서 도시의 경우 1인당 수입의 4분의 1이 연료비로 소비되는 게 보통이었다. _아손 그렙스트 책, 65쪽

40년 전만 해도 시골에서는 산감과 밀주 단속원이 제일 무서운 사람들이었다. 어릴 때 '상감'이라 들어서 임금처럼 무서운 사람인 줄 알았는데, 커서 보니 산림 감시원, 즉 '산감'이었다. 이들은 나뭇단이 있는지 밀주가 있는지 온 집안을 뒤지고 다녔다.

학생 때에 다들 식목 행사에 동원된 기억이 있듯이, 남한에서는 조림 사업을 열심히 벌였다. 곳곳에 쓰여 있거나 붙어 있던 '산림 녹화'나 '자연 보호'는 우리에겐 매우 친숙한 표어였다. 우리 집이 국립서울현충원이 자리 잡은 서달산 자락에 있는데, 숲 속 산책길에서 뜻밖에 오래전 바위에 써놓은 '자연 보호' 표어를 만났다.그림 8 여기에 더해서 연탄이 보급된 것은 산을 푸르게 하는 데 결정적 역할을 했다. 식목 행사와 땔감 전환이 바로 지금의 울창한 산이 있게 하였다. 내 경험으로는 1960년대 어린 시절에 외할머니 손에 이끌려 먼 산에 나무를 하러 가곤 했던 기억이 있다. 돌아올 때는 외할머니 머리 위에 나뭇단이 얹혀져 있었다. 연탄 아궁이를 사용한 것은 그 뒤의 일이었다.

그런데 북한에서는 그러지 못했다. 아직도 나무를 때고 있는 데다가 산에 다락밭을 만들면서 온통 민둥산 천지가 되었다. 1989년 소련이 붕괴되면서 석유 원조가 끊긴 이후에 난방과 취사를 위해 나무를 베기 시작했다고 한다. 이 때문에 1990년에서 2005년 사이에 산림의 25퍼센트가 황폐화되었다. 여기에 홍수 등의 자연재해까지 겹쳐서 만성적인 식량난을 불러오게 되었다.동아일보 2008. 12. 4.

덕수궁 석어당처럼 조선 초기까지는 2층 이상의 층집이 제법 있었던 것으로 생각되는데, 돌과 흙으로 만든 온돌 시설은 그 무게 때문에 높은 건물을 지을 수 없는 제약을 가져왔다. 물론 흙으로 구운 기와도 하중의 부담을 가져왔다. 이리하여 온돌의 확산에 따라 단층집이 일반적으로 되었다. 1900년 한국에 있었던 제이콥 로버트 무스는 "이 큰 도시의 그 많은 집들 중에 2층 이상의 집은 몇 채 안 되는데, 그 2층집들은 모두가 서양인들이 온 이후에 지어진 것이다. 이 점이 내가 보고 들은 다른 도시들과 서울의 차이점 중 가장 두드러진 것이다"고 적었다. 이에 비해 일본은 지금도 2층집이 일반적이다. 아래에서 습한 기운이 올라와서 주로 2층에서 생활하기 때문이라고 한다. 그런 습한 기운을 우리는 온돌로 막은 것이다.

그런가 하면 적은 나무를 때서도 온기를 오래 보존하기 위해 방들을 아주 작게 만들었다. 창문이나 방문도 정말 콧구멍만 했다.그림 9 다음은

그림 9
작은 창문이 딸린
조그만 온돌방
(운림산방에서, 2008. 3.)

문종의 회상이다.

전에 온양에 갔을 때에 내가 묵던 집이 매우 낮고 작아서, 어느 날 문을 나가다가 허리를 다쳐서 내 병이 생긴 것이다. 그 때문에 때때로 다시 아프고 지금도 그 허리를 앓는다. _문종실록 1년(1451) 7월 15일

충청도 온양에서 임금이 묵었던 집이 얼마나 작았는지 짐작할 수가 있다. 전국에는 그야말로 코딱지만 한 집들이 즐비했을 것이다. 그러니 부의 상징으로 쓰이는 고대광실이 지금에서 본다면 얼마나 컸겠는가 상상해보기 어렵지 않다.

그러면 이러한 난방 문화는 언제 시작되었는가? 다음 글에는 온돌이 17세기 전반에 시작된 것처럼 설명되어 있다.

온돌이 성행하게 된 것도 김자점1588~1651에서 시작되었다. 옛날에는 방

이 모두 마루여서 큰 병풍과 두터운 깔개로 한기와 습기를 막고, 한두 칸만 온돌을 설치해서 노인이나 병자가 거처하게 했다.

인조 때 도성을 둘러싼 산에 솔잎이 쌓여서 여러 차례 불이 나자, 임금이 이를 근심했다. 김자점이 5부의 집들에 온돌을 설치하자고 청했는데, 이것은 오로지 솔잎을 제거하기 위한 것이었다. 사람들이 모두 따뜻한 걸 좋아하여 이 명령을 따르니, 곧 온 나라가 이를 본받게 되었다.

지금은 이 온돌의 폐해도 심하니, 어린이나 젊은 사람들이 따뜻한 데 거처하면 근육과 뼈대가 약해진다. 또 산과 습지에 초목이 모두 사라져 장작과 숯이 날이 갈수록 부족해지는데도 이를 구제할 해결책이 없다.

_『청성잡기』

그러나 이것은 전하는 말에 불과하다. 이때가 아니라 고대로 훨씬 거슬러 올라가야만 한다는 것을 고고학 자료가 증언해준다. 종래에는 역사 기록에 따라서 고구려 때에 처음 만든 것으로 보았다. 그러나 고고학 발굴이 진척되면서 이 견해는 수정되지 않을 수 없게 되었다. 현재 가장 오래된 쪽구들은 두만강 유역과 그 이북에서 집중적으로 나타난다. 만주 동부 지역과 연해주 남서부 일대에 해당한다. 그 시기는 초기 철기시대이므로 대략 기원전 2~3세기쯤이고, 그 주인공은 북옥저 사람들이었다.

여기서 발명된 쪽구들은 남쪽의 한반도 일대를 향해서 전파되었다. 아마 북방 민족에 밀려서 북옥저인이 남쪽으로 내려오면서 자연스럽게 고대 한민족의 분포 지역으로만 전파되었던 것 같다. 그 결과 쪽구들의 범위가 고대 한국사의 범위와 대체로 일치하게 되었다. 고대 일본 유적에서도 쪽구들이 발견되지만, 이들은 모두 한반도에서 넘어간 사람들의 주거지에 국한된다. 일본에서는 끝내 온돌을 채용하지 않고, 선사시대의 화덕과 같이 방 가운데에 불을 때는 '이로리囲炉裏'나 이동식 화로 형태인 '코타츠炬燵, 火燵'를 사용했다. 조선의 통신사가 일본에 갔을 때에 찬 마루에서 자서 추위를 견딜 수 없다는 기록이 종종 보인다. 때로는 사신을 위해서 특별히 온돌방을 만들어 제공했으나 이마저 시원찮은 경우가 많았다.

이런 과정을 통해서 쪽구들은 당연히 고구려에도 들어왔다. 고구려가 처음 일어났던 곳은 랴오닝성 환런에 있는 오녀산성이다. 여기서 최근에 발굴이 이루어졌는데, 고구려 건국 전후의 집자리에서는 쪽구들이 없다가 고구려 중기에 와서야 비로소 등장한다. 이것은 건국되고 나서 어느 정도 시간이 흐른 뒤에 쪽구들이 고구려에 수용된 것을 보여준다. 북옥저 사람이 발명해서 고구려에 전해준 것으로서, 고구려인은 이를 다시 발해에 전해주었다.

발해는 고구려계 사람들과 말갈계 사람들로 이루어져 있었다. 말갈인들이 이때에 와서 비로소 쪽구들을 받아들였고, 발해가 멸망한 뒤에 여진족과 만주족이 그 전통을 이어갔다. 베이징의 자금성과 선양의 고궁에 쪽구들이 설치된 것이나, 현재 만주나 화북 지방에서 일반인들이 캉을 사용하고 있는 것도 이 때문이다. 비로소 이민족에게 쪽구들이 전파되는 계기를 마련한 것이 발해였다. 한편, 한반도 남부에 전해진 쪽구들은 통일신라를 거쳐 고려 중기에 온구들로 발전했고, 조선시대에 들어와 전국으로 퍼져나갔다. 그렇지만 제주도에는 18세기까지도 온돌이 확산되지 않았다.

그런데 쪽구들은 초창기에 귀족층이 아니라 서민들이 사용하였던 점이 주목된다.

그 풍속에 가난한 사람이 많은데, 겨울에 길다란 구덩이를 만들고 그 아래에 불을 때서 따뜻하게 한다. _『구당서』 고려 전기

이것은 7세기 무렵의 고구려 상황이다. 이때에 고구려에서는 가난한 사람들이 겨울을 나려고 쪽구들을 만들었다고 한다. 아마 상류층은 다른 방식의 난방을 했을 것이다. 옷을 두텁고 따뜻하게 입었을 것이고, 실내에는 화로나 난로 같은 것을 사용하였을 것이다. 고구려 벽화에 고구려인의 생활 모습이 많이 그려져 있지만, 중요 인물들이 평상이나 의자에 앉아 있는 모습만 보이고, 쪽구들은 어디에서도 찾아볼 수가 없는 것은 이 때문이다.

고려시대인 1124년에 쓰인 『고려도경』이란 책에도 이와 비슷한 내용이 실려 있다.

침상 앞에는 또 낮은 평상을 놓았는데, 삼면에 난간을 세우고 각각에는 무늬 있는 비단 보료를 깔았다. 또 커다란 자리를 깔았는데 돗자리가 편안하여 전혀 오랑캐의 풍속이라 느낄 수 없다. 그러나 이것은 국왕과 귀족의 경우이고, 아울러 중국 사신을 접대할 때의 모습이다. 서민들은 대부분 흙 침상으로서, 땅을 파서 쪽구들을 만들어 그 위에 눕는다. 이것은 고려가 겨울이 몹시 춥지만 솜과 같은 것이 적기 때문이다. _『고려도경』 와탑

고려시대에도 여전히 국왕과 귀족은 침상과 낮은 평상을 사용하였다. 이런 사실은 고려 중기 성주호장星州戶長이었던 이장경李長庚, ?~?의 고사에서도 확인된다.

이장경이 나이가 많아 집에 있을 때에도 청도성淸道聲, 임금 행차 때 "길 비켜라" 하는 소리을 들을 적마다 곧 평상에서 내려와 땅에 엎드렸다가, 소리가 끊어지고도 얼마 뒤에야 평상에 올랐다. 그 마음 씀씀이가 이와 같았으니 자손에게 보답이 있음은 마땅한 일이다. _『청파극담』

이장경이 평소에 평상에서 생활했음을 알 수 있다. 이에 비해서 서민들은 흙 침상인 쪽구들을 이용했다. 따라서 이때까지도 쪽구들은 지배층에서 사용되지 않았다. 그러다가 서서히 상류층에 확산되었고, 마지막에 궁궐에까지 보급되었다.

17세기에 와서야 궁궐에서의 온돌 확산이 문제가 되는 것은 이 때문이다. 그렇지만 그 이전에 이미 민간에 온돌이 퍼져 있었던 사실은 1560~1570년대의 일기인 『미암일기』나 이보다 20~30년 뒤 임진왜란 때 일기인 『쇄미록』에서 확인된다.

내가 감기 증세가 조금 있다. 동청東廳이 마루방이기 때문이다. 저녁에는 서청 온돌에서 잤다. _『미암일기』 1570. 9. 26.

들으니 이달 13일에 감사 최응룡이 사시巳時, 오전 9~11시에 해남에 들어가 갓을 벗어 방에 걸어놓고 사모를 쓰고 창밖에 나와 앉았는데, 갑자기

연기가 피어올랐다. 문을 열어보았더니 온돌에 난 쥐구멍에서 불이 나오는데, 불기운이 솟아올라 태우는 바람에 감사의 갓은 이미 타버렸다. 감사는 대문에 피해 앉고 대청을 뜯게 하여 대청의 절반과 서헌西軒은 온전할 수 있었다고 한다. _『미암일기』 1576. 1. 20.

유희춘은 말년에 귀향하면서 새로 집을 지었는데, 손님 방은 마루방으로 만들면서 두 칸짜리 서재에는 온돌을 놓았다. 위의 자료를 보면 당시에는 마루방에서 자기도 하고 온돌방에서 자기도 했던 모양이다. 온돌의 확산은 마루방이 온돌로 전환되는 과정이었다. 지금 경상북도 상주에 있는 양진당은 1626년에 건축될 때에는 마루방이었다가 나중에 온돌을 넣은 대표적인 건물로 알려져 있다.그림 10 안동과 예천 일대에는 이와 유사한 구조를 한 고택들이 다수 남아 있다.

온돌이 보급되면서 화재도 자연히 증가했다. 『미암일기』에서 보았듯이 쥐들이 뚫어놓은 구멍도 불길이 방 안으로 들어오는 통로 역할을 했다. 그뿐 아니라 온돌을 땔 무렵이면 거리가 온통 연기로 가득 찼다.

이런 굴뚝 때문에 저녁 다섯 시부터 거리는 온통 질식할 듯 연기로 가득 찬다. 아궁이는 여러 개다. 하나는 집 안주인의 방을 덥히고, 다른 하나는 며느리 방, 또 다른 하나는 하인 방을 덥히는 식이다. 굴뚝의 배기구가 매우 낮게 설치된 만큼 환기는 제대로 되지 않고 연기가 온 집 안으로 퍼지는 일이 잦다. 함석공들이 이런 불편을 개선하려고 낡은 석유통으로 길 쪽으로 25센티미터 튀어나온 네모난 굴뚝 통을 지붕까지 높인다. _에밀 부르다레 책, 196~197쪽

그림 10 경북 상주 양진당(2008. 6.)

방을 얼마나 뜨끈뜨끈하게 달구었는지는 서양인의 여행기에 잘 나타나 있다. 그들은 뜨거운 방 때문에 큰 고생을 했다.

조랑말의 말린 똥까지 때는 여관의 방은 언제나 과도하게 따뜻하다. 섭씨 33도 정도가 평균 온도이며, 자주 35.5도로 올라간다. 나는 어느 끔찍한 밤을 방문 앞에 앉은 채로 새운 적이 있는데 그때 방 안의 온도는 섭씨 39도였다. 지친 몸을 거의 지지다시피 덥혀주는 이 정도의 온도를 한국의 길손들은 아주 좋아한다. _이사벨라 버드 비숍 책, 151쪽

코레아 사람들은 실외에서는 옷을 아주 따뜻하게-너무 따뜻하게-입었고, 밤에는 펄펄 끓는 방바닥 위에서 빵처럼 구워지는 게 아주 습관이 되어 있었다. _아손 그렙스트 책, 65쪽

그런데 이게 웬일인가. 아까 조랑말에게 콩을 삶아준다고 불을 지폈던 아궁이의 배출구가 방바닥 밑을 지나면서 방을 점점 달구고 있는 게 아닌가. 침대 쪽 바닥은 이미 손을 못 댈 정도로 후끈거렸다. 만일 조랑말에게 먹일 콩을 푹 익혀야 했다면 아마도 우리는 침실 바닥에서 케이크를 구울 수도 있었으리라. 발밑이 이렇게 뜨거워 보기는 또 난생 처음이었다! 우리는 일일이 바닥에 손을 대보며 조금이라도 덜 뜨거운 곳이 있나 찾아보았다. 저 구석 자리가 그나마 좀 나았기에, 거기다 모기장과 접이침대를 처음부터 다시 설치했다. _루돌프 차벨 책, 301~302쪽

조선시대에 온돌이 두루 퍼졌다고 했지만, 다른 한편으로는 여전히 특별한 시설로서 주로 노약자와 병자가 이용한 것처럼 기록되어 있기도 하다.

성균관에 거처하는 자는 늘 30~40명 미만이었다. 임금이 걱정하여 해당 관청에 명령하여 온돌방을 기숙사의 한 귀퉁이에 만들어 환자의 휴양 장소로 삼게 하였고, 의원으로 하여금 진료하여 치료하게 하였으니, 이로써 선비를 양성하는 방도가 갖추어지게 되었다. _태종실록 17년(1417) 윤5월 14일

일찍이 노인들에게서 들었는데, 100년 전에는 공경대부의 너른 집에도 온돌이 한두 칸에 불과하였고, 그마저 노인과 병자를 위한 것이었으며, 나머지는 모두 마루 위에서 잠을 잤다고 한다. _『성호사설』 인사문, 침어판청寢於板廳

후자는 이익1681~1763이 쓴 글이니, 17세기의 사정을 언급하고 있는 것

이다. 아직 온돌이 전면적으로 퍼지지 않았고 그마저 노인과 병자를 위한 것이라 적고 있다. 때로는 몸이 찌뿌듯하거나 병을 앓고 난 뒤에도 온돌방에서 몸을 지졌다.

예조참판 김자지가 또한 아뢰기를, "사람들의 말에 병을 앓고 난 뒤에는 모름지기 100일 동안 조리해야 한다고 합니다" 하니, 임금이 말하기를, "낮에는 두터운 옷을 입고 사냥 나갔다가 밤에는 따스한 온돌에서 자면 탈이 나지 않을 것이고, 하물며 세 밤만 자고 돌아올 텐데 무슨 걱정이냐"고 하였다. _세종실록 7년(1425) 9월 14일

이처럼 온돌이 있기에 따뜻한 아랫목이 있고, 한기를 느끼면 그곳이 그리워지게 되는 한국인의 독특한 정서가 만들어졌다. 따스한 것에 익숙하다 보니 전철 좌석이나 승용차 좌석뿐 아니라 심지어 비데 변좌에도 열선이 깔려 있다. 또 외국에 여행을 하면 어디를 가나 추위를 타게 된다. 남쪽으로 가면 난방 시설이 아예 없는 경우가 많아서 밤에 잘 때 추위에 떠는 경우가 많다. 그래서 전기 장판은 외국 여행의 필수 휴대품이 되었다.

그렇지만 온돌이 항상 좋은 것만은 아니었다. 1891년 백두산까지 여행했던 영국군 장교는 이렇게 지적했다. 건물 안팎의 심한 온도 차이 때문에 기침과 감기가 매우 흔했고, 실내에는 온기가 지속되어 파리, 벼룩, 벌레들의 온상이 되었다는 것이다.

한국의 온돌은 바닥을 데운다는 점에서 다른 곳의 난방 시설과 차이가 난다. 이런 한국식 온수온돌이 마침내 2008년 봄에 국제표준안으로

채택되었다고 한다.『동아일보』 2008. 3. 14. 근래에 우리식 난방이 주변 국가뿐 아니라 유럽에까지 확산되고 있다. 몇 년 전 중국 상하이에 갔다가 남방 지역인데도 상류층 주택에서 온돌이 채택되기 시작했다는 말을 들었다. 미국 뉴욕주 이타카에 있는 에코빌리지에서도 친환경적인 온돌을 사용하고 있다는 기사가 난 적도 있다.『중앙선데이』 2008. 9. 14.

2013년에 영국 케임브리지 대학에 연구년으로 가 있을 때에 다행히도 대학 숙소에 온돌 시설이 되어 있었다. 영국 집은 춥기로 유명한데, 이 덕택에 따뜻한 겨울을 보낼 수 있었다. 다른 곳에 묵은 한 교수는 멋모르고 전기를 사용하다가 수십만 원의 전기료를 물었다. 영국에 온돌이 퍼지기 시작한 것은 10년도 되지 않았다고 한다. 2009년 5월에 '런던은 지금, 카펫을 걷어내고 온돌을 깐다'는 기사를 본 적이 있는데, 그 사실을 실견한 것이다. 그렇지만 아쉽게도 온돌을 보급하는 곳은 우리나라가 아니라 핀란드 회사였다. 우리가 이에 관한 특허를 제대로 가지고 있지 못하다는 말을 한 건축가로부터 들었다.

심지어 네팔 오지와 몽골, 열대 캄보디아에 온돌을 전하는 교수들에 관한 기사를 본 적도 있다. 김치와 더불어 온돌도 이렇게 외국으로 퍼져나가면서 한국 문화를 대표하고 있다. 그런데 안심할 일이 아니게 되었다. 필자가 고대 온돌사를 쓴 직후에 영국에 유학하고 있는 한 학생으로부터 영문 논문을 받았다. 중국의 온돌캉이 중국 땅에서 발생한 것으로 보는 중국계 학자의 연구였다. 고구려를 중국사로 보는 마당에 자칫 온돌까지 중국 산물로 굳어질 우려가 있다. 2014년에 한국에서 온돌을 유네스코 세계문화유산에 등록하자는 움직임이 있자, 중국 인터넷에서는 자기네 유산을 빼앗으려 한다는 논란이 일기도 했다.

처마와 뒷간

유럽에 머물 때에 수백 년을 지키며 자랑스런 문화유산으로 내세워지고 있는 석조 건물들이 부러웠다. 케임브리지 대학만 해도 그런 건물들이 고풍스런 중세의 맛을 느끼게 해준다. 거리 분위기 자체가 사람을 압도해버린다. 이에 비해서 우리는 나무와 흙으로 집을 지으니, 내구성이 떨어지고 화재에 약할 수밖에 없다. 그만큼 집이 수백 년을 지탱하기 어렵다. 자연 친화적이기는 하지만 역사의 유구성을 증명하는 자리에 서 있지 못하는 것이다. 중국의 중원은 황토지대라서 그럴 만도 하지만, 우리나라에는 돌이 지천이라서 돌로 성을 쌓고 무덤 방을 만들 정도였으니 살림집도 그랬으면 어땠을까 하는 생각이 들었다. 다만 유럽의 건축 재료인 사암, 석회암 등이 연약해서 다루기 쉬운 반면 우리나라 돌은 너무 강해서 그러지 못한 차이는 있다.

그러면서도 서양 문화인 침대에 돌을 얹어 돌침대를 처음 만든 것은 우리다. 여기에 온돌까지 접목하여 따끈한 돌침대를 창조해냈다. 그런데 추운 나라인 러시아에서 이런 따스한 돌침대가 잘 팔릴 것이라 생각해서 진출했다가 곧 철수하고 말았다. 그곳에서는 죽은 사람이나 돌 위에 올라간다고 생각하니 팔릴 리가 없었다. 우리도 돌은 무덤에나 쓰는

그림 1 전북 남원 송흥록 생가의 초가삼간(2001. 3.)

것이라는 관념 때문에 돌집을 고안해내지 못한 것은 아닌지 모르겠다.

1991년 중국에 갔을 때에 한 조선족 학자와 대화하면서 헷갈린 적이 있었다. 87평 아파트를 배정받았다고 해서 나는 33평에 산다고 대답했다. 그러나 도저히 그렇게 큰 평수에 살 것 같지 않아서 자세히 물어보니, 우리는 3.3제곱미터의 평坪인 데에 비해서 중국은 1제곱미터의 평平임을 알게 되었다. 2007년 7월부터 우리나라에서도 평 단위의 도량형을 규제하기 시작하였으니 이런 혼선은 앞으로 사라질 것이다. 그러나 30평 대신에 100제곱미터 아파트라고 쓰자니 아직은 낯설기만 하다.

우리가 쓰는 '평'은 일본에서 들어와 일제강점기부터 사용된 단위다. 전통시대에는 평이 아닌 칸間으로 가옥의 규모를 쟀다. 가요에도 나오듯이 가장 단출한 집은 '초가삼간'이었다.그림 1, 2 초가삼간은 부엌과 큰방, 작은 방을 만든 초가집으로 최소한의 생활공간이었다. 지금은 부유한 기와집에 대비하여 가난한 집을 상징하는 말이 되었지만, 실은 100

그림 2 일제강점기의 초가삼간

여 년 전까지만 해도 표준적인 규모였다. 이보다 더 작은 두 칸 집은 오두막집이라 했다.

칸이란 기둥 네 개로 만들어진 공간인데, 기둥 사이는 보통 여덟 자가 기준이었지만, 때에 따라 더 크거나 더 작아서 일정하지는 않았다. 이에 비해서 '평'은 180센티미터 × 90센티미터인 다다미 두 장을 깐 크기로 사방 여섯 자 넓이인데, 우리나라의 '칸'은 사방 여덟 자를 기준으로 하면 1.7평 정도가 된다. 그리고 초가삼간은 여덟 자 기준으로 세 칸 크기라 가정한다면 5평 조금 넘는 집이었다.

초가삼간은 그나마 나은 것일 수도 있다. 2004년 화성 동탄 신도시에서 발굴된 조선시대 집자리를 보니 선사시대 집과 별 차이가 없었다.그림 3 움막집 또는 토막집이라 불리는 이런 집은 땅을 파서 위에 거적 같은 것을 얹고 다시 흙을 덮어 추위와 비바람만 겨우 가릴 정도였다. 조선시대까지도 많은 사람이 이렇게 허름한 집에서 살았다.

그림 3
화성 동탄 조선시대 집자리
(2004. 7.)

다음은 정조가 화성에 건설한 신도시를 둘러보고 나서 민가의 모습을 묘사한 내용이다.

이번 행차에 수원부를 두루 살펴보니, 새 고을의 관청은 틀이 잡혔으나 민가는 아직 두서가 없다. 그 가운데 대략 지어놓은 집이라 할 만한 것은 움막도 아니고 참호도 아니어서 달팽이 껍질 같기도 하고 게딱지 같기도 하다. 지금 헤아려보건대, 집들이 즐비하고 거리가 번창하여 서울 근처의 큰 도회지가 되는 것은 짧은 시일에 기대하기 어렵다. _정조실록 14년(1790) 2월 11일

집은 신분의 상징이었다. 따라서 신라시대부터 이미 신분에 따라 집의 크기와 각종 장식을 세세히 규정해놓았다. 그 규정이 너무 복잡하여 일일이 이해하기 어려운데, 여기서는 진골에 대한 규정만 예로 들어보겠다.

집은 길이와 폭이 24자를 넘지 못하고, 중국 기와를 덮지 않고, 들린 처마飛簷를 만들지 않고, 물고기 장식을 달지 않으며, 금·은·구리·돌·오색으로 장식하지 않는다. 계단은 연마한 돌을 사용하지 않고, 삼중계단을 설치하지 않고, 담장에는 보와 마룻대를 만들지 않고 석회를 바르지 않는다. 발 테두리에 각종 비단의 사용을 금지하고, 병풍은 수놓지 못하고, 침상은 바다거북 껍질이나 침향나무로 장식하지 않는다. _『삼국사기』 옥사

조선시대에는 세종 때에 와서 신분에 따라 집의 크기를 제한하는 조치가 내려졌다.

예조에 지시하기를 "상하 신하와 백성의 가옥에 정한 제도가 없어, 서민 집이 참람하게 관료 집을 따라가고 관료 저택은 감히 궁궐과도 비슷하다. 사치와 아름다움을 다투어 숭상하여 상하에 순서가 없게 되었으니, 실로 옳지 않은 일이다. 이제부터 친아들, 친형제와 공주는 50칸으로 하고, 대군은 여기에 10칸을 더하고, 2품 이상은 40칸, 3품 이하는 30칸으로 하며, 서민은 10칸을 넘지 못하게 하라. 주춧돌 외에는 다듬은 돌을 사용하지 말고, 화공花拱, 기둥머리의 꽃모양 장식과 진한 채색과 단청을 쓰지 말고 검약에 힘을 쏟도록 하라. 다만, 사당과 부모에게서 물려받은 집이나 구입한 집, 외방에 세운 집은 이 제한을 받지 않는다"고 하였다. _세종실록 13년(1431) 1월 12일

그러나 규정은 어기게 마련이다. 시간이 흐를수록 사치의 도는 더해갔다. 다음은 집에 호화스런 단청을 했다가 혼이 난 사례다.

청릉부원군 심강이 자기 집에 단청을 했는데, 대간이 임금 앞에서 그의 얼굴을 보며 탄핵하니 급히 집으로 돌아가 손수 지워버렸습니다. _인조실록 6년(1628) 10월 20일

또 다듬은 돌을 사용해서 문제가 된 적도 있었다.

사헌부에서 아뢰기를 "무령군 유자광의 집에 참람하게 연석鍊石을 사용했으니 대신의 체통을 잃었습니다. 청컨대 유자광을 죄주고 연석을 철거하게 하소서" 하였다. 임금이 유자광을 불러 물으니, 대답하기를 "이른바 연석이라는 것은 곱게 갈아서 그림을 새긴 것인데, 신은 단지 돌을 다듬었을 뿐입니다. 그러나 신에게 죄가 있습니다" 하므로, 연석은 철거를 명령하고 그 죄는 용서하였다. _성종실록 9년(1478) 4월 14일

유자광1439~1512은 특히 성종과 연산군 때에 권력을 휘둘렀던 인물이다. 그래서 다소 가벼운 처벌을 받았던 것 같다. 중종 7년1512에는 우의정 성희안이 다른 곳의 건축 재료를 가져다가 집을 지었는데, 나중에 다듬은 돌을 사용한 것을 깨닫고 국법을 어겼다고 사직을 요청한 적도 있었다.

왕의 친인척들이 세력을 믿고 호화 주택을 짓는 일도 잦았다.

사헌부가 아뢰기를 "제군과 부마의 주택이 참람하기가 지금보다 심한 적이 없습니다. 그런데도 오히려 부족하게 여겨 주변 인가를 온갖 방법으로 침탈하여 편안히 살 수 없게 함으로써 집을 억지로 팔게 합니다.

… 영양군과 순원위 등은 집 짓는 일이 이미 끝났는데도, 관청에서 정한 가격으로 이웃집을 강제로 사들여 자기 집을 늘리는 데 힘을 쏟으니, 끝없이 사치를 추구하는 것이 여기에 이르렀습니다. …"고 하였다.

_중종실록 29년(1534) 6월 28일

제군은 군君에 봉해진 사람들로 왕자, 종친이나 공신이 여기에 해당한다. 이렇게 왕실에서 법을 어기니 그 아래 사대부도 이를 모방하였다. 조선 후기에는 권세가가 여염집을 강제로 빼앗는 사태가 자주 벌어져, 영조가 이를 엄금하고 매매하는 것마저 금지시켰다.

지방을 여행하다 보면 99칸집을 보게 된다. 국사학과에 들어와서 첫 답사지가 안동이었는데, 거기서 이런 집을 본 기억이 새롭다. 안동댐으로 가다 보면 신세동 7층 전탑이 있는데, 그 부근에 이 집이 있다. 99칸집은 그 집안의 가세를 상징한다. 궁궐에서만 둥근 기둥을 쓰고 일반 집은 모두 모나게 친 사각기둥을 사용해야 했다는 사실도 그때에 처음 들었다. 그러나 99칸집은 앞서 본 조선시대 규정에 어긋난다. 이것은 국가 기강이 무너졌을 때에 사대부가 자신의 세력을 한껏 뽐내는 상징물이었다.

창덕궁 후원 쪽에는 궁궐 건물이 아니라 사대부 집을 모방해서 지었다고 하는 연경당 건물이 있다. 이곳도 99칸집으로 알려져 있지만 실제로는 120칸이라고 한다. 따라서 이곳에 들르면 99칸집이 어느 규모인지 가늠할 수 있을 것이다. 초가삼간과 비교하면 산술적으로 33배에 해당한다.

선사시대에는 반지하로 땅을 파고 기둥을 중앙에 모이게 세워 묶은 다음 지붕을 덮어 집을 만들었다. 이런 움집은 서울 암사동 선사유적지 등 각지에 복원되어 있어 쉽게 볼 수 있다. 농촌에서 겨울에 음식이나 채소를 저장하기 위해서 뒤꼍에 세운 움막도 이런 형식이다. 이렇게 바닥을 지하에 만들고 지붕을 지표면에 닿게 한 것은 난방에 유리하기 때문이었다. 그래서 만주에 살던 읍루족이나 물길족은 구덩이를 더욱 깊이 파서 집을 지었다.

산림 속에서 항상 혈거 생활을 한다. 큰 집은 깊이가 사다리 아홉 개를 놓을 정도인데, 사다리가 많은 것을 좋아한다. 그 지방은 아주 추워서 부여보다 더 심하다. _『삼국지』 읍루 전기

땅은 낮고 습하여 성을 쌓고 혈거 생활을 하는데, 집 모양은 무덤처럼 생겼고 출입구를 집 위에 만들어 사다리로 드나든다. _『위서』 물길국 전기

이렇게 지붕에 출입구를 만들어 집 가운데 세워놓은 사다리로 출입하는 형태의 집은 근세기까지도 코랴크족과 같은 시베리아 원주민에게서 찾아볼 수 있었다. 또 알래스카 서해안 및 알류샨열도에 사는 종족인 알류트Aleut족의 겨울 집도 이런 식이다.그림 4 이런 비슷한 유적이 2000년에 공주 장선리의 천안-논산 간 고속도로 탄천휴게소 부지에서도 발견되었다. 수직으로 깊이 판 구덩이들이 산 구릉에서 집중적으로 나왔고, 수직 구덩이는 수평 구덩이를 통해 서로 연결되어 있었다.그림 5 마치 지하 감옥들 같은 느낌을 받는데, 1,600년 전쯤 삼한시대의 집자리로 추정되었다.

그림 4 알류트족 겨울 집

그림 5 공주 장선리 토실유적(2000. 11.)

시대가 내려오면서 건물 바닥은 지상으로 올라오고 지붕도 위로 올라가고 그 사이에 수직으로 선 벽이 생긴다. 난방술의 발달에 따라 이런 변화가 가능하게 되었다. 기둥은 처음에 땅바닥에 바로 꽂는 형식이었으나, 지붕에 기와를 얹고 건물이 커짐에 따라 하중을 이기기 위해서 주춧돌이 도입되었다. 우리나라 삼국시대 건물지를 발굴하는 곳에 가보면 바닥에 구멍이 뻥뻥 뚫려 있는 것만 보인다. 땅에 기둥을 박아 세운 지상 건물이니 기둥 구멍만 남아 있기 때문이다. 그래서 구멍의 배치를 보고 건물 형식을 추정한다.

벽을 세우고 지붕을 올리면 처마가 생긴다. 처마는 지붕이 단순히 벽

그림 6 낙숫물 자리(2012. 3.)

밖으로 삐져나와 생긴 것 이상으로 다양한 기능이 있었다. 갑자기 소나기라도 퍼부을라치면 남의 집 처마 밑에서 비가 그치기를 기다렸던 추억이 있다. 가끔은 창 밖으로 새어나오는 주인집 대화를 엿듣는 기회도 되었다.

낙숫물 소리도 추억의 자장가였다. 약방에서 왕의 건강과 관련해서 아뢸 때였다.

이때 비가 내리고 있었으므로 임금이 "추녀 끝 낙숫물 소리가 시끄러우니 큰 소리로 아뢰라"고 했다. _경종실록 3년(1723) 6월 18일

때로는 낙숫물 소리가 대화를 방해할 정도였다. 비가 오는 날이면 마루에 앉아 처마에서 떨어지는 낙숫물을 한없이 바라본 적도 있다. 땅바닥에는 처마선을 따라서 동그란 구멍이 나란히 패였다.그림 6

왕이 대답하기를 "교태전의 처마를 보수하는 일은 사치를 위해 크게 하려는 것이 아니다. 처음 만들 때에 실내를 밝게 하는 것만 생각해서 처마 서까래를 짧게 했기 때문에 비바람이 불면 사람들이 발을 붙일 수 없어 부득이 보충하는 것이다. …"고 하였다. _명종실록 12년(1557) 1월 14일

교태전은 왕비가 잠자던 건물인데, 처마가 짧아서 이를 덧대는 공사를 했더니 신하들이 사치를 한다고 비판하였다. 사실 사치하는 집은 서까래를 덧대서 겹처마를 만들었다. 그래서 신하들이 반대했고, 이에 대해서 왕이 해명하는 말이다. 여기서 처마의 용도를 알 수 있다.

처마는 비를 가리는 데에 사용됐을 뿐 아니라 실내 조명을 조절하는 역할도 하였다. 처마를 길게 하면 빛이 적게 들어왔고 짧게 하면 비를 가리기가 어려웠다. 우리나라 건물은 마당에 비친 빛이 반사되어 실내로 들어오게 하는 간접 조명 방식을 택했다. 땅에 반사된 은은한 빛이 실내에 고루 비치도록 한 것이다. 경복궁 근정전이나 창덕궁 인정전의 마당에는 박석이라고 하는 얇은 돌을 깔았다.그림 7 그런데 그 면이 고르지 않고 울퉁불퉁하여, 걷기에도 불편하다. 미처 다듬지 않은 것이 아니라 그곳에 빛을 산란시켜 은은한 빛을 유도한 것이다. 그러지 않았으면 왕은 항상 남쪽을 바라보고 앉는데 매끈한 돌에서 반사되는 강한 빛 때문에 눈을 제대로 뜨지 못했을 것이다. 처마는 이렇게 간접 반사되는 빛을 조절하였다.

절에 가보면 대웅전 마당에 비친 빛이 들어와 부처님을 비추게 되어 있다. 다음은 대목수 신영훈 선생의 글이다.

밑에서 치켜 올라가는 빛의 조명은 상당히 까다롭다. 자칫하면 그림자로 해서 얼굴이 일그러져 보이거나 납량특집의 머리 푼 아가씨의 처절한 얼굴처럼 섬뜩해 보이기가 십상이다. 부처는 법당 안쪽 깊은 곳에 만든 불단 위에 진좌한다. 가장 어두운 조건이 갖추어진 위치에 있다. 거기에서 밑으로부터 오는 빛을 받아야 한다. 몹시 까다로울 수밖에 없다.

그림 7 박석이 깔린 창덕궁 인정전(2007. 8.)

그 빛에 충족하기 위하여 실내용 조각 기법이 계발되었고 발전하였다. 이는 서양 조각의 실외용 직사광선을 받게 하는 기법과는 차이가 있다. 서양에서는 실내용 조각 기법이 크게 발전하지 못하였다. 그런 개념이 없었기 때문이다.

부처님 대좌 아래에는 늘 촛불을 켠다. 이것도 아래에서 위로 빛을 주는 조명에 해당한다. 불상 조성에서는 이런 빛을 늘 고려하고 있다. 지금은 전등불로 부처님을 조명하고 있다. … 위에서 내려쪼이는 빛이다. 서양 무대 조명법에서 배운 지식이 발동한 것이다. _신영훈 책 1994, 220~221쪽

지금은 어려워졌지만 몇 년 전만 해도 서산마애불에 가면 실내등을 이리저리 비춰서 불상의 얼굴이 어떻게 변하는지 실험할 수 있었다. 전등을 위에서 비추면 험상궂은 얼굴이 되고 아래에서 비추면 자비로운

얼굴이 되었다. 이렇듯 아래에서 반사해서 올라가는 빛이 비칠 때에 가장 아름답도록 만든 것이 불상이다. 그런데 실내등을 매달아 위에서 비추니 부처 본연의 모습이 제대로 드러나지 않게 되었다. 다행히 근래에 보호각을 철거해서 본래의 모습을 다시 보게 되었다.

처마 끝에 소나무로 가림막이를 하는 소나무 차양松簷 풍습도 있었다. 생솔 가지를 꺾어 엮어서 매달아 더위를 막는 것이다. 이처럼 처마는 온도를 조절하는 기능도 있었다. 소나무 차양 풍습은 고려시대 기록에 이미 보인다.

신해일에 관청에서나 여염집에서 소나무 차양 만드는 것을 금지하였다. 매년 더운 여름에 궁궐도감이 왕의 침전에 소나무로 차양을 만들면 그들에게 은병銀甁, 화폐 두 개를 하사하는 전례가 있었다. 그런데 이때 왕이 "관청과 여염집의 소나무 차양을 금지하는데 나 혼자 해서야 되겠는가?" 하면서 띠를 엮어서 차양을 만들도록 바꾸니 당시 사람들이 말하기를 "도감 관리들이 은병 두 개를 잃었구나" 했다. _『고려사』 충렬왕 3년(1277) 5월

임진왜란 중에도 오희문은 종을 보내서 소나무를 베어와 차양을 만들었다.

또 소나무 차양을 만들려 해도 긴 나무를 얻지 못하여, 소즐이 종과 말 세 필을 끌고 유선각의 호산에 가서 소나무를 베어 왔다. _『쇄미록』 1593. 6. 24.

그림 8 소나무 차양 모습(김홍도)

이런 소나무 차양의 실제 모습은 김홍도가 1785년에 자기 집의 후원을 그린 초당 그림에도 나타난다.그림 8 파란 솔가지가 처마를 따라 있으니 눈으로 보아도 시원했을 것이다.

가뭄 때에는 처마에 물병을 매달아 비를 기원하였다.

집의 김만균이 병류瓶柳를 설치하지 않았으니 마땅히 추궁하여 심문해야 한다고 하자, 스스로 물러나 교체되었다. _현종실록 11년(1670) 5월 10일

병류란 처마 끝에 버드나무 가지를 꽂은 물병을 거꾸로 매달아 비를 빌던 일종의 주술 행위다. 이 풍습은 원래 불교에서 나온 것이다. 관세음보살이 대자대비하여 고난을 구제할 때에 버들가지로 감로수를 뿌린다고 한다. 이에 따라 승려나 무당이 비를 빌 때에 물병에 버들가지를 꽂았다. 병류도 여기서 유래한 것이다. 이를 하지 않아서 김만균이 종3품 벼슬을 날려버렸다.

이런 처마의 풍류를 이제는 볼 수가 없다. 비가 와도 비를 피할 처마가 없어졌다. 그 원인은 다음 글에서 잘 알 수 있다.

그런 특성이 훼손되기 시작한 것이 1960년대이다. 건축법에서 깊은 처

마를 건평으로 계산해 호되게 세금을 물리면서부터 처마가 급속도로 얕아지기 시작하였고 급기야는 처마조차 없는 집들이 도심에 가득 들어서게 되었다. … 우리 건축가들은 현대 건축을 조영하면서 우리의 것은 버리고 직사광선을 희구하는 서구형 건축을 추종하였다. 처마 없는 집이 다량으로 들어서게 되었다. … 처마 깊이를 규제한 조항도 있다. 깊이가 1미터를 넘으면 건축 면적으로 계산하여 재산세를 물리는 기막힌 제약을 두고 있다. 건평 50평일 때 1미터 넘게 옛날 방식대로 처마 깊이를 잡으면 80평이 넘는 대규모 건축물로 재산세를 물린다는 식이다. 더구나 호화 주택으로 간주하고 특별세까지 더 징수한다는 방침이다. 처마가 발달할 수 없게 하는 주범인 셈이다. _신영훈 책 1997, 42~43쪽

그림 9 가짜 창과 진짜 창(2012. 4.)

이리하여 햇볕이 안방 깊숙이 들어와 방 안을 찜통으로 만드니, 어쩔 수 없이 에어컨을 달아 강제 냉방을 하게 되었다. 서구식 건축을 여과 없이 받아들인 전형인 것이다.

세금은 이렇게 처마도 없앨 만큼 무섭다. 그런데 이와 비슷한 것을 영국에서 목격했다. 케임브리지대학 트리니티 칼리지 골목으로 나 있는 건물의 창문을 자세히 보면 가짜가 섞여 있는 것을 알 수 있다.그림 9

17세기 말에 전쟁 비용을 마련하기 위해서 집에 붙어 있는 창문을 세어서 세금을 내게 한 창문세window tax의 여파라고 한다. 창문 여섯 개가 넘는 집만 과세 대상이 되었는데, 일곱 개에서 아홉 개까지는 2실링, 열 개에서 열 아홉 개까지는 4실링을 내야 했기에 일부 창문을 폐쇄해버린 것이다. 그 자리에는 페인트로 창문을 그려놓아 언뜻 보면 알 수 없게 되어 있다. 창문세는 1851년에 폐지되었다.

또 영국사 전공 교수로부터 들으니, 방의 개수를 기준으로 세금을 내게 하여 1층을 모두 터서 홀로 만들고, 2층 이상에 방을 만드는 전통이 생겼다고 한다. 이에 따라 1층의 거실과 2층의 침실로 이루어진 구조가 일반화되었고, 튜더 양식 건물처럼 1층보다 2층이 넓은 가분수의 집도 나타났다고 한다. 이렇게 복층 구조가 기본이 되다 보니 한 층으로 된 아파트는 영국에서 따로 플랫flat이라고 부른다.

부드러운 곡선의 처마선은 우리 문화를 대표하기도 한다. 집이 날아갈 듯하다는 말이 있다. 정면에서 보았을 때에 처마선을 들어올렸기 때문에 마치 비상하는 느낌을 주는 것이다. 한국과 중국, 일본을 다녀보면 처마선의 들린 정도에 따라 문화적 차이를 엿볼 수 있다. 중국은 억지로 구부렸다고 할 정도로 심하게 들려 있는 반면에 일본은 그야말로 직선적이다. 이에 비해서 한국은 부드럽게 들어올린 것을 볼 수 있다. 중국과 일본의 중간을 택한 것이다. 그러나 이제는 그러한 처마들을 점차 찾아보기 어렵게 되었다.

서양을 여행하면서 우리의 처마 부분에 해당하는 높은 곳에 달려 있는 가고일Gargoyle이 내 눈에 들어왔다. 성당 건물 높은 곳에 삐죽 나와 있는 각종 괴수 모양의 시설물이 그것이다.그림 10 원래는 빗물 배수구로

그림 10 파리 노트르담 대성당의 가고일(2013. 5.)

만든 것이지만, 입으로 빗물을 뱉어내는 것에서 연상해서인지 악령을 쫓는 상징물이 되었다. 입 안을 헹구어 나쁜 것을 뱉어내는 가글gargle이란 말은 여기서 유래했다.

한편, 영국에서는 사회 계급에 따라 쓰는 말이 다르다. 쓰는 단어가 다르고 발음과 악센트도 달라서 아무리 노력해도 따라가기가 어렵다. 그래서 "젠틀맨을 만드는 데 삼대가 걸린다"는 말이 있다고 한다. 지금은 구분이 많이 없어졌지만, 중산층이 들어가는 곳은 바bar이고 하류층이 들어가는 곳은 펍pub이다. 화장실도 예외는 아니다. 영국 윌리엄 왕자의 장모가 상류층에서 쓰는 루loo 또는 레버토리lavatory 대신에 토일렛toilet이라고 해서 상류층 사이에서 "역시 천한 것들은 할 수 없어" 하고 난리가 났었다고 한다.

2003년 3월에 부안 내소사에 들렀다가 화장실 사진을 한 장 찍었다.

그림 11 뒷간의 다양한 표현들(2003. 3.)

나무 벽에 '화장실', '변소', 'WC'란 글씨가 남녀 표시와 함께 쓰여 있었다.[그림 11] 아쉽게도 '근심을 푸는 곳'이란 뜻의 '해우소'란 글씨는 없었다. 다양한 화장실 표현에서 시루떡처럼 켜켜이 쌓인 우리 역사의 두께를 읽을 수 있었다.

사찰에서는 드물게 '동사東司'란 말도 쓴다. 문경 봉암사 초입에 이런 생소한 현판이 달려 있기에 처음에는 무슨 관청인가 하는 생각이 들었다. 그곳 스님이 경상도 발음으로 ㄷ을 ㄸ, ㅅ을 ㅆ으로 강하게 읽어보란 말을 했다. 그러나 실은 한국말이 아니라 중국 선종 사원에서 쓰던 용어가 들어온 것이다. 외부인의 출입을 막고 수행에 정진하는 봉암사 선원에 어울리는 명칭이다.

일본에서도 이 말을 사용한다. 1748년 일본에 사신으로 갔던 조명채는 "뒷간에 '동사'라고 쓴 종이 한 장을 붙였는데, 왜음은 동東과 통通이 같은 음이니, 우리나라에서 뒷간을 가리켜 '통사通司'라 하는 것을 왜음

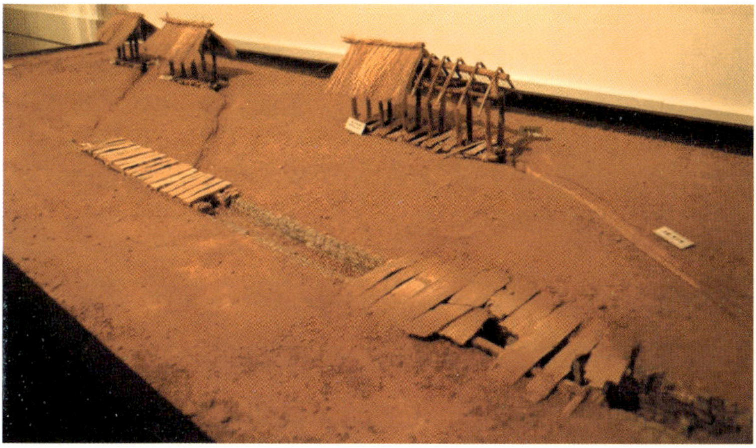

그림 12 익산 왕궁리 화장실 복원 모습(2009. 11.)

으로 잘못 좇은 것 같다"『봉사일본시문견록』고 설명했다. 우리말인 통시가 변한 것으로 잘못 해석하였다.

익산 왕궁리 유적에서는 백제시대의 대형 화장실 세 개가 발굴되었다. 화장실은 길쭉한 타원형 구덩이 모습으로 큰 것은 깊이 3미터, 폭 1.8미터, 길이 10미터에 달했다. 여기에 발판을 놓아 여러 사람이 일을 보았다.그림 12 오물은 배수로를 통해 흘러나가게 했다.

구덩이에 채워진 토양에서는 7세기 백제인의 편충, 간흡충, 회충과 같은 기생충 알이 검출되었다. 이 기생충은 주로 오염된 채소로 감염되는 것이기에, 당시에도 인분을 사용하여 채소를 재배했던 것으로 생각된다. 반면에 쇠고기나 돼지고기에서 감염될 수 있는 조충란은 발견되지 않은 것으로 보아 육식은 아주 적었을 가능성이 있다고 한다.

또 지금의 화장지 용도로 뒤처리에 사용한 나무 꼬챙이들도 발견되었다. 지금도 밥상에 오른 호박잎이나 경상도에서 즐겨 먹는 콩잎장아

찌만 보면 길 가다가 급히 일을 보았던 추억이 떠오르는데, 고대에는 이런 막대기로 처리를 했던 모양이다. 일을 보다가 신을 빠뜨렸는지 백제시대 짚신도 발견되었다. 이제는 이렇게 화장실까지 발굴되어 고대인의 생활 모습을 복원할 수 있게 되었다.

화장실 유적은 1990년에 일본 후쿠오카의 고로칸鴻臚館 유적에서 처음으로 발굴되어 우리의 관심을 끌었다. 여기서도 뒤처리용 막대기와 기생충들이 확인되어 화제가 되었다. 왕궁리 유적이 7세기, 고로칸 유적이 8세기에 해당하니 비슷한 시기에 만들어진 것들이다. 불국사에서는 물을 흘려보내 씻어내는 지금의 수세식과 같은 뒷간이 있었다는 견해도 있다.

그런데 읍루인들은 화장실 주위에 모여 살았다고 한다.

그 사람들은 불결한데, 가운데에 측간을 만들고 그 주위에 빙 둘러 산다. _『삼국지』 읍루 전기

여기서 한자로 혼溷이란 것을 측간으로 번역했지만, 사실 '측厠'과 '혼'은 다르다. '측'은 우리가 알고 있듯이 일반적인 화장실을 가리키고, '혼'은 돼지우리에 붙어 있는 화장실을 가리킨다. 과거 제주도의 돼지우리를 생각하면 될 것이다. 읍루인들이 돼지 기르기를 좋아했다고 하니, 여기에 딸린 화장실 주위에 모여 살았던 듯하다. 뒷간과 처갓집은 멀수록 좋다는 속담과는 차이가 있는 것이다.

뒷간이란 말은 입에 올리기도 거북스러워했으니, 자연히 역사 기록도 별로 없다. 다만 이런 기록이 하나 눈에 띈다.

왕이 "성균관 유생들의 뒷간이 궁궐 후원에 가까우니 옮겨 짓게 하라"고 지시하였다. _연산군일기 9년(1503) 11월 9일

미친 노파가 창덕궁 뒷간 구멍으로 들어왔으므로 노파를 잡아서 돌려보냈다. 사약 한득경을 의금부 감옥에 가두고 파면했다. _세종실록 4년(1422) 1월 17일

이처럼 성균관이나 궁궐에는 너무나도 당연히 뒷간이 있었다. 경복궁에는 28군데, 창덕궁과 창경궁에는 21군데가 있었다고 한다. 실제로 창덕궁 대조전 뒤에 있는 경훈각 건물에서 뒷간의 실제 모습을 볼 수 있다. 허조1369~1439의 다음과 같은 고사에서도 화장실 실태가 드러난다.

마침 큰 가뭄이 들자 눌허조의 둘째 아들이 항의하며 말했다. "성 안에 변소가 많아서 더러운 기운이 위로 올라가 가뭄을 일으켰으니, 다섯 집에 변소 하나씩만 두게 하소서." 또 우물에 이르러 물을 긷다가 우연히 파란 이끼가 꿈틀거리며 물결을 따라 움직이는 것을 보고, 이것을 승정원에 바치면서 "용이다"고 하였다. 공이 후허조의 큰아들를 불러 "후야, 사당에 고하고 눌을 때려주어라. 만일 다섯 집에 변소 하나씩을 둔다면, 저의 처도 아침저녁으로 다른 집 변소에 다니도록 하려 한단 말이냐? 또 이끼를 용이라고 바치는 것은 무슨 뜻이냐?"고 하였다. _『청파극담』

1712년 북경을 다녀온 김창업은 그곳의 화장실 사정을 이렇게 전했다.

인가에는 변소가 없다. 소변과 대변을 모두 그릇에 받아서 버린다. 북경의 성 안에서 후미진 곳에는 가끔 깊은 구덩이가 있다. 이곳은 사람들이 똥을 버리는 곳이며, 가득 차면 밭으로 실어 나른다. 소변 그릇은 오리 모양이며, 주둥이는 주전자같이 생겼다. 우리나라 사람이 처음 보면 간혹 술 그릇인 줄 알고 마시기도 하는데, 오랑캐들 역시 우리나라 요강을 얻으면 밥그릇으로 쓴다고 하니, 참으로 좋은 대조이다. _『연행일기』 산천풍속총록山川風俗總錄

1832년에 다녀온 김경선1788~?은 도로 주변 곳곳에 밑씻개용 똥 막대기를 비치해두고 돈까지 받는 변소가 있다고 적었다. 때로는 화장실이란 의미의 '정방淨房'이라 쓰고 깃발을 꽂아놓은 곳도 있었다. 1764년 일본을 다녀온 조엄1719~1777은 길가에 10리마다 변소를 두었다고 하였다. 화장실 사정은 유럽의 경우 궁전에서도 열악했다.

프랑스의 루브르나 베르사이유 궁전에는 화장실이 없었다. … 비단 프랑스뿐 아니라 유럽 전역에서 17세기까지는 궁궐에 독립 건물이나 혹은 건물의 일부 시설물로서는 화장실이 설치되지 않았다. 당시 일반 가정에도 화장실이 없어서 집집마다 병에 오물을 모아 아침이 되면 창에서 도로에 내다 버렸다고 한다. 이를 막기 위한 휴대품이 파라솔이고, 길바닥의 똥들을 효과적으로 피하기 위해서 개발된 신발이 하이힐이라고 하는 이야기가 있다. _홍순민 책, 271~272쪽

2007년 11월에 세계화장실협회가 서울에서 창립되었다. 희한한 학

회가 생겼다는 생각도 들지만, 동서양의 화장실 역사를 보면 우리가 주도하는 것도 수긍할 만하다.

질병과 돌도끼

동서양의 세력 팽창은 전염병이 온 세계로 퍼지게 하였고, 질병의 확산은 세계 인구의 증가를 일시 멈추는 제동장치였다. 몽골 세력이 유럽까지 뻗어가면서 흑사병의 공포를 가져다 주었고, 유럽은 아메리카에 진출하면서 천연두의 재앙을 전해주었으며, 그 반대로 아메리카는 유럽인에게 매독을 선물했다.

1346년에 유럽 전체를 굴복시킨 흑사병은 몽골의 팽창의 결과이다. 즉 몽골의 팽창은 비단길을 재활성화했으며 이것이 또한 아시아 대륙을 가로지르는 병원체의 이동을 손쉽게 만들었다는 것이다. 마찬가지로 15세기 말에 유럽인이 전 세계를 포괄하는 교통의 단일성을 이룩했을 때 아메리카 대륙에서는 유럽에서 들어온, 그들에게는 처음인 질병 때문에 무수한 사람들이 죽어갔다. 반대 방향으로는 매독이 유럽을 강타했다. 이 병은 16세기 초에 중국에까지 들어갔는데, 이것은 기록적으로 짧은 시간대에 이루어진 것이다. 이것과 비교해서 옥수수와 고구마 역시 아메리카가 원산지이지만 이것들이 중국에 도달하는 것은 이 세기 말에나 가서의 일이다. 우리 시대와 가까운 것으로는 1832년 인도에 기원을 둔 콜레라가 유럽에 도착하면서 유사한 생물학적 드라마를 만들어낸 것을 들 수 있다. _페르낭 브로델 책, 111쪽

흑사병, 즉 페스트는 1347~1350년 사이에 유럽 인구의 3분의 1을 감소시켰고, 천연두는 코르테스의 정복 이후 50년 만에 아메리카 인구를 10분의 1 수준으로 떨어뜨렸다고 한다. 심지어 제1차 세계대전까지만 해도 전쟁보다 질병으로 사망하는 사람이 더 많았다.

과거에는 전쟁이 일어났을 때 전사하는 사람보다 병사하는 사람이 훨씬 많았다. 1853~1856년의 크리미아 전쟁 동안 영국군 중에서 이질로 사망한 사람이 싸우다 죽은 사람의 열 배였다. 그러나 러일전쟁 시기에 이르면 사정이 크게 바뀌어서 일본군 전사자 중 병사자는 전체의 4분의 1에 그쳤다. … 한편, 제1차 세계대전 직후 유행한 인플루엔자는 전 세계적으로 2천만 명을 죽음으로 몰아넣었는데, 이 사망자 수는 제1차 세계대전으로 죽은 사람들의 수보다 훨씬 큰 것이었다. _주경철 책, 177~178쪽

배탈이 났을 때에 먹는 정로환正露丸은 일본에서 만든 약이다. 그런데 이 약 이름에 역사가 들어 있다. 러일전쟁 때 일본 군사들이 물갈이로 고생했는데, 이것이 특효약이 되어 전쟁에서 이길 수 있었다고 해서 정로환征露丸, 즉 '러시아를 정벌한 약' 또는 '전역기념환'이라고 붙였던 것이다.그림 1 그러다가 1949년에 승전국 소비에트 입장을 고려해서 바를 '정' 자로 바꾸어 지금에 이르게 된 것이다.

우리나라도 전염병으로 무수한 사람들이 죽어갔다. 다음은 조선 영조

때의 전염병 상황을 보여주는 자료다.

여러 도에서 여역癘疫 상황을 아뢰었는데, 영남은 지금 앓고 있는 자가 1,915명, 이미 나은 자가 270명, 죽은 자가 325명이고, 호서는 앓기 시작한 자가 1,050명, 사망한 자가 378명이라고 하였다. _영조실록 7년(1731) 6월 9일

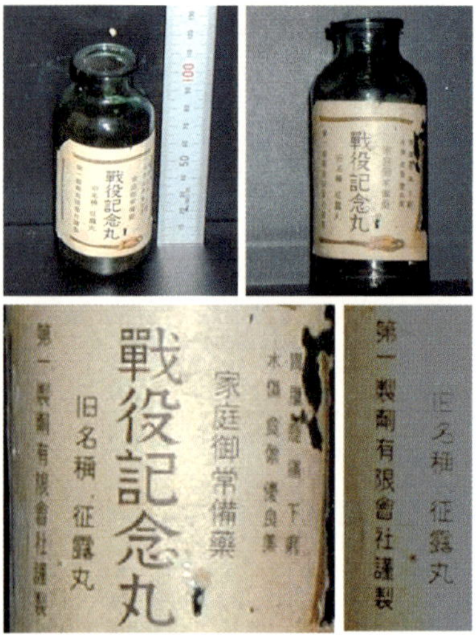

그림 1 정로환의 원래 모습

봄부터 여름까지 온 나라에 여역이 퍼져서 사망한 사람이 몇십만 명인지 알 수 없을 정도입니다. 서울을 두고 말하더라도 병든 사람이 10명에 8, 9명이고, 병든 사람 10명 중에 죽은 사람이 반이 넘습니다. 지난날 저잣거리에서 어깨를 비비고 옷소매가 잇닿을 정도로 백성과 만물이 크게 성했는데, 몇 달 사이에 전쟁이라도 겪은 듯이 오직 들리는 것은 집집마다 울부짖는 소리요 곳곳마다 매장하는 소리입니다. _영조실록 18년(1742) 10월 13일

뒤의 글은 상소문이라서 다소 과장이 있겠지만, 전염병의 무서움을 잘 느낄 수 있다. 전통시대에는 돌림병을 여역이라 불렀다. 같은 뜻을 가진 것으로 역질, 시역, 온역, 독역 등 상당히 많은데, 염병도 넓게는 돌림병, 좁게는 장티푸스를 의미한다. 지독한 욕설로 '염병할 놈'이라 한 것은 "고통스럽게 앓다가 죽어라"는 말이다.

서양 의학이 들어오기 전까지는 질병 분류가 모호하여 현대 의학으로 어느 병에 해당하는지 알 수 없는 경우가 많다고 한다. 그렇지만 조선시대에 유행했던 무서운 전염병은 천연두, 홍역, 콜레라 등이 주류를 이루었다.

천연두, 즉 두창은 '마마'라고 하는 극존칭을 썼을 정도로 무서워하던 병이었고, 감히 두신痘神을 모욕할 수 없다고 해서 약을 쓰지 않는 것이 일반적이었다고 한다. 지금도 '홍역을 치르다'는 말을 쓰듯이 홍역도 고통스런 질병이었다. 더구나 "홍역은 평생에 안 걸리면 무덤에서라도 앓는다"는 말이 있을 정도로 누구나 한 번은 거쳐야 했던 병이다. 콜레라는 200년밖에 되지 않은 질병이지만, 콜레라를 한자로 음역하여 호열자虎列刺로 썼듯이, '호랑이가 살점을 찢어내는 듯'한 고통을 주었다. 콜레라에 걸리면 근육에 쥐가 나기 때문에 대문에 고양이 그림을 붙여놓으면 쥐를 쫓아내서 치유할 수 있다고 믿었다.

임진왜란 때의 일기를 읽어보면 가장 흔한 병이 학질, 이질, 감기였다. 학질은 일정한 시간마다 앓는 병으로서 전통시대에는 말라리아만을 의미했던 것은 아닌 듯하다. 얼마나 고통스러웠으면 "학을 뗀다"는 말이 있겠는가. 다음은 그 일기에 소개된 학질 떼는 방법이다.

또 오늘은 어머님께서 학질을 앓으실 날이어서 학질 떼는 방법 세 가지를 미리 했다. 하나는 주문을 외우면서 복숭아 씨를 먹는 것이요, 하나는 헌 신 바닥을 불에 태워서 가루로 물에 섞어 마시는 것이요, 하나는 제비 똥을 가루로 만들어 술에 담가서 코 밑에 대고 냄새를 맡도록 하는 것이다. 이는 모두 옛날부터 쓰던 방법으로서 효과가 가장 현저하다고 해서 하는 것이요, 어렵지도 않은 것이다. _『쇄미록』 1595. 6. 2.

궁궐에서 학질 떼는 방법도 별반 차이가 없었다.

효종 기해년1659 4월에 현종이 아직 동궁으로 있을 때에 학질에 걸려 10여 일이 지났다. 침이나 약, 부적이 모두 효험이 없었다. 어떤 사람이 "놀라게 하면 뗄 수 있다"고 해서 효종께서 현종을 징광루 아래에 있게 하고 궁녀를 시켜 항아리를 몰래 가지고 다락에 올라가 떨어뜨려 깨도록 했다. 또 수십 명이 손뼉을 치고 발을 구르면서 "궁녀 아무개가 다락에서 떨어져 죽었다"고 소리를 지르게 했다. _『공사견문록』 131~132쪽

때로는 정체를 알 수 없는 괴질이 돌기도 하였다.

경상도 울산 지방에 갑자기 괴질이 발생했다. 아프지 않으면서 술 취한 것 같기도 하고 미친 것 같기도 하다가 3, 4일이 안 되어 죽었는데, 전염되어 죽은 사람이 열흘 만에 34명이나 되었다. _숙종실록 3년(1677) 2월 10일

지금도 가난한 집에 질병이 따르듯이 전통시대에는 역병이 기근과 동행하곤 했다. 다음은 전라감사의 보고에 나오는 말이다.

흉년의 여역은 늘 있는 일이라 하지만, 마을마다 전염이 안 된 곳이 하나도 없고 불처럼 더욱 번지고 있으니, 편히 쉴 날을 기약할 수가 없습니다. 죽 장만을 감독하는 사람 중에 전염되어 앓는 자를 일일이 셀 수

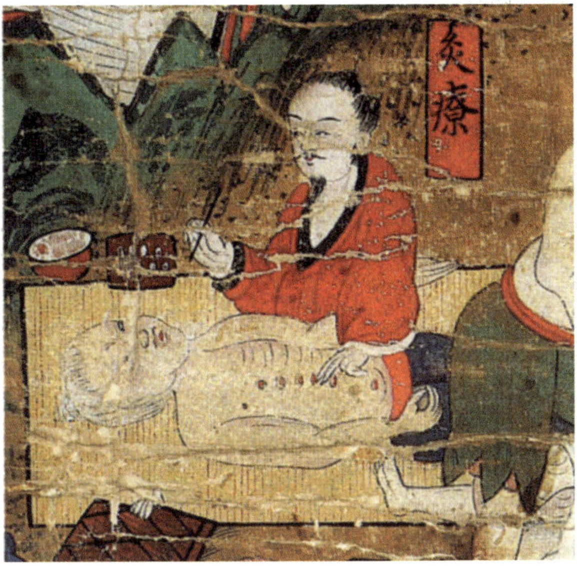

그림 2
뜸질(국립중앙박물관 소장 감로탱)

없을 정도이고, 각 고을의 수령과 관청 하인으로서 전염되어 앓는 자도 많습니다. _현종실록 12년(1671) 3월 23일

"말라리아에 대한 최선의 치료는 가득 찬 솥이다"는 토스카나의 속담처럼 영양실조는 질병을 빠르게 확산시켰다. 그러기에 잘 먹을 수만 있다면, 질병은 쉽게 극복할 수도 있었을 것이다. 그러나 만성적인 기근에 시달리니 그것이 그리 쉽지 않았다. 침, 뜸이나 약재를 사용하는 것도 용이하지 않아서,[그림 2] 자연히 원시적인 방법에 의지하지 않을 수 없었다.

전염병이 돌면 바빠지는 관청이 활인서活人署였다. 병든 도성 주민의 치료를 담당하던 곳이기 때문이다. 고종 때에 근대 의료 시설로 재탄생하면서 광혜원이 되었고, 곧 제중원으로 명칭이 바뀌었다. 초창기 광혜

그림 3 광혜원 이름으로 복원된 건물(2004. 1.)

원 건물이 현재 연세대학교 교정에 복원되어 있는데,그림 3 서울대학교 병원과 세브란스병원 사이에 누가 계승자인가를 두고 논쟁이 벌어지고 있다. 광혜원이 국립의료기관이라는 점에서 서울대병원이 계승하였다는 주장에 대해서, 세브란스병원은 자신들이 광혜원의 의료 기술과 인력을 고스란히 물려받았기 때문에 정통성이 있다고 맞서고 있다.

활인서에서 취할 수 있는 전염병 대책은 사람들을 병막이나 피막이라 불리는 임시 건물에 격리 수용하는 것이었다.

왕이 승정원에 "동·서 활인서에서 병막에 내보낸 전염병 환자가 몇 명이나 되는가?"라고 하교하니, 승정원이 "양쪽 활인서에서 출막시킨 환자는 모두 696명인데, 죽은 사람이 8명이고, 완전히 나은 사람이 271명이며, 지금 병막에 남아 있는 사람이 413명이라고 합니다"고 아뢰었다.

이때 서울에 전염병이 해마다 크게 번져서 민간에는 청결한 집이 없었고 사망자도 그 수를 헤아릴 수 없었는데, 동·서 활인서에서 출막시켜 살아난 사람은 모두가 사대부 집 하인들이었다. 활인서의 관리들이 상을 받으려고 사망한 숫자를 사실대로 보고하지 않았는데도 승정원이 그것을 살피지 못했고, 왕도 그것을 보통으로 보아 넘겼으므로 따로 그들을 구제하는 조치를 내린 것이 없었다. _인조실록 23년(1645) 2월 10일

전염병은 귀신 들린 것이라 생각하여 국가에서는 귀신을 쫓는 의식을 행하곤 했다.

강양도강원도에 괴질이 치성하여 여러 읍에서 죽은 백성이 1,200여 명이나 되었다. 임금이 여제癘祭를 실행하고 약물을 내려 보내주라고 명령했다. 경기·경상 두 도에서도 여역으로 죽은 자가 역시 많았다. _숙종실록 14년(1688) 3월 14일

여제는 여귀癘鬼 즉 돌림병으로 죽은 귀신에게 지내는 제사다. 귀신의 조화로 전염병이 유행한다고 생각했기 때문이다. 조선시대 지도를 보면, 마을 어귀에 흔히 여단癘壇, 厲壇이 설치된 것을 볼 수 있는데,그림 4 여기서 매년 정기적으로 제사를 지냈다. 억울한 혼령들이 전염병을 일으킨다는 생각은 다음 글에서도 읽을 수 있다.

가을과 겨울 사이부터 이 역병이 생겼는데 '당홍역'이라 속칭하였다. 또 전염병이 간간이 발생했는데, 이때부터 끊어진 해가 없었다. 동쪽 성 밖

그림 4 송도 북쪽에 설치된 여단(O 부분)

에 시체들이 서로 베고 누울 정도였으니, 사람들은 살육을 당한 억울한 혼령들이 초래한 것이라 하였다. _광해군일기 5년(1613) 10월 25일

이때에도 여단에 제사를 지내게 하는 한편, 허준에게 처방을 써내게 했다. 이보다 조금 전에 그가 우리 실정에 맞는 의서를 쓴 것이 바로 『동의보감』1610이다. 귀신을 놀라게 해서 달아나게 하는 방법도 썼다.

군기감에서 화약을 대궐 뜰에 설치하여 역질을 쫓았으니, 이는 연례 행사였다. 이에 올량합兀良哈, 여진족과 왜의 사신에게 구경하도록 했는데, 불화살이 번갈아 발사되자 모두 놀라고 두려워하여 달아났고, 옷을 태운 자도 있었다. _태종실록 13년(1413) 12월 29일

왕이 "앞으로는 왕이 탄 수레가 지나가는 도성의 대로와 여염 길에 모두 방상시方相氏, 악귀 쫓는 신로 하여금 징과 북을 치게 하고, 방리군坊里軍을 거느리고 역귀를 쫓는 포를 쏘도록 하라"고 지시하였다. _연산군일기 10년(1504) 12월 23일

앞에서 학질 떼는 방법을 보았듯이 개인적인 대처법도 한심스러운

수준이었다. 다음은 100여 년 전 서양인 샤를 바라의 눈에 비친 질병 퇴치법이다.

> 대부분의 다른 질병에 대해서도 비슷한 조치를 취하는 것 같다. 직사각형의 작은 탁자에 특별히 온갖 음식을 차려놓고 양끝에는 화병을 놓은 다음, 남녀가 그 앞에 앉아 북을 치고 방울을 흔들어대면서 병마를 불러 진수성찬을 들고 화를 푸시라고 애원하는 것이다. 그런데 콜레라의 마귀에게만은 다소 이색적이고도 적대적인 방법이 사용되고 있었다. 단순히 집 대문에다 고양이 그림만 달랑 붙여놓는 것이다. 어이없게도 그 이유인즉슨, 콜레라와 경련이 쥐가 물어서 그렇게 된다는 것이었다. 그러니 쥐가 무서워할 게 고양이밖에 더 있겠냐는 식이다. _샤를 바라·샤이에 롱 책, 176쪽

다른 기록에서도 이와 다르지 않다.

> 가장 괴이한 치료법으로는 쇠똥을 바른다든가, 해바라기 씨를 달여 먹는다든가 하는 것들이었다. 어떤 병은 환자가 복숭아 씨를 이등분하여 한쪽에는 '해'라는 단어를 쓰고, 다른 한쪽에는 '달'이라고 써서 꿀을 발라 다시 붙여 단숨에 삼키면 바로 낫는다고 했다. … 매독을 확실하게 치료하는 방법으로는 세 가지가 있는데, 그중 으뜸인 치료법은 다음과 같다. 메뚜기 세 마리를 잡아 그 날개에 꿀을 바른 다음 말려 가루로 만든다. 이 가루를 삼등분한 후 술에 섞어 매일 아침 공복에 복용한다. _아손 그렙스트 책, 156, 158쪽

근대 의학이 성립되기 전에는 서양인도 별 수 없었다. 다음은 14세기 이탈리아 지역의 한 상인이 말라리아에 걸렸을 때에 의사에게서 받은 처방이다.

아침 해가 뜨기 전에 사루비아 잎을 따되 따는 사람이 성부 기도와 성모 기도를 세 번씩 한다. 그 잎을 편지 봉투에 넣어 의사에게 가지고 오면 그가 그 위에 몇 마디 글을 적어준다. 환자가 열이 나기 시작하면 이 잎을 먹이면서 다시 성부 기도와 성모 기도를 한다. 그러면 백발백중일 것이지만, 단 환자가 신심이 깊어야지 그렇지 않으면 약효가 없다. _주경철 책, 113쪽

그런가 하면 염매魘魅라고 하는 기괴한 술법도 있었다. 아이를 훔쳐서 굶긴 다음에 먹이로 유인하여 죽통 속에 들어가게 한 다음 그를 죽여서 영혼이 그곳에 머물게 한다. 그런 다음 그 영혼이 다른 아이를 침범해서 머리나 배에 병을 나게 하고, 재물을 받고 나서는 그 아이 영혼으로 하여금 다시 고쳐주게 하는 풍습이다.

질병 예방법도 원시적이기는 마찬가지다. 다음은 세종 때 전염병 예방법을 소개한 내용 가운데 일부만 적은 것이다.

새 베로 만든 자루에 붉은 팥 1되를 담아 우물 안에 담갔다가 3일 만에 꺼내어 온 식구가 27알씩 복용한다. … 솔잎 가루를 술에 타서 방촌시方寸匕, 한 치 길이의 네모진 약숟가락로 하루 세 번씩 복용한다. … 계절성 전염병에는 항상 매달 보름날 동쪽으로 뻗은 복숭아나무 가지를 잘게 쪼개 넣고

물을 끓여 목욕한다. … 매일 이른 아침에 세수하고 참기름을 코 안에 바르고 누울 때에도 바른다. 창졸간이라 약이 없으면 종이 심지를 말아서 콧구멍에 넣어 재채기를 하는 것이 좋다. _세종실록 16년(1434) 6월 5일

이처럼 질병 퇴치에 사용하는 복숭아나무는 귀신을 쫓는 주술성이 있다고 믿었다. 무속에서 잡귀를 쫓을 때도 이를 사용했다. 조상의 혼령을 쫓을까봐 제사상에 복숭아를 올리지 않았고, 집안에 복숭아나무를 심지 않았다. 또 여인네들이 바람날까봐 집안에 심지 않았다고도 한다. 복숭아는 그 형상이나 연분홍 화사한 색깔이 성적 상징이 되어 도색桃色은 도색잡지란 말처럼 남녀 간의 색정을 의미하게 되었다. 평양 기생 벽도홍碧桃紅처럼 기생 이름에 '도' 자가 들어가는 것도 이 때문이다. 여자가 여러 남자와 상관하도록 지워진 운명은 도화살桃花煞이라고 하였다.

지금까지 집단 전염병에 대해서 알아보았다. 신동원은 전통시대의 무서운 질병으로 천연두, 콜레라, 나병을 꼽았다. 나병은 집단 전염병이 아니지만, 신체가 문드러지는 천형을 앓는 것이기에 혐오스러운 병이었다. 고향 근처에 나환자촌이 있어 어려서 문둥병 환자를 여러 번 보았다. 문둥이가 사람을 잡아먹는다는 소문 때문에 아주 무서워했던 기억이 남아 있다. 지금은 문둥이나 나환자란 말 대신에 한센병 환자라는 말을 쓴다.

조선시대 기록에도 질병을 치료하기 위해서 사람을 잡아먹은 기록이 종종 보인다. 이것은 새살을 먹으면 문드러진 살이 재생될 것이란 속설 때문에 벌어진 현상이었다.

사헌부가 아뢰기를 "근래에 악질을 얻은 자가 산 사람의 간과 쓸개, 손가락을 먹으면 낫는다고 생각하여 오작인作作人, 검시관과 거지에게 많은 돈을 주고 사들이기 때문에 악한 풍습이 크게 일어나고 있습니다. 반송방에 거주하는 옛 관찰사 유세침의 집에 10여 세 된 아이종이 있는데, 어떤 사람이 산속으로 유인해서 두 손가락을 끊고 그 흔적을 없애기 위하여 온몸을 찔러 거의 죽게 되었다가 다행히 살아났으니, 어찌 이런 풍습이 있을 수 있겠습니까? 한성부의 관리와 각 방坊의 감독자를 추궁한 뒤에, 범인을 은밀히 염탐하여 체포해서 심문한 다음 그 죄를 크게 징계하소서" 하였다. _중종실록 27년(1532) 3월 18일

심지어 성병에 걸린 사람들도 사람 쓸개를 먹으면 낫는다고 해서 거지를 잡아 죽인 사건이 명종 21년1566 2월에 벌어졌다.

개인적인 질병으로 가장 많이 보이는 것은 피부병과 종기다. 목욕을 제대로 하기 어려웠으니 당연한 일이다. 다음은 광해군 때에 영의정을 지낸 기자헌이 종기 때문에 사직을 요청한 말이다.

신은 근래 왼쪽 볼기에 종기 두 개가 생겼는데 날마다 공무로 분주하다 보니 옷에 쓸려서 통증이 갈수록 심해집니다. … 신이 매번 종기가 생기는 것은 오랫동안 목욕을 하지 않아 기가 뭉쳐서 그런 것입니다. 지금은 겨울철이 절반이나 지나가고 입춘이 점차 가까워지고 있으니, 근일에 말미를 얻어 지방에 내려가 당분간 머물러 조리하고 목욕하다가 정월 그믐이나 이월 보름 전에 돌아오고자 합니다. _광해군일기 7년(1615) 11월 18일

민간에서는 종기가 난 곳 위에 구狗 자를 쓰고 그 주위에 호虎 자를 써서, 개가 호랑이를 보고 놀라서 도망가듯이 종기도 없어지기를 기원했다.그림 5 이런 모습을 혹시 본 기억이 있을지 모르겠다. 다음도 이와 유사한 민간 처방들이다.

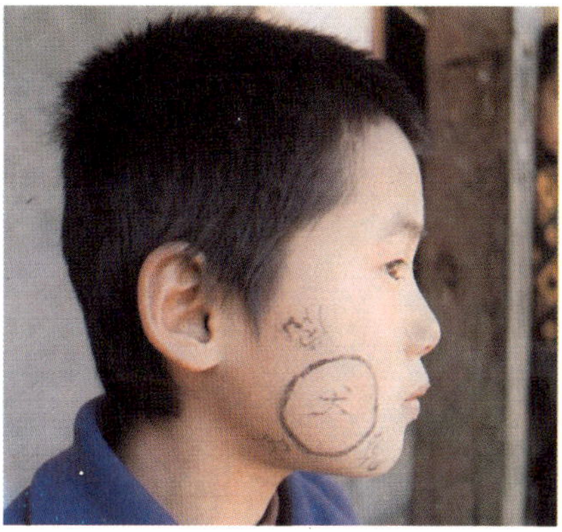

그림 5 종기 치료법

코피 흘리는 증상에는 참먹眞墨을 삼키고, 개에게 물린 상처에는 호虎 자를 진하게 쓰고, 말에게 물린 상처에는 말채찍을 태워서 붙이고, 물고기 뼈가 걸린 목에는 어망을 걸고서 가마우지鸕鷀를 부른다고 한다. 이런 처방이 의서에 기재된 것이 하나뿐이 아니거니와, 그 이치는 실로 알 수가 없다. _『송와잡설』

그런데 이 당시에는 음식 때문에 몸이 차가워져서 종기가 발생하는 것으로 이해했으니, "조선 사람은 음식에서 날것과 찬 것을 먹기 좋아해서 종기가 많다"고 중국 사람이 지적한 문종 2년1452의 기록을 찾아볼 수 있다.

왕도 예외가 아니어서 여러 왕이 종기 때문에 사망했다. 개혁을 펼치던 정조가 갑자기 사망한 것도 등에 난 종기, 즉 등창 때문이었다. 그의 죽음이 너무 갑작스러워 독살되었다는 소문이 당시에도 파다할 정도였다. 다음은 효종의 사망과 관련된 기록이다.

왕이 머리털 안에 작은 종기가 있어서 약방藥房, 내의원에서 들어와 진찰한 다음 약을 의논하여 올렸다. 이때 왕세자도 병을 앓았는데 증세가 매우 중했으므로 왕이 이를 걱정하느라 종기 앓는 것에 신경을 쓰지 않았었다. 그리고 대궐 뜰 한데에 서서 친히 기우제를 지내다가 상처가 악화되어 종기 증세가 점차 위태롭게 되었다. _효종실록 10년(1659) 4월 27일

종기는 째야 쉽게 낫지만 왕의 몸에는 쉽게 칼을 댈 수가 없었다. 그러기에 더욱 종기의 희생양이 되었다. 그래도 왕의 몸에는 손을 댈 수 있었지만, 근대화가 된 뒤에도 궁중 여인의 몸에는 손을 제대로 댈 수 없어 안타까운 일이 벌어지기도 하였다.

궁중에서는 태자비의 목숨이 경각에 달렸다는 것을 깨닫고 코레아에서 가장 의술이 좋다는 남자 의원을 불렀습니다. 그러나 이 남자 의원은 환자가 누워 있는 방에는 들어가지도 못하고 그 대신 벽 한 칸을 사이에 두고 옆방에 앉아 진찰을 해야 했습니다. 가는 비단 줄을 환자의 손목 주위에 바짝 감아 벽 사이에 난 조그마한 구멍을 통해 의원의 손에 전달되었고, 이런 식으로 그 의원은 진맥을 할 수 있었습니다. 그 다음에 의원은 그 조그마한 구멍 속으로 손을 넣어 태자비의 아픈 배를 진단할 수 있었는데, 의원의 손이 태자비의 배에 직접 닿는 것을 막기 위해 일곱 겹의 비단 헝겊과 그 위에 또 솜으로 누빈 일곱 겹의 두꺼운 이불을 태자비의 배 위에 얹혔습니다. _아손 그렙스트 책, 198~199쪽

복부 출혈로 배가 부어오른 것을 악귀가 자리 잡아서 그렇다고 처방

을 내렸으니, 생명을 부지할 수 없었던 것은 당연하다.

왕의 종기에는 요즘 새롭게 각광받고 있는 거머리 치료법도 시도되었다.

승정원에서 문안하니, 왕이 "어제 아침에 차도가 있더니 어제 저녁에는 찌르듯이 아팠다. 그래서 밤에 거머리를 붙이니 약간의 가려운 통증은 있으나 어제 저녁 같지는 않다"고 했다. _문종실록 1년(1451) 11월 16일

피부병을 치료하기 위해서는 온천을 많이 이용하였다. 전국에 여러 온천이 있었지만, 왕은 온양온천을 애용하였다. 세종, 세조, 현종 등이 온양온천에 오래 머물면서 피부병을 치료했고, 그 가운데 현종은 가장 자주 행차를 하였다. 그런가 하면 궁중 여인들도 행차하였는데, 세조의 비인 정희왕후는 온천에서 사망했다.

온천이 왕실의 전유물은 아니었다. 세종이 온천에 갔다가 목욕하는 병자에게 음식을 하사한 내용이 나온다.

온천에서 목욕하는 병자에게 쌀과 소금과 장을 주고, 농부에게 술과 밥을 주었다. _세종실록 1년(1419) 5월 1일

오희문의 일기에도 온양온천에 갔던 기록이 나온다.

고개를 넘고 온양군 서쪽을 지나서 온정溫井에 들어갔다. 마침 순찰종사 신경행이 목욕을 하려고 와 있어 해후하니 무척 기쁘고 위로되었다. 신

공이 목욕하면서 함께 하자고 권했는데, 병이 없어 사양하고 다만 머리 감고 발만 닦았다. _『쇄미록』 1596. 8. 10.

온천과 함께 약수도 병 치료에 이용하였다. 세종도 다른 왕들처럼 눈병에 시달렸고, 청주 부근의 초정약수를 길어와서 치료에 사용하였다. 오희문의 처도 1595년 8월에 피부병 때문에 초정에 가서 목욕하고 돌아왔다. 효종과 현종은 인경궁 안에 있던 초정을 애용하였다.

왕이 눈꺼풀에 다래끼가 생겨 내의원에서 진찰하였다. 왕이 도제조 원두표에게 묻기를 "세속의 약방문에 부스럼은 온천 물로 닦으면 효험이 있다고 하는데, 과연 그런가?" 하니, 대답하기를 "의서에는 그런 말이 없습니다만, 목욕해서 효험을 보는 경우를 신도 보았습니다"고 하자, 왕이 이르기를 "초정에서 씻어보면 어떻겠는가? 선왕께서도 효험을 거둔 적이 있었다"고 하였다.

초정은 옛 인경궁 안에 있었는데 주변 경관이 아름다웠고, 부마 3인의 저택이 그중에 줄지어 있었는데 극히 사치스러웠다. 효종대왕이 일찍이 초정에서 목욕하면서 그 저택에 행차한 적이 있었는데, 그 때문에 상이 가보고 싶어서 은근히 핑계 대고 물어본 것이었다. _현종실록 2년(1661) 윤7월 17일

인경궁은 광해군 때에 건설된 것으로 지금의 사직공원 부근에 있었다. 그 밖에 질병을 치료하기 위해 한증막, 즉 지금의 사우나를 이용하기도 하였다.

그림 6 한증막(기산풍속도)

한증하는 승려로 대선사 천우·을유 등이 말하기를 "한증으로 병자를 치료하는 것은 백성을 사랑하는 정치의 하나가 될 만합니다. … 저희들은 그 일을 계속하기 위하여 널리 시주를 받아서 몇 해 전에 목욕실을 증설했는데, 한증으로 병을 고친 자가 끊이지 않았습니다. 그러나 가난한 병자는 땔나무를 준비하기 어려울 뿐 아니라, 죽을 쑤어 먹고 소금·간장을 마련하기도 쉽지 않은데, 저희가 안타깝고 민망하게 여기지만 공급할 길이 없습니다. _세종실록 9년(1427) 4월 24일

임금께 아뢰어 한증막을 설치하는 기금을 마련하게 해달라는 청원의 내용이다. 다행히 19세기 기산풍속도에는 한증막이 어떻게 생겼는지 알 수 있는 그림이 있다.그림 6 1890년대 한반도를 여행한 일본인은 병자용 한증막의 모습을 이렇게 묘사했다.

목욕탕은 직경 세 칸 정도 되는 원형의 건물로 높이 두 칸 정도였다. 작은 돌을 쌓아서 벽을 만들고 그 사이를 흙으로 발랐다. 지붕은 짚으로 엮어서, 통상의 가옥과 다르지 않았다. 전면에 잠그는 문이 하나가 있고, 나머지 문을 밀고 들어가면, 주인은 다시 이것을 닫아서 실내는 어두워 작은 빛도 새지 않는다. … 아아! 이것은 목욕탕이 아니고 열욕熱浴이었다. 옥상에 불을 피우고 집 아래서 열을 뽑는다. 그것이 대체로 우리나라에서 술을 만드는 방과 비슷하다. _혼마 규스케 책, 226~227쪽

이러저러해도 치료되지 않으면 최후로 정화수 떠놓고 신령님께 치성을 드리거나 무당에게 빌 수밖에 없었다.그림 7

근래에 아들과 손자들이 기침을 해서 밤낮으로 그치지 않는데, … 내 집뿐 아니라 마을 아이들이 모두 앓고 있으니 이는 곧 계절성 전염병이다. 그런데 우매한 백성들이 무당을 불러 기도를 하니 가소로운 일이다. _『쇄미록』 1600. 7. 15.

오희문은 무당에게 의지하는 백성들을 비웃었다. 그것은 유학자로서의 본분이다. 그러나 이보다 3년 전에는 중에게 의지했다. 자책하면서도 급하면 어쩔 수 없는 노릇이었다.

어떤 사람이 다음과 같이 일러주었다. 병자의 생기복덕일을 잡아 글을 아는 중을 불러서 정한 쌀 석 되로 밥을 지어 세 그릇에 담고, 정화수 한 그릇에 백지 한 장으로 깃발 다섯 개를 만들어 나란히 세우고, 징을

그림 7 통도사 감로탱의 무당

치고 경을 외우면서 빌면 자못 효험이 있다고 한다.

비록 이것이 허망한 일인 줄은 알지만 근심스럽고 급한 가운데 어쩔 수가 없다. 사람을 보내 중을 불러다가 물었더니 내일이 생기일이라고 한다. 이에 말한 대로 준비해서 그 암자로 보내고 내일 새벽에 빌도록 했다. 개질지를 시켜 가지고 가게 했는데 등불 기름 반 종지도 보냈다.

_『쇄미록』 1597. 1. 16.

생기복덕일은 생기일과 복덕일로서 둘 다 길일에 해당한다.

그런데 얼마나 의지할 데가 없었으면 박물관에서 볼 수 있는 선사시대의 돌도끼를 벼락도끼雷斧라고 하여 치료용으로 사용했겠는가. 세종 23년1441 5월에 의관이 중국 의서를 인용해서 도끼의 용도를 설명한 내용이 나온다. 도끼는 원래 벼락신그림 8이 가지고 있다가 땅에 떨어뜨린

그림 8 선암사 감로탱의 벼락신

것으로 기가 응결되어 특별한 효능을 지닌 것으로 생각하였다. 벼락이 떨어진 곳을 파보면 이 도끼를 얻을 수 있는데, 갈아서 먹거나 달여서 먹기도 한다. 또 베개 속에 다 넣고 자면 마귀 꿈을 없앨 수도 있다고 하였다. 어린애에게 채워주면 놀란 기운이나 사악한 기운을 물리치고, 임신한 부인이 갈아먹으면 아이를 빨리 낳게 된다고 하였다. 한마디로 만병통치약인 셈이다.

마침 세종이 여러 가지 질병을 앓고 있었기에 이에 대한 관심이 높았고, 전국에서 이를 찾아 바치도록 하였다. 그 첫 번째 기록이 다음이다.

평안도 의주에서 바윗돌이 벼락을 맞았는데, 벼락도끼를 얻어서 바쳤다. 형태가 도끼와 같은데 가운데에 두 구멍이 있었다. _세종실록 23년(1441) 6월 8일

가운데 구멍이 두 개 있는 것으로 보아서 반달돌칼이라 하는 것일 듯하다.그림 9 그 뒤에도 화살촉, 검 등을 바치기도 하였다. 이 전통은 계속 내려와서 "개항 이전까지 또 그 이후에도 조선의 지식인들에게는 산과 들에서 발견되는 돌도끼나 돌칼은 여전히 기가 뭉쳐 만들어진 천지조화

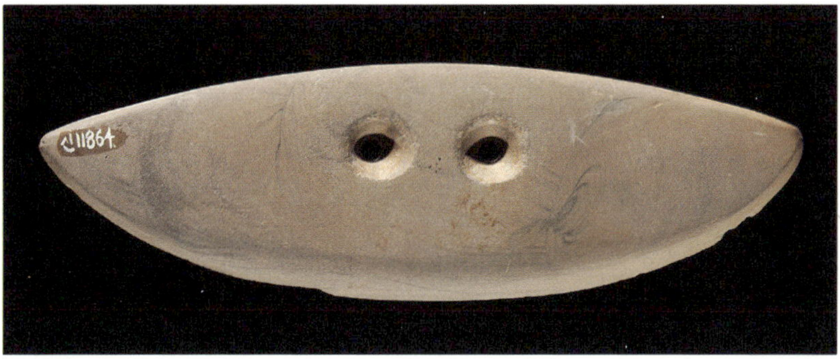

그림 9 반달돌칼

의 소산물에 불과"했지, 역사적 유물로 인식되지 못하였다.

참고 자료

가족과 혼인

『고대일록』(정운경 저); 남명학연구원 옮김, 『역주 고대일록』 상·하, 태학사, 2009.

『고려도경』(서긍 저); 한국고전번역원 홈페이지.

『고려사』; 누리미디어·동방미디어 홈페이지.

『고려사절요』; 한국고전번역원 홈페이지.

『금사(金史)』(탈탈 등 저).

『동문선』; 한국고전번역원 홈페이지.

『동사만록』(박대양 저, 『해행총재』 수록); 한국고전번역원 홈페이지.

『동사일기』(임수간 저).

『백호통의(白虎通義)』(반고 저).

『사기(史記)』(사마천 저).

『삼국사기』(김부식 저); 동방미디어 홈페이지.

『삼국유사』(일연 저); 동방미디어 홈페이지.

『삼국지(三國志)』(진수 저).

『성호사설』(이익 저); 한국고전번역원 홈페이지.

『송막기문(松漠紀聞)』(홍호 저).

『송와잡설』(이기 저, 『대동야승』 수록); 한국고전번역원 홈페이지.

『쇄미록』(오희문 저); 이민수 역, 『쇄미록』 상·하, 해주오씨추탄공파종중, 1990.

『신당서(新唐書)』(구양수 등 저).

『양촌선생문집』(권근 저); 한국고전번역원 홈페이지.

『연려실기술』(이긍익 저); 한국고전번역원 홈페이지.

『연암집』(박지원 저); 한국고전번역원 홈페이지.

『예기』.

『오주연문장전산고』(이규경 저); 한국고전번역원 홈페이지.
『용재총화』(성현 저); 한국고전번역원 홈페이지 『대동야승』.
『위서(魏書)』(위수 저).
『을병연행록』(홍대용 저); 정훈식 역, 『을병연행록』 1·2, 경진, 2012.
『이향견문록』(유재건 저); 실시학사 고전문학연구회 옮김, 『이향견문록』 글항아리, 2008.
『일본서기』.
『재조번방지』(신경 저); 한국고전번역원 홈페이지.
조선왕조실록; 국사편찬위원회 홈페이지.
『주례(周禮)』.
『증보산림경제』(유중림 저); 장서각 디지털 아카이브; 농촌진흥청, 『증보산림경제』 2003.
『지봉유설』(이수광 저); 이종술 등 역, 『지봉집, 지봉유설』 한국의 사상대전집 19, 동화출판공사, 1977.
『진서(晉書)』(방현령 등 저).
『청강선생 후청쇄어(淸江先生鯸鯖瑣語)』(이제신 저).
『청장관전서』(이덕무 저); 한국고전번역원 홈페이지.
『탐라문견록』(정운경 저); 정민 옮김, 『탐라문견록, 바다 밖의 넓은 세상』 휴머니스트, 2008.
『패관잡기』(어숙권 저, 『대동야승』 수록); 한국고전번역원 홈페이지.
『한중록』(혜경궁 홍씨 저); 이선형 옮김, 『한중록』 서해문집, 2003.
『해동잡록』(권별 저, 『대동야승』 수록); 한국고전번역원 홈페이지.
『해사록』(김세렴 저, 『해행총재』 수록); 한국고전번역원 홈페이지.
『해유록』(신유한 저); 한국고전번역원 홈페이지; 강혜선 옮김, 『조선 선비의 일본견문록』 이마고, 2008.

강우방·김승희, 『감로탱』 예경, 1995; 개정판, 2000.
국립중앙박물관, 『조선 성리학의 세계』 2003.
김복래, 『서양 생활사』 안티쿠스, 2007.
김용선, 「고려 귀족의 결혼·출산과 수명」 『한국사연구』 103, 1998.
김유정, 「봄봄」 1935.
노태돈, 「취수혼과 친족 집단」 『고구려사 연구』 사계절, 1999.
로베르 플라실리에르 지음, 심현정 옮김, 『고대 그리스의 일상생활-페리클레스 시대-』 우물이 있는 집, 2004.
마르코 폴로 저, 김호동 역주, 『마로코 폴로의 동방견문록』 사계절, 2000.

박지향, 『영국사』 까치, 1997.
신동원, 『조선사람의 생로병사』 한겨레신문사, 2003.
안동대학교 박물관, 『안동 정상동 일선 문씨와 이응태묘 발굴조사보고서』 2000.
이능화 저, 이재곤 옮김, 『조선해어화사』 동문선, 1992.
이용식, 『한국 음악의 뿌리 팔도 굿 음악』 서울대학교출판부, 2009.
이이화, 『이이화의 역사풍속 기행』 역사비평사, 1999.
이태호, 『풍속화』 둘, 태원사, 1996.
임유경, 『대장부의 삶』 역사의아침, 2007.
자닌 오브와예 지음, 임정재 옮김, 『고대 인도의 일상생활』 우물이 있는 집, 2004.
정병설, 「조선 후기 성(性)의 실상과 배경-기이재상담(紀伊齋常談)」을 중심으로-」 『서울대학교 인문논총』 64, 2010.
최기숙, 『문밖을 나서니 갈 곳이 없구나』 서해문집, 2007.
필립 아리에스 · 조르주 뒤비 · 폴 벤느 편, 주명철 · 전수연 공역, 『사생활의 역사 1: 로마 제국부터 천 년까지』 새물결, 2002.
한국국학진흥원, 『유교문화박물관』 2006.
한국역사연구회, 『조선시대 사람들은 어떻게 살았을까』 1, 청년사, 1996.
한국정신문화연구원 장서각, 『고문서에 담긴 옛 사람들의 생활과 문화』 2003.
혼마 규스케 저, 최혜주 역주, 『조선잡기: 일본인의 조선정탐록』 김영사, 2008.

먹고 입고 자고

『경국대전』: 동방미디어 홈페이지.
『고려도경』 (서긍 저): 한국고전번역원 홈페이지.
『고려사』: 누리미디어 · 동방미디어 홈페이지.
『공사견문록』 (정재륜 저): 강주진 역, 『동평위 공사문견록』 양영각, 1985.
『구당서(舊唐書)』 (유후 저).
『기재사초』 (박동량 저, 『대동야승』 수록): 한국고전번역원 홈페이지.
『난중잡록』 (조경남 저, 『대동야승』 수록): 한국고전번역원 홈페이지.
『녹파잡기』 (한재락 저): 이가원 · 허경진 옮김, 『녹파잡기』 김영사, 2007.
『담헌서』 (홍대용 저): 한국고전번역원 홈페이지.
『동각잡기』 (이정형 저, 『대동야승』 수록): 한국고전번역원 홈페이지.
『미암일기』 (유희춘 저): 담양향토문화연구회, 『미암일기초』 1992.
『북학의』 (박제가 저): 안대회 옮김, 『북학의』 돌베개, 2003.

『삼국사기』(김부식 저); 동방미디어 홈페이지.
『삼국유사』(일연 저); 동방미디어 홈페이지.
『삼국지(三國志)』(진수 저).
『성호사설』(이익 저); 한국고전번역원 홈페이지.
『송와잡설』(이기 저, 『대동야승』 수록); 한국고전번역원 홈페이지.
『쇄미록』(오희문 저); 이민수 역, 『쇄미록』 상·하, 해주오씨추탄공파종중, 1990.
『신당서(新唐書)』(구양수 등 저).
『심전고』(박사호 저, 『연행록선집』 수록); 한국고전번역원 홈페이지.
『어우야담』; 현혜경 등 역주, 『어우야담』 2, 전통문화연구회, 2003.
『연행일기』(김창업 저, 『연행록선집』 수록); 한국고전번역원 홈페이지.
『용재총화』(성현 저); 한국고전번역원 홈페이지 『대동야승』.
『위서(魏書)』(위수 저).
『일본서기』.
『일성록』(정조 저).
『임하필기』(이유원 저); 한국고전번역원 홈페이지.
『재조번방지』(신경 작); 한국고전번역원 홈페이지.
조선왕조실록; 국사편찬위원회 홈페이지.
『조선부』(동월 저); 董越 저, 윤호진 옮김, 『朝鮮賦』 까치, 1995.
『주서(周書)』(영호덕분 등 저).
『징비록』(유성룡 저); 김홍식 역, 『징비록』 서해문집, 2003.
『청성잡기』(성대중 저); 김종태 외 옮김, 『청성잡기』 민족문화추진회, 2006.
『청장관전서』(이덕무 저); 한국고전번역원 홈페이지.
『청파극담』(이육 저, 『대동야승』 수록); 한국고전번역원 홈페이지.
『패관잡기』(어숙권 저, 『대동야승』 수록); 한국고전번역원 홈페이지.
『표해록』(최부 저); 서인범·주성지 옮김, 『표해록』 한길사, 2004.
『필원잡기』(서거정 저, 『대동야승』 수록); 한국고전번역원 홈페이지.
『한중록』(혜경궁 홍씨 저); 이선형 옮김, 『한중록』 서해문집, 2003.
『해동제국기』(신숙주 저, 『해행총재』 수록); 한국고전번역원 홈페이지.
『후한서(後漢書)』(반고 저).

가린-미하일롭스키 저, 이희수 옮김, 『러시아인이 바라본 1898년의 한국, 만주, 랴오둥반도: 가린-미하일롭스키의 여행기』 동북아역사재단, 2010.

강명관, 『조선의 뒷골목 풍경』 푸른역사, 2003.
강우방 · 김승희, 『감로탱』 예경, 1995.
고려대학교 민족문화연구소 편, 『한국민속대관』 3, 1982.
국립민속박물관, 『생활 속에 담긴 우리 옷의 발자취』 2003.
국립중앙박물관, 『조선시대 풍속화』 2002.
권석하, 『영국인 재발견』 안나푸르나, 2013.
권오영, 「고대의 나경(裸耕)」 『고고학』 7-2, 서울경기고고학회, 2008.
금기숙, 『조선복식미술』 열화당, 1994.
김문식 · 김정호, 『조선의 왕세자 교육』 김영사, 2003.
김상보, 『조선시대의 음식문화』 가람기획, 2006.
나이토 론쇼(內藤倫政), 『古蹟と風俗』 京城, 1927.
루돌프 차벨 지음, 이상희 옮김, 『독일인 부부의 한국 신혼여행 1904』 살림, 2009.
마빈 해리스 지음, 서진영 옮김, 『음식문화의 수수께끼』 한길사, 1992.
마빈 해리스 지음, 박종렬 옮김, 『문화의 수수께끼』 한길사, 1997.
맛시모 몬타나리 지음, 주경철 옮김, 『유럽의 음식문화』 새물결, 2001.
박지원 지음, 박희병 옮김, 『고추장 작은 단지를 보내니』 돌베개, 2005.
배기동, 「구석기시대의 생활」, 『한국사』 2, 국사편찬위원회, 1997.
샤를르 달레 저, 안응렬 · 최석우 역주, 『한국천주교회사』 상, 분도출판사, 1979.
샤를 바라 · 샤이에 롱 지음, 성귀수 옮김, 『조선기행-백여 년 전에 조선을 다녀간 두 외국인의 여행기-』 눈빛, 2006.
서울대학교박물관, 『몽골, 초원에 핀 고대문화』 2008.
섬서성고고연구원, 「漢陽陵帝陵東側11~21號外藏坑發掘簡報」 『考古與文物』 2008-3.
손기(孫機), 『漢代物質文化資料圖說』 문물출판사, 1991.
신동원, 『조선사람의 생로병사』 한겨레신문사, 1999.
신영훈, 『절로 가는 마음』 책만드는집, 1994.
신영훈, 『우리문화 이웃문화』 문학수첩, 1997.
아손 그렙스트 지음, 김상열 옮김, 『스웨덴 기자 아손, 100년 전 한국을 걷다-을사조약 전야 대한제국 여행기-』 책과함께, 2005.
알프레드 에드워드 존 캐번디시 지음, 조행복 옮김, 『백두산으로 가는 길: 영국군 장교의 백두산 등정기』 살림, 2008.
에밀 부르다레 지음, 정진국 옮김, 『대한제국 최후의 숨결』 글항아리, 2009.
왕런보(王仁波) 주편, 『秦漢文化』 學林出版社 · 上海科技教育出版社, 2001.

Eugen Strouhal, *Life of Ancient Egyptions*, The American University in Cairo Press, 1996.
이능화 저, 서영대 역주, 『조선무속고: 역사로 본 한국 무속』 창비, 2008.
이사벨라 버드 비숍 지음, 이인화 옮김, 『한국과 그 이웃나라들』 살림, 1994.
이선복, 『벼락도끼와 돌도끼』 서울대학교출판부, 2003.
이수미, 『국립중앙박물관 소장 「태평성시도」 병풍 연구』 서울대학교 박사논문, 2004.
이은순, 「조선후기 구황설죽고(救荒設粥考)」 『이기백선생 고희기념 한국사학논총』 하, 1994.
이준정, 「또 하나의 저장 수단, 가축의 이용: 한반도지역 가축 이용의 역사」 『선사 농경 연구의 새로운 동향』 사회평론, 2009.
자크 제르네 지음, 김영제 옮김, 『전통중국인의 일상생활』 신서원, 1995.
정연식, 『일상으로 본 조선시대 이야기』 1, 청년사, 2001.
제롬 카르코피노 지음, 류재화 옮김, 『고대 로마의 일상생활』 우물이 있는 집, 2003.
제이콥 로버트 무스 지음, 문무홍 외 옮김, 『1900, 조선에 살다』 푸른역사, 2008.
조르주 뒤크로 저, 최미경 역, 『가련하고 정다운 나라 조선』 눈빛, 2001.
조유전, 『발굴 이야기』 대원사, 1996.
주경철, 『역사의 기억, 역사의 상상』 문학과지성사, 1999.
지그프리트 겐테 지음, 권영경 옮김, 『독일인 겐테가 본 신선한 나라 조선, 1901』 책과함께, 2007.
천진기, 『운명을 읽는 코드 열두 동물』 서울대학교출판부, 2008.
카에망 베르낭 저, 장동현 역, 『잉카: 태양신의 후예들』 시공사, 1999.
퍼시벌 로웰 지음, 조경철 옮김, 『내 기억 속의 조선, 조선 사람들』 예담, 2001.
페르낭 브로델 저, 주경철 옮김, 『물질문명과 자본주의』 I-1, 까치, 1995.
하야시 미나오(林巳奈夫) 저, 김민수·윤창숙 역, 『돌에 새겨진 동양의 생활과 사상-고대중국의 화상석과 고구려벽화-』 두남, 1996.
하야시 미나오 지음, 이남규 옮김, 『고대 중국인 이야기』 솔, 1998.
혼마 규스케 저, 최혜주 역주, 『조선잡기: 일본인의 조선정탐록』 김영사, 2008.
홍순민, 『우리 궁궐 이야기』 청년사, 1999.

사진, 그림 출처

가족과 혼인

1548년 재산 분배 문서; 한국정신문화연구원 장서각, 『고문서에 담긴 옛 사람들의 생활과 문화』 2003, 81쪽 (20쪽)

권주 화회문기; 한국국학진흥원, 『유교문화박물관』 2006, 53쪽 (21쪽)

1480년 양자 문서; 한국국학진흥원, 『유교문화박물관』 2006, 56쪽 (29쪽)

무속화 바리공주; 건들바우 박물관, 『그림으로 보는 한국의 무신도』 이가책, 1994, 137쪽 (32쪽)

아들 선호 약화 기사; 조선일보 2012. 3. 6. (35쪽)

손시양 효자비; 문화재청 자료 (39쪽)

정조 때에 편찬된 『오륜행실도』에 실린 도미 부인 고사; 국립중앙박물관, 『조선 성리학의 세계』 2003, 128쪽 (48쪽)

추사고택의 화순옹주 열녀문; 송기호 사진 (55쪽)

달빛 아래의 밀회; 간송미술관 소장; 안휘준 책임감수, 『풍속화』 한국의 미 19, 중앙일보사, 1985, 도154 (61쪽)

달빛; 마르크 샤갈 전시회(2011) 카드 (62쪽)

방 안에서 무슨 일이; 국립중앙박물관 소장(중박200812-495 허가); 국립중앙박물관, 『조선시대 풍속화』 2002, 180쪽 (63쪽)

지옥에 떨어진 불륜 남녀; 강우방·김승희, 『감로탱』 예경, 1995, 116쪽 (71쪽)

영화 '어우동' 포스터; 인터넷 자료 (73쪽)

성교하는 남녀; 국립경주박물관 전시, 송기호 사진 (77쪽)

로마 토기의 성행위; Philippe Ariès and Georges Duby eds., Arthur Goldhammer trans., *A History of Private Life I: From Pagan Rome to Byzantium*, The Belknap Press of Harvard University Press, 1987, p.11 (78쪽)

허황후릉; 송기호 사진 (89쪽)

제주도 3성의 발상지 삼성혈; 송기호 사진 (90쪽)

이름만 표기한 총학생회 후보 포스터; 송기호 사진 (98쪽)

이름만 쓴 유니폼; 송기호 사진 (98쪽)

혼례 모습; 조흥윤, 『민속에 대한 기산의 지극한 관심』 민속원, 2004, 139쪽 (101쪽)

오죽헌; 송기호 사진 (102쪽)

파주의 율곡 집안 묘소; 송기호 사진 (103쪽)

양동마을; 송기호 사진 (104쪽)

신랑의 초행걸음; 국립중앙박물관 소장(중박200812-495 허가); 국립중앙박물관, 『조선시대 풍속화』 2002, 91쪽 (106쪽)

소설의 무대인 김유정 고향, 춘천 신남; 송기호 사진 (115쪽)

공자의 고향인 곡부 대성전에 있는 공자상; 송기호 사진 (119쪽)

어린 신랑, 신부; 조풍연 해설, 『사진으로 보는 조선시대』 속, 서문당, 1987, 180쪽 (127쪽)

조혼 관련 기사; 조선일보 2011. 8. 15. (128쪽)

영화 '어린신부' 포스터; 인터넷 자료 (129쪽)

과시하는 결혼식; 조선일보 2012. 3. 19. (131쪽)

한성 5부 구획도; 박은숙, 「개항기(1876~1894) 한성부 5부(部)의 차별적 변화와 자본주의적 도시화」 『한국사학보』 36, 고려사학회, 2009, 157쪽 (132쪽)

상하이 중매 시장; 송기호 사진 (135쪽)

오행상생과 오행상극; 인터넷 자료 (137쪽)

울산 암각화 인물상; 황수영·문명대, 『반구대』 동국대학교, 1984, 도159 (141쪽)

공주박물관 뜰에 심어져 있던 금송; 송기호 사진 (143쪽)

원이 엄마 편지; 안동대학교박물관 소장; 안동대학교박물관, 『안동 정상동 일선 문씨와 이응태묘 발굴조사보고서』 2000, 도판 (147쪽)

쌍영총 부부도; 김원용, 『벽화』 한국미술전집 4, 동화출판공사, 1974, 55쪽 (160쪽)

각저총 주인공 부인들; 김원용, 『벽화』 한국미술전집 4, 동화출판공사, 1974, 75쪽 (161쪽)

축첩 국회의원 반대 시가행진; 조선일보 1960. 7. 19. (165쪽)

싸움질하는 서민 부부; 강우방·김승희, 『감로탱』 예경, 2010, 201쪽 (166쪽)

영화 '왕의 남자' 포스터; 인터넷 자료 (168쪽)

공민왕 부부상; 국립중앙박물관 전시; 송기호 사진 (170쪽)

개성의 공민왕릉; 송기호 사진 (172쪽)

양성인 논란; 인터넷 자료 (177쪽)

헤르마프로디토스 조각상; 인터넷 자료 (178쪽)

음양검 앞뒤 모습; 상하이박물관, 『草原瑰寶』 2000, 101쪽 (179쪽)

먹고 입고 자고

태평성시도의 솜 타기; 국립중앙박물관 소장; 송기호 사진 (186쪽)

섬의 모습; 『표준국어대사전』 (189쪽)

담요로 만든 아이 옷; 경향신문·문화방송, 『시련과 영광의 민족사』 1975, 558쪽 (190쪽)

울산 장날의 흰옷 물결; 서울대학교박물관 유리건판 사진 (194쪽)

일제강점기 흰옷 퇴치 운동; 부산근대역사관, 『광고, 그리고 일상(1876-1945)』 2004, 65쪽 (199쪽)

수렵도; 김원용·안휘준, 『한국미술의 역사』 시공사, 2003, 373쪽 (201쪽)

조선 전기 여인들; 강우방·김승희, 『감로탱』 예경, 1995, 27쪽 (204쪽)

조선 후기 아기 업은 여인; 국립중앙박물관 소장(중박200812-495 허가); 국립중앙박물관, 『조선시대 풍속화』 2002, 174쪽 (205쪽)

여자 옷의 윤곽선 변천; 금기숙, 『조선복식미술』 열화당, 1994, 43쪽 (207쪽)

수건 쓴 여성들; 송기호 사진 (208쪽)

나물 캐는 여인; 정병모, 『한국의 풍속화』 한길아트, 2000, 259쪽 (209쪽)

깃털 꽂은 미라; 중국 우루무치박물관 전시, 송기호 사진 (212쪽)

농경문 청동기 인물; 김원용, 『원시미술』 한국미술전집 1, 동화출판공사, 1973, 91쪽 (213쪽)

쌍영총 기마 인물; 편찬위원회, 『조선유적유물도감』 6, 1990, 122쪽 (214쪽)

신라 토기 인물상; 송기호 사진 (215쪽)

일본 고분 출토 조우관 인물도; 송기호 사진 (216쪽)

호류지 발견 인물도; 조선일보 1992. 10. 31. (217쪽)

장회태자묘 동쪽 예빈도; 섬서성박물관 편, 『隋唐文化』 中華書局, 1990, 94쪽 (218쪽)

고려국 모습을 조각해 넣은 당나라 은합; 중국 도록 (220쪽)

둔황 335굴 석굴 벽화; 돈황연구원 편, 『중국미술전집』 회화편 15, 돈황벽화 하, 상해인민미술출판사, 1988, 38쪽 (221쪽)

아프라시압 궁전지 사절도; 송기호 수집 사진 (222쪽)

농경문 청동기 새; 송기호 사진 (223쪽)

Franco-Cantabrian 동굴 벽화; P.P. Kahane, *Ancient & Classical Art*, DELL, 1968, p.23 (223쪽)

염립본이 그린 왕회도; 李天鳴, 『中國疆域的變遷』 上, 國立故宮博物院, 1997, 80쪽 (224쪽)

고로센도 병풍에 보이는 깃털 꽂은 조선통신사; 송기호 사진 (226쪽)

농민의 점심; 숭실대학교 한국기독교박물관, 『기산 김준근 조선풍속도-스왈른 수집본-』, 20쪽

(228쪽)

당나라 때의 점심 음식; 섬서성박물관 편, 『隋唐文化』 中華書局, 1990, 201쪽 (231쪽)

고대 이집트 부조의 우유 짜기; Eugen Strouhal, *Life of Ancient Egyptions*, The American University in Cairo Press, 1996, p.128 (232쪽)

우유 짜기; 안휘준 책임감수, 『풍속화』 한국의 미 19, 중앙일보사, 1985, 도78 (233쪽)

일제강점기 개장국 집; 서울대학교박물관 유리건판 사진 (236쪽)

패총 출토 개 두개골; 송기호 사진 (236쪽)

신안선 출토 후추; 국립해양유물전시관 전시; 송기호 사진 (239쪽)

중국 총리의 점심 식사; 중앙일보 2007. 5. 3. (247쪽)

조선시대와 현재의 밥그릇; 토지박물관 전시; 송기호 사진 (250쪽)

커다란 밥그릇이 특징인 서민 식사; 국립중앙박물관 소장(중박200812-495 허가사; 국립중앙박물관 외, 『단원 김홍도』 삼성문화재단, 1995, 104쪽 (254쪽)

전한 양릉 K13A구역에서 발굴된 돼지상들; 『考古與文物』 2008-3, 11쪽 (258쪽)

중국 후한 때의 돼지우리와 변소; 王仁波 주편, 『秦漢文化』 學林出版社·上海科技教育出版社, 2001, 271쪽 (259쪽)

몽골의 돼지; 송기호 사진 (260쪽)

고기 구워 먹기; 국립중앙박물관 소장(중박200812-495 허가); 국립중앙박물관, 『조선시대 풍속화』 2002, 230쪽 (265쪽)

지역별 흡연과 음주 조사 기사; 중앙일보 2010. 4. 1. (268쪽)

안압지 출토 주사위; 국립경주박물관 소장; 국립중앙박물관, 『통일신라』 2003, 138쪽 (272쪽)

술 취해 부축하고; 고려대학교박물관 소장; 국립중앙박물관, 『조선시대 풍속화』 2002, 32쪽 (277쪽)

예천 삼강 주막집; 송기호 사진 (280쪽)

조선 후기 주막; 간송미술관 소장; 안휘준 책임감수, 『풍속화』 한국의 미 19, 중앙일보사, 1985, 도142 (281쪽)

중국 화상석 그림; 林巳奈夫 저, 김민수·윤창숙 역, 『돌에 새겨진 동양의 생활과 사상』 두남, 1996, 88쪽 (282쪽)

대쾌도의 길거리 술집; 서울대학교박물관 소장 (283쪽)

미국 원조 밀가루 포대; 부산박물관 전시; 송기호 사진 (292쪽)

구황식물인 봄나물 캐기; 안휘준 책임감수, 『풍속화』 한국의 미 19, 중앙일보사, 1985, 도64 (302쪽)

아이티의 진흙 과자; 중앙일보 2008. 1. 30. (305쪽)

식인 장면; 인터넷 자료 (309쪽)

옌벤의 다이어트 간판; 송기호 사진 (310쪽)

파리의 굴뚝; 송기호 사진 (311쪽)

연해주 체르냐티노 유적의 온돌; 정석배 사진 (312쪽)

친톨고이 성의 쪽구들; 에렉젠 제공 (315쪽)

중국 랴오닝성의 캉; 송기호 사진 (316쪽)

춘천 송암동 통일신라시대 쪽구들; 송기호 사진 (317쪽)

양주 회암사지 온돌; 송기호 사진 (319쪽)

땔감 나르기; 서울대학교박물관 소장 (321쪽)

자연 보호 표어; 송기호 사진 (323쪽)

작은 창문이 딸린 조그만 온돌방; 송기호 사진 (325쪽)

경북 상주 양진당; 송기호 사진 (331쪽)

전북 남원 송흥록 생가의 초가삼간; 송기호 사진 (336쪽)

일제강점기의 초가삼간; 서울대학교박물관 유리건판 사진 (337쪽)

화성 동탄 조선시대 집자리; 송기호 사진 (338쪽)

알류트족 겨울 집; William W. Fitzhugh and Aron Crowell, *Crossroads of Continents: Cultures of Siberia and Alaska*, Smithsonian, 1988, p.199 (343쪽)

공주 장선리 토실유적; 송기호 사진 (343쪽)

낙숫물 자리; 하동 평사리, 송기호 사진 (344쪽)

박석이 깔린 창덕궁 인정전; 송기호 사진 (346쪽)

소나무 차양 모습; 정양모 책임감수, 『단원 김홍도』 한국의 미 21, 중앙일보사, 1985, 도72 (348쪽)

가짜 창과 진짜 창; 케임브리지대학교 트리니티 칼리지에서, 송기호 사진 (349쪽)

파리 노트르담 대성당의 가고일; 송기호 사진 (351쪽)

뒷간의 다양한 표현들; 송기호 사진 (352쪽)

익산 왕궁리 화장실 복원 모습; 왕궁리전시관; 송기호 사진 (353쪽)

정로환의 원래 모습; 일본 인터넷 자료 (360쪽)

뜸질; 국립중앙박물관 소장(중박200812-495 허가); 국립중앙박물관, 『조선시대 풍속화』 2002, 221쪽 (363쪽)

광혜원 이름으로 복원된 건물; 송기호 사진 (364쪽)

송도 북쪽에 설치된 여단; 규장각 소장 송도지도 (366쪽)

종기 치료법; 고려대학교 민족문화연구소, 『한국민속대관』 3, 1982, 273쪽 (371쪽)

한증막; 한국국제교류재단,『유럽박물관소장 한국문화재』1991, 270쪽 (375쪽)

통도사 감로탱의 무당; 강우방·김승희,『감로탱』예경, 1995, 165쪽 (377쪽)

선암사 감로탱의 벼락신; 강우방·김승희,『감로탱』예경, 1995, 114쪽 (378쪽)

반달돌칼; 국립중앙박물관 자료 (379쪽)